新型城镇化建设工程系列丛书

西部农村基础设施建设

李慧民　主　编

李　勤　沈　波　副主编

科学出版社

北　京

内 容 简 介

本书阐述了西部农村基础设施建设的现状、理论与技术，并通过多次的实际调研对西部农村基础设施建设进行了深入的剖析。其中第一篇（第1～5章）主要归纳了调研的成果，展现了西部农村基础设施建设的特点；第二篇（第6～10章）主要针对西部农村基础设施建设的基础理论进行了梳理，并结合不同地理特征进行了论证分析；第三篇（第11～21章）主要针对西部农村基础设施建设实用技术进行了应用研究。

本书适合相关专业人员阅读，也可供政府、规划、设计、管理、施工等部门工作人员及高校师生参考。

图书在版编目（CIP）数据

西部农村基础设施建设/李慧民主编. —北京：科学出版社，2016.8
（新型城镇化建设工程系列丛书）

ISBN 978-7-03-049556-3

Ⅰ.①西… Ⅱ.①李… Ⅲ.①农村—基础设施建设—研究—西南地区
②农村—基础设施建设—研究—西北地区 Ⅳ.①F327

中国版本图书馆 CIP 数据核字（2016）第 189533 号

责任编辑：张　帆　李　清／责任校对：彭珍珍
责任印制：张　伟／封面设计：迷底书装

科 学 出 版 社 出版
北京东黄城根北街 16 号
邮政编码：100717
http://www.sciencep.com
北京科印技术咨询服务公司 印刷
科学出版社发行　各地新华书店经销
*
2016 年 8 月第 一 版　开本：787×1092　1/16
2016 年 8 月第一次印刷　印张：16 3/4
字数：407 000

定价：85.00 元
（如有印装质量问题，我社负责调换）

前　言

　　《西部农村基础设施建设》是继《农村基础设施建设与管理教程》等书之后，课题组对西部农村基础设施建设现状与发展进行整理、归纳、分析、研究与总结而形成的又一成果。该书的撰写得到了国家自然科学基金项目"基于生态宜居理念的保障房住区规划设计与评价方法研究"（51408024）、住房和城乡建设部科学技术计划项目"西部农村基础设施建设适用技术与评价体系研究""西部宜居乡村基础设施研究"等课题的支持。

　　全书共分 21 章，第一篇（第 1～5 章）主要归纳了自 2010 年以来农村调研的成果，集中展现了西部农村基础设施建设的现状与特点，分析了西部农村基础设施建设的问题与前景；第二篇（第 6～10 章）主要针对西部农村基础设施建设的基础理论进行了梳理，重点对区域规划、材料选用、绿色节能、生态建设与建设评价等理论体系并结合地理特征进行了分析论证；第三篇（第 11～21 章）主要针对西部农村基础设施建设的实用技术进行了应用研究，主要对道路工程、桥涵工程、给水工程、排水工程、垃圾处理工程、卫生厕所工程、生活用能、电力工程、通信工程、景观工程等进行了剖析，最后还针对宜居农村建设的现状进行了点评。

　　本书由李慧民任主编，李勤、沈波任副主编。各章编写分工如下：第 1 章由李慧民、付涛、唐杰编写；第 2 章由沈波、黄培容、李勤编写；第 3 章由郭平、李勤、赵地编写；第 4 章由李慧民、谢玉宇、吴思美编写；第 5 章由沈波、丁艺杰、吴思美编写；第 6 章由付涛、张文佳、刘春燕编写；第 7 章由李慧民、张文佳、牛波编写；第 8 章由梁晓农、刘青、刘春燕编写；第 9 章由李勤、刘青、吴思美编写；第 10 章由李慧民、梁晓农、刘青编写；第 11 章由沈波、黄培容、付涛编写；第 12 章由黄培荣、刘春燕、吴思美编写；第 13 章由梁晓农、李勤、唐杰编写；第 14 章由唐杰、胡云香、吴思美编写；第 15 章由沈波、郭平、吴思美编写；第 16 章由李慧民、马昕、李文龙编写；第 17 章由李勤、谢玉宇、吴思美编写；第 18 章由胡云香、丁艺杰、赵地编写；第 19 章由李慧民、马昕、李文龙编写；第 20 章由李勤、李文龙、吴思美编写；第 21 章由沈波、胡云香、吴思美编写。

　　本书的编写得到了西安建筑科技大学、北京建筑大学、陕西省住房和城乡建设厅、长安大学、北方民族大学、案例所属地方政府等单位技术与管理人员的支持与帮助，编写过程中还参考了许多专家的研究成果与资料，在此对他们表示衷心的感谢！

　　由于编者水平有限，书中还存在许多不足之处，敬请广大读者批评指正。

编　者

2016 年 3 月于西安

目　　录

第一篇　现状调研部分

第1章　西部农村基础设施建设内涵 ··· 1

1.1　建设定位 ·· 1
  1.1.1　西部农村 ·· 1
  1.1.2　基础设施 ·· 1
  1.1.3　基础设施建设 ·· 2
1.2　历史沿革 ·· 2
  1.2.1　阶段划分 ·· 2
  1.2.2　阶段特征 ·· 3
  1.2.3　阶段内容 ·· 4
1.3　发展趋势 ·· 4
  1.3.1　总体目标 ·· 4
  1.3.2　机遇挑战 ·· 5
  1.3.3　宜居乡村基础设施建设 ·· 6

第2章　西部高原地区农村基础设施建设现状 ··· 8

2.1　环境特征 ·· 8
  2.1.1　自然环境 ·· 8
  2.1.2　地理环境 ·· 8
  2.1.3　居住环境 ·· 9
2.2　案例分析 ··· 10
  2.2.1　案例一——尔德井村 ·· 10
  2.2.2　案例二——孟家湾村 ·· 12
  2.2.3　案例三——南庄河村 ·· 14
  2.2.4　案例四——苏庄则村 ·· 17
  2.2.5　案例五——黄家圪崂村 ·· 19
2.3　基础设施建设特点 ··· 21
  2.3.1　地域特征 ··· 21
  2.3.2　投资特征 ··· 21
  2.3.3　规划特征 ··· 22
  2.3.4　建设特征 ··· 22
  2.3.5　使用特征 ··· 23
  2.3.6　社会效益 ··· 23

第3章　西部山地地区农村基础设施建设现状 ·· 24

3.1　环境特征 ··· 24
  3.1.1　自然环境 ··· 24
  3.1.2　地理环境 ··· 24
  3.1.3　居住环境 ··· 25
3.2　案例分析 ··· 26
  3.2.1　案例一——和乐村 ·· 26
  3.2.2　案例二——立集村 ·· 28
  3.2.3　案例三——凤桥村 ·· 30
  3.2.4　案例四——银豆村 ·· 31

　　　3.2.5　案例五——鲁家寨村 ································· 34
　3.3　基础设施建设特点 ···································· 36
　　　3.3.1　地域特征 ······································ 36
　　　3.3.2　投资特征 ······································ 37
　　　3.3.3　规划特征 ······································ 37
　　　3.3.4　建设特征 ······································ 38
　　　3.3.5　使用特征 ······································ 38
　　　3.3.6　社会效益 ······································ 39

第4章　西部平原地区农村基础设施建设现状 ················ 40
　4.1　环境特征 ·· 40
　　　4.1.1　自然环境 ······································ 40
　　　4.1.2　地理环境 ······································ 40
　　　4.1.3　居住环境 ······································ 41
　4.2　案例分析 ·· 42
　　　4.2.1　案例一——东韩村 ····························· 42
　　　4.2.2　案例二——张则村 ····························· 44
　　　4.2.3　案例三——后沟村 ····························· 46
　　　4.2.4　案例四——银河村 ····························· 49
　　　4.2.5　案例五——乌兰图克村 ························· 52
　4.3　基础设施建设特点 ···································· 53
　　　4.3.1　地域特征 ······································ 53
　　　4.3.2　投资特征 ······································ 54
　　　4.3.3　规划特征 ······································ 54
　　　4.3.4　建设特征 ······································ 55
　　　4.3.5　使用特征 ······································ 55
　　　4.3.6　社会效益 ······································ 56

第5章　西部盆地地区农村基础设施建设现状 ················ 57
　5.1　环境特征 ·· 57
　　　5.1.1　自然环境 ······································ 57
　　　5.1.2　地理环境 ······································ 57
　　　5.1.3　居住环境 ······································ 58
　5.2　案例分析 ·· 58
　　　5.2.1　案例一——杨西营村 ··························· 58
　　　5.2.2　案例二——关爷庙村 ··························· 61
　　　5.2.3　案例三——龙头村 ····························· 63
　　　5.2.4　案例四——幸福梅林村 ························· 66
　　　5.2.5　案例五——杨军坝村 ··························· 68
　5.3　基础设施建设特点 ···································· 69
　　　5.3.1　地域特征 ······································ 69
　　　5.3.2　投资特征 ······································ 70
　　　5.3.3　规划特征 ······································ 70
　　　5.3.4　建设特征 ······································ 71
　　　5.3.5　使用特征 ······································ 71
　　　5.3.6　社会效益 ······································ 71

第二篇　基础理论部分

第6章　西部农村基础设施建设区域规划 ···73

6.1　概述 ···73

6.1.1　区域规划的影响因素 ···73

6.1.2　区域规划的原则 ···73

6.1.3　区域规划的内容 ···74

6.2　高原地区区域规划 ···75

6.2.1　道路工程 ···75

6.2.2　给水工程 ···76

6.2.3　排水工程 ···76

6.2.4　生活用能工程 ···77

6.2.5　垃圾处理工程 ···78

6.2.6　电力工程 ···79

6.3　山地地区区域规划 ···79

6.3.1　道路工程 ···79

6.3.2　桥涵工程 ···80

6.3.3　给水工程 ···80

6.3.4　排水工程 ···80

6.3.5　卫生厕所工程 ···81

6.3.6　生活用能工程 ···82

6.4　平原地区区域规划 ···82

6.4.1　道路工程 ···82

6.4.2　给水工程 ···83

6.4.3　排水工程 ···83

6.4.4　垃圾处理工程 ···83

6.4.5　生活用能工程 ···84

6.4.6　管线综合工程 ···84

6.5　盆地地区区域规划 ···85

6.5.1　道路工程 ···85

6.5.2　桥涵工程 ···86

6.5.3　给水工程 ···87

6.5.4　排水工程 ···87

6.5.5　卫生厕所工程 ···88

6.5.6　生活用能工程 ···88

第7章　西部农村基础设施建设建筑材料选用 ·······································89

7.1　概述 ···89

7.2　高原地区建筑材料 ···90

7.2.1　道路工程 ···90

7.2.2　桥涵工程 ···91

7.2.3　给水工程 ···91

7.2.4　排水工程 ···92

7.2.5　垃圾处理工程 ···92

7.2.6　生活用能工程 ···93

7.2.7　电力工程 ···93

7.3　山地地区建筑材料 ···93

7.3.1　道路工程 ···93

   7.3.2 桥涵工程 ……………………………………………………………… 94

   7.3.3 给水工程 ……………………………………………………………… 94

   7.3.4 排水工程 ……………………………………………………………… 95

   7.3.5 垃圾处理工程 ………………………………………………………… 95

   7.3.6 生活用能工程 ………………………………………………………… 96

   7.3.7 电力工程 ……………………………………………………………… 96

  7.4 平原地区建筑材料 ……………………………………………………………… 97

   7.4.1 道路工程 ……………………………………………………………… 97

   7.4.2 桥涵工程 ……………………………………………………………… 98

   7.4.3 给水工程 ……………………………………………………………… 98

   7.4.4 排水工程 ……………………………………………………………… 98

   7.4.5 卫生厕所工程 ………………………………………………………… 99

   7.4.6 生活用能工程 ………………………………………………………… 99

   7.4.7 电力工程 ……………………………………………………………… 100

  7.5 盆地地区建筑材料 ……………………………………………………………… 101

   7.5.1 道路工程 ……………………………………………………………… 101

   7.5.2 桥涵工程 ……………………………………………………………… 102

   7.5.3 给水工程 ……………………………………………………………… 102

   7.5.4 排水工程 ……………………………………………………………… 102

   7.5.5 垃圾处理工程 ………………………………………………………… 103

   7.5.6 生活用能工程 ………………………………………………………… 103

   7.5.7 电力工程 ……………………………………………………………… 103

第8章 西部农村基础设施绿色节能建设 ………………………………………………… 104

  8.1 概述 ……………………………………………………………………………… 104

  8.2 绿色节能建设内涵 ……………………………………………………………… 104

   8.2.1 绿色节能的定义 ……………………………………………………… 104

   8.2.2 绿色节能建设的意义 ………………………………………………… 105

  8.3 绿色节能建设发展 ……………………………………………………………… 105

  8.4 绿色节能建设实施与推广 ……………………………………………………… 106

   8.4.1 绿色节能建设的实施 ………………………………………………… 106

   8.4.2 绿色节能建设存在的问题 …………………………………………… 109

   8.4.3 绿色节能建设的相关建议 …………………………………………… 110

第9章 西部农村基础设施生态建设 …………………………………………………… 111

  9.1 概述 ……………………………………………………………………………… 111

  9.2 生态建设内涵 …………………………………………………………………… 111

   9.2.1 生态建设的相关定义 ………………………………………………… 111

   9.2.2 生态建设的意义 ……………………………………………………… 111

  9.3 生态建设发展 …………………………………………………………………… 112

  9.4 生态建设实施与推广 …………………………………………………………… 112

   9.4.1 生态建设的实施 ……………………………………………………… 112

   9.4.2 生态建设存在的问题 ………………………………………………… 115

   9.4.3 生态建设的相关建议 ………………………………………………… 116

第10章 西部农村基础设施建设评价 …………………………………………………… 117

  10.1 经济性评价 …………………………………………………………………… 117

   10.1.1 评价指标的选取 …………………………………………………… 117

   10.1.2 经济评价方法 ……………………………………………………… 118

　　　　10.1.3　费用效益分析评价法 ·· 119
　10.2　技术性评价 ··· 121
　　　　10.2.1　评价指标选取 ·· 121
　　　　10.2.2　农村基础设施技术评价模型 ······································ 123
　10.3　生态性评价 ··· 124
　　　　10.3.1　评价指标的选取 ·· 124
　　　　10.3.2　模型的建立 ·· 126
　10.4　社会效益评价 ··· 127
　　　　10.4.1　评价指标选取 ·· 127
　　　　10.4.2　模型的建立 ·· 128
　10.5　可持续发展潜力评价 ··· 130
　　　　10.5.1　评价指标的选取 ·· 130
　　　　10.5.2　模型的建立 ·· 131

第三篇　建设实施部分

第 11 章　道路工程 ·· 133
　11.1　概述 ··· 133
　　　　11.1.1　西部农村道路作用 ·· 133
　　　　11.1.2　西部农村道路特点 ·· 133
　11.2　路基工程 ··· 134
　　　　11.2.1　路基分类 ·· 134
　　　　11.2.2　路基施工 ·· 135
　　　　11.2.3　路基图例 ·· 137
　11.3　路面工程 ··· 138
　　　　11.3.1　路面分类 ·· 138
　　　　11.3.2　路面施工 ·· 139
　　　　11.3.3　路面图例 ·· 144

第 12 章　桥涵工程 ·· 146
　12.1　概述 ··· 146
　　　　12.1.1　西部农村桥涵作用 ·· 146
　　　　12.1.2　西部农村桥涵特点 ·· 146
　12.2　桥梁工程 ··· 147
　　　　12.2.1　桥梁分类 ·· 147
　　　　12.2.2　桥梁施工 ·· 148
　　　　12.2.3　桥梁图例 ·· 149
　12.3　涵洞工程 ··· 151
　　　　12.3.1　涵洞分类 ·· 151
　　　　12.3.2　涵洞施工 ·· 152
　　　　12.3.3　涵洞图例 ·· 153

第 13 章　给水工程 ·· 156
　13.1　概述 ··· 156
　　　　13.1.1　西部农村给水设施作用 ·· 156
　　　　13.1.2　西部农村给水设施特点 ·· 156
　13.2　净水构筑物工程 ··· 157
　　　　13.2.1　净水构筑物分类 ·· 157
　　　　13.2.2　净水构筑物施工 ·· 160

13.2.3 净水构筑物图例 ···················· 161

13.3 给水管道工程 ···················· 163
13.3.1 给水管道组成 ···················· 163
13.3.2 给水管道施工 ···················· 164
13.3.3 给水管道图例 ···················· 166

第14章 排水工程 ···················· 167
14.1 概述 ···················· 167
14.1.1 西部农村排水设施作用 ···················· 167
14.1.2 西部农村排水设施特点 ···················· 168
14.2 排水管道工程 ···················· 168
14.2.1 排水管道的组成 ···················· 169
14.2.2 排水管道施工 ···················· 170
14.2.3 排水管道图例 ···················· 173
14.3 排水检查井工程 ···················· 174
14.3.1 排水检查井组成 ···················· 174
14.3.2 排水检查井施工 ···················· 175
14.3.3 排水检查井图例 ···················· 176

第15章 垃圾处理工程 ···················· 179
15.1 概述 ···················· 179
15.1.1 西部农村垃圾处理作用 ···················· 179
15.1.2 西部农村垃圾处理特点 ···················· 179
15.2 垃圾处理设施 ···················· 180
15.2.1 垃圾处理设施分类 ···················· 180
15.2.2 垃圾处理设施施工 ···················· 181
15.2.3 垃圾处理设施图例 ···················· 182

第16章 卫生厕所工程 ···················· 184
16.1 概述 ···················· 184
16.1.1 西部农村卫生厕所作用 ···················· 184
16.1.2 西部农村卫生厕所特点 ···················· 184
16.2 卫生厕所设施 ···················· 185
16.2.1 卫生厕所分类 ···················· 185
16.2.2 卫生厕所施工 ···················· 185
16.2.3 卫生厕所图例 ···················· 189

第17章 生活用能工程 ···················· 191
17.1 概述 ···················· 191
17.1.1 西部农村生活用能作用 ···················· 191
17.1.2 西部农村生活用能特点 ···················· 192
17.2 风能设施 ···················· 192
17.2.1 风能设施分类 ···················· 193
17.2.2 风能设施施工 ···················· 194
17.2.3 风能设施图例 ···················· 194
17.3 太阳能设施 ···················· 195
17.3.1 太阳能设施分类 ···················· 195
17.3.2 太阳能设施施工 ···················· 195
17.3.3 太阳能设施图例 ···················· 196

17.4 沼气设施 ············ 197
17.4.1 沼气设施分类 ············ 197
17.4.2 沼气设施施工 ············ 199
17.4.3 沼气设施图例 ············ 200

第18章 电力工程 ············ 203
18.1 概述 ············ 203
18.1.1 西部农村电力工程作用 ············ 203
18.1.2 西部农村电力工程特点 ············ 203
18.2 输电工程设施 ············ 204
18.2.1 输电工程分类 ············ 205
18.2.2 输电工程施工 ············ 205
18.2.3 输电工程图例 ············ 206
18.3 变配电工程设施 ············ 207
18.3.1 变配电工程分类 ············ 207
18.3.2 变配电工程施工 ············ 208
18.3.3 变配电工程图例 ············ 210
18.4 电力附属设施 ············ 212
18.4.1 电力附属设施分类 ············ 212
18.4.2 电力附属设施施工 ············ 212
18.4.3 电力附属设施图例 ············ 215

第19章 通信工程 ············ 217
19.1 概述 ············ 217
19.1.1 西部农村通信作用 ············ 217
19.1.2 西部通信工程特点 ············ 218
19.2 固定通信设施 ············ 218
19.2.1 固定通信设施分类 ············ 218
19.2.2 固定通信设施施工 ············ 220
19.2.3 固定通信设施图例 ············ 221
19.3 移动通信设施 ············ 223
19.3.1 移动通信设施分类 ············ 223
19.3.2 移动通信设施施工 ············ 224
19.3.3 移动通信设施图例 ············ 226

第20章 景观工程 ············ 227
20.1 概述 ············ 227
20.1.1 景观工程的组成要素 ············ 227
20.1.2 景观工程作用 ············ 227
20.1.3 乡村景观分类 ············ 228
20.1.4 西部农村景观工程特点 ············ 229
20.2 入口工程 ············ 230
20.2.1 入口分类 ············ 230
20.2.2 入口施工 ············ 231
20.2.3 入口图例 ············ 232
20.3 广场工程 ············ 233
20.3.1 广场分类 ············ 233
20.3.2 广场施工 ············ 234
20.3.3 广场图例 ············ 235

20.4　绿地工程 ·· 236
　　20.4.1　绿地分类 ·· 236
　　20.4.2　绿地施工 ·· 238
　　20.4.3　绿地图例 ·· 242

第21章　西部宜居乡村基础设施建设现状 ································ 244
　21.1　高原地区案例——三岔湾村 ·· 244
　21.2　山地地区案例——高堡村 ··· 246
　21.3　平原地区案例——上王村 ··· 248
　21.4　盆地地区案例——太平村 ··· 251

参考文献 ··· 254

第一篇 现状调研部分

第 1 章 西部农村基础设施建设内涵

1.1 建 设 定 位

1.1.1 西部农村

西部农村主要指我国西部包括四川、重庆、云南、贵州、陕西、青海、甘肃、西藏、宁夏、新疆、广西、内蒙古等 12 个省(自治区、直辖市)在内的广大农村地区。其总面积约 6 812 000 km^2，占全国的 70.9%。

我国西部农村虽然幅员辽阔，但地势较高，地形复杂，高原、盆地、山地、平原相间，大部分地区高寒缺水，而且深处内陆，经济发展、技术管理水平与中东部差距较大。西部农村地区基础设施建设也较不完善，不能与现代化农业相适应。能源供应、通信系统、农村给排水，以及生活垃圾的处理、农村的绿化等农村生活基础设施和生态环境基础设施则刚刚起步，远不能满足农村人民生活生产所需，与建设社会主义新农村的目标还相差甚远。

1.1.2 基础设施

(1)基础设施(infrastructure)是指为社会生产和居民生活提供公共服务的物质工程设施。它是社会赖以生存发展的一般物质条件。

基础设施包括交通、给排水、供电、通信、环境保护等市政公用工程设施和公共生活服务设施。它们是国民经济各项事业发展的基础。

(2)农村基础设施是指为发展农村生产和保证农民生活而提供的公共服务设施的总称，包括农业生产性基础设施、农村生活性基础设施、生态环境建设、农村社会发展基础设施四大类。

① 农业生产性基础设施：主要指现代化农业基地及农田水利建设。

② 农村生活基础设施：主要指饮水安全、农村沼气、农村道路、农村电力、农村通信、农村排水、垃圾处理等基础设施建设。

③ 生态环境基础设施：主要指天然林资源保护、防护林体系、种苗工程建设、自然保护区生态保护和建设、湿地保护和建设、退耕还林、垃圾处理、污水处理等环境保护基础设施建设。

④ 农村社会发展基础设施：主要指有益于农村社会事业发展的基础建设，包括农村卫生、农村义务教育、农村文化基础设施等。

1.1.3 基础设施建设

(1)通过基础设施的建设,提高基础设施服务功能,有效降低农村农民生产成本与风险,促进经济总量在空间上的积聚,加快城镇化步伐。

(2)基础设施建设,促进农村产业的专业化、市场化、社会化、一体化发展,有利于产业规模的积聚和结构的优化,实现农村的现代化。

(3)基础设施建设能扩大内需,改变投资环境,增强农村地区对外资的吸引力,促进外向型农业的发展,促进经济持续增长。

(4)基础设施建设能改变农村的村容村貌,优化村民生活环境,丰富业余生活,提高农民的生活质量。

1.2 历 史 沿 革

1.2.1 阶段划分

从 1949 年新中国成立至今,农村基础设施已经过 60 余年建设发展。从我国经济发展阶段、政策倾向以及农村基础设施投资在固定资产投资中所占的比例等方面考虑,可将我国农村基础设施建设发展分成三个阶段,如图 1.1 所示。

图 1.1　发展阶段图

1. 第一阶段(1950~1980 年)

1950~1980 年是我国国民经济恢复与计划经济时期,当时城市化水平低,工业基础薄弱,农业发展落后。为迅速提升经济实力,国家提出重、轻、农发展次序,工业基本建设投入占基本建设投资总额绝大部分。农业投资在全社会投资总额中比例在 20%以内,大部分年度在 10%左右波动。其中农业基本建设投资在全国基本建设投资总额中所占的比例大部分时期处于 2%~4%,呈现出缓慢增长的态势。这一时期农村基础设施建设严重滞后,进而影响农村经济和社会发展。

2. 第二阶段(1981~2000 年)

1981~2000 年是我国市场化改革时期,经过之前 30 年的努力,我国的工业体系已初步建立,工业化进程转入中级阶段。但这并没有使农村基本建设投资比例有所提升,相反,1981~1995 年农业基本建设投资占全国基本建设投资总额的比例从 3.9%持续下降到 1.1%。农村投资占社会总投资的比例也处于下降趋势,其变化趋势如图 1.2 所示。

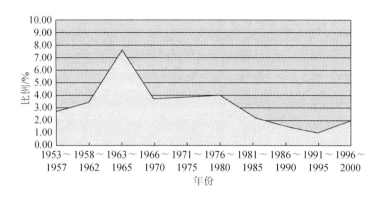

图 1.2　农业基本建设投资占全国基本建设投资总额的比例

3. 第三阶段(2001 年至今)

进入 21 世纪，我国将西部农村的发展正式提上日程，将"争取 5～10 年时间使西部地区基础设施和生态环境建设取得突破性进展"作为"十五"规划时期西部大开发重点任务。但从各项统计数据可以看出，对农村发展建设经济投入力度严重不足。

1.2.2　阶段特征

(1)第一阶段：资金投入量低，人民积极性高，劳动力充足。

在集体经济时期，我国农村基础设施建设严重滞后于农业生产发展的需求，但当时我国经济基础薄弱，政府对农村基础设施建设的投入相当有限。不过由于当时所处的社会环境和国家体制，两工(农民义务工和劳动积累工)在基础设施建设上起到了重要作用，以少量的资金投入达到了较高的绩效，如大型水库、农田灌溉系统等生产性基础设施建设方面有了一定的发展。

(2)第二阶段：资金劳动力投入不足。

市场化改革时期，我国实行了家庭承包责任制，一方面，这一时期我国经济基础依然薄弱，而且国家发展重心放在城镇及工业建设上，根本无钱投入农村基础设施建设，另一方面，农民对农村基础设施建设劳务投入总量不断下降，尤其是取消了两工后。所以这 20 年农村基础设施建设几乎没有向前发展，一些原有的基础设施也因为没有合理地管理维护而超期服役或严重损坏。

(3)第三阶段：资金投入大，资源分配不均。

进入 21 世纪，我国经济发展达到了一定水平，国家对农村基础设施建设的重视程度以及投资力度也大大增加。在这一时期，国家对农业的投资额不断上升，"十五"规划时期的投资总额为 1.13 万亿，"十一五"规划时期增至 2.95 万亿，"十二五"规划期间又有所增长。经过这些年的发展，农村基础设施建设取得了较好的成绩，完成了大批农田水利等生产性基础设施建设，以及道路、供水、供电等生活性基础设施建设。虽然这一时期效果显著，但资源分配不均的问题一直存在，2001～2013 年，无论是投资总额还是人均投资量，东部地区都在西部地区之上。

1.2.3　阶段内容

(1)基础设施发展单一,主要是农村公路的初步发展。

在集体经济时期,我国农村基础设施建设主要投入农田水利、道路等方面。农田水利方面,建成了万公顷以上的灌区 5 300 多处,配套机井 250 多万眼,全国灌溉面积由 1949 年的 2.4 亿 hm^2 猛增到 20 世纪 80 年代的 7.2 亿 hm^2(1 hm^2=10^4 m^2)。道路方面经过 30 年的建设,至 1980 年,我国农村公路通车里程达到 58.6 万 km,占全国公路的 68%,但这一时期的农村公路多为等外公路,技术等级低。饮水工程方面,这一时期,我国生态环境较好,多数农村地区以水井、河流、湖泊等为水源,对于黄土高原、丘陵等缺水地区则通过建设各类水利设施来解决农村饮水困难问题。

(2)基础设施建设多样化,电力、公路、供水齐发展。

在市场化改革时期,我国基础设施建设有了一定发展,这一时期加强了农村电网、公路、供水的建设,"八五"时期乡、村、农户通电率分别达到 98%、96%、92%,解决了 3 000 万无电农村人口的用电问题,到 2000 年共解决了 7 000 万无电农村人口的用电问题。

(3)基础设施建设多元化,各类设施同发展。

进入 21 世纪,我国基础设施建设取得可喜成效。2003~2012 年新建 1 800 多万户农户用沼气,4 000 多处大中型沼气工程,10 万个乡村服务网点。截至 2015 年年底,农村公路总里程达到 390 万 km,建制村通沥青(水泥)路达到 80%。至"十二五"规划末,解决 3 亿左右农村居民饮水安全问题。经过这些年的建设,我国农村基础设施建设已经有了很大的发展,但仍不能满足农业发展、农民生活需求。

1.3　发 展 趋 势

1.3.1　总体目标

(1)加强农村饮水安全工程建设,大力推进农村集中式供水,不断完善农村供水管网系统、给水处理设施的建设,使更多的人用上安全干净的自来水。

(2)实施农村电网系统的升级改造工程,扩大电网的覆盖范围,提高西部偏远农村地区的电网覆盖率,解决村民用电难题。

(3)大力推进农村供气、通信等基础设施建设,加大生活性农村基础设施服务范围,使其向西部贫困偏远的农村地区不断延伸,努力实现农村基础设施建设目标,缩小城乡差距,使农村人口享受到现代化农村基础设施带来的便利。

(4)加强农村垃圾收集、处理等基础设施的建设,完成农村排水管网新建、疏通、扩建等工作,加快污水处理设施的建设步伐,美化农村村容村貌,改善人居环境,预防水质、土壤污染,缓解汛期排洪压力。

(5)推进农村公路建设,进一步提高道路通达通畅率和管理养护水平,加大道路危桥的改造力度。

(6)加强农村能源建设,大力发展沼气、利用农作物秸秆及林业废弃物等生物能以及风能、太阳能等新型绿色能源,改善农村环境。

(7)完善农村基础设施管理体制,建立健全基础设施管理制度,实现农村基础设施专人管理维护,平日做好基础设施的保养维护工作,及时修复。

1.3.2　机遇挑战

1. 农村基础设施建设面临的挑战

(1)农村基础设施建设与土地资源保护相冲突。

我国人口众多、人均耕地少、耕地后备资源匮乏,"十分珍惜、合理利用土地,切实保护耕地"是必须长期坚持的一项基本国策,而农村基础设施建设将不可避免地占用大量土地。这导致农村基础设施建设与土地资源保护冲突问题频发。

(2)农村基础设施建设资源供给不均匀。

基础设施的建设供给存在城市与农村、东部与西部、同地区农村与农村不平衡。相对发达农村地区,政府投入会比较大,效果也相对明显,而落后农村地区,政府投入少,成效不高,反之又进一步影响政府投资倾向与力度。长此以往城市与农村、东部与西部差距会更加明显,落后的基础设施会阻碍农业改革发展、现代化的建设与调整产业结构的步伐,进而导致东西部地区贫富差距拉大。

(3)农村基础设施建设投资结构不合理,管理使用效率低。

首先,投入资金的分布不合理,我国农村基础设施建设投资主要用于建设新项目,对存量基础设施的管埋维护性投资严重不足。因此很多基础设施因长期缺乏管理维护处于低效率运作状态,严重的已经丧失使用功能。其次,对农村基础设施缺乏完善的配套管理制度,申报进行维修程序存在空白。

2. 农村基础设施建设面临的机遇

(1)得到国家宏观政策的大力支持。

进入 21 世纪,为适应经济社会发展新要求,促进农村农业发展,缩小城乡间东西部间的差距,我国制定了一系列政策来促进农村基础设施建设,促进西部地区的发展。2011年的"十二五"规划中提出:搞好社会主义新农村建设规划,加强农村基础设施建设。2015年中央一号文件《关于全面深化农村改革加快推进农业现代化的若干意见》中指出:要加大农村基础设施建设力度,全面推进农村人居环境整治。

(2)是拉动内需、促进经济发展政策的重要方法。

现阶段我国经济进入低速发展时期,要想拉动经济,进行农村基础设施建设是一个有效的方式。一方面,进行农村基础设施建设活动本身对增加国内生产总值、扩大内需有重要作用,是刺激经济复苏和解决就业的有效手段,通过提供就业机会,增加投资和消费需求,带动相关产业的发展;另一方面,基础设施建成之后可以促进农村产业结构的升级,实现农业现代化,加强农村地区经济竞争能力。

(3) 融资渠道增多,政府财政支出加大。

农村基础设施建设发展缓慢的重要原因之一是资金来源渠道单一,政府资本投入不足。为加快农村基础设施建设,政府大力引导和鼓励社会资本投向农村基础设施建设和在农村兴办各类事业。目前我国农村基础设施建设将迎来一个飞速发展的时期,未来资金的来源还将不断丰富,为农村基础设施建设提供动力。

1.3.3　宜居乡村基础设施建设

1. 绿色、节能环保

新农村基础设施建设应具有绿色、节能、环保等特点。例如,排水实行分流制,避免造成大量的水体污染,同时对污水进行治理和回用,实现给排水系统自循环,从而达到改善水环境、缓解水资源短缺的目的。此外还应在农村地区大力推进风能、太阳能、生物能等新型绿色能源的发展,改善农村环境;建设过程中,也提倡更多地使用新材料、新工艺,减少对不可再生资源的使用、对环境的污染破坏等。

2. 信息化

新农村基础设施建设还将实现网络化、信息化管理,使农村基础设施的管理更高效、更经济合理。例如,建立网络视频集中监控管理系统,对基础设施进行实时监控,一旦出现异常,可以及时将问题部位反馈给管理人员,由管理人员及时处理。实行信息化管理,缩短了排查故障的时间,直接对症下药,能大幅提高工作效率,减少设施故障给人们生活带来的不便。

3. 集约化

新农村基础设施的建设应向着集约化发展。通过优化要素配置,实现要素重组,提高基础设施建设的社会效益、经济效益和人文效益。未来新农村基础设施实行集中管理、科学管理,进行统一规划和建设,通过要素质量的提高、要素含量的增加、要素投入的集中以及要素组合方式的调整来促进技术进步、技术创新,以最小的成本获得最大的投资回报。

4. 智能化

新农村基础设施具有智能化等特征。例如,对农村生产生活垃圾以及厕所排泄物等进行收集,集中处理,采用先进的智能化技术,自主对垃圾、废物等进行分类处理,并回收用以制作肥料、生物能和其他物品。采用智能化污水处理系统,根据监控信息,实时调控以达到最优状态。

5. 人性化

新农村基础设施建设更加人性化,在满足基本功能和性能的基础上进行优化,使其用起来更方便、更舒适，体现出人文关怀和对人性的尊重。例如，在未来农村地区基础设施建设要增设无障碍设施及标志，方便残疾人、老人、小孩等的出行，让他们具有同等的机会享受公共生活。

6. 人文化

未来，新农村基础设施建设不仅要满足人们生活需求，还要满足精神需求。农村道路不仅要实现村村通，还要加强道路绿化，村民住宅周围及公共活动广场也应美化，形成绿荫环绕、风景优美的生活环境。农村地区还应配备有村民活动广场，以及文化体育设施，从而提升人们的舒适度、幸福度，满足人们对美的需求。

第2章 西部高原地区农村基础设施建设现状

2.1 环境特征

我国西部高原地区包括黄土高原西部、内蒙古高原西部和青藏高原北部,其行政区划包括陕西、甘肃、宁夏、青海、西藏等省(自治区),但是部分地区由于地理、区域文化以及建筑特征等诸多方面有很大差异,故在此不加赘述。

2.1.1 自然环境

黄土高原地区属于(暖)温带(大陆性)季风气候,年降水量200~750 mm。冬春季受极地干冷气团影响,寒冷干燥多风沙;夏秋季受西太平洋副热带高压和印度洋低压影响,炎热多暴雨。多年平均年降雨量为 466 mm,总的趋势是从东南向西北递减,东南部 600~800 mm,中部400~600 mm,西北部200~300 mm。以 200 mm 和 400 mm 等年降雨量线为界,西北部为干旱、半干旱区,中部为半亚湿润区,东南部为半湿润区。西北部干旱、半干旱地区主要位于长城沿线以北,陕西定边,宁夏同心、海原以西。年均温2~8℃,年降雨量100~300 mm,干燥指数2.0~6.0。气温年较差、月较差、日较差均增大,大陆性气候特征显著。风沙活动频繁,风蚀沙化作用剧烈。

内蒙古高原东起大兴安岭,西至甘肃马鬃山,南沿长城,北接蒙古,包括内蒙古全境和甘肃、宁夏、河北的一部分,海拔在 1 000 m 左右,起伏和缓,高原上广布草原、沙漠和戈壁。内蒙古高原夏季风弱,冬季风强,气候干燥,冬季严寒,日照丰富。高原无较大河流,无流范围广大。内陆河顺挠曲作用形成碟形洼地发育,多为间歇河,春季成干谷,雨季有洪流。

2.1.2 地理环境

黄土高原位于大陆腹地,气候较干旱,降水不多且集中。黄土颗粒细,土质松软,含有丰富的矿物质养分,利于耕种。但由于缺乏植被保护,夏季雨水集中多暴雨,在长期流水侵蚀下地面分割得非常破碎,形成沟壑交错其间的塬、梁、峁、川。黄土高原地貌复杂多样,山地、高原、平川、河谷、沙漠、戈壁,类型齐全,交错分布。由于沟壑交错,平坦耕地一般位于沟谷或小型盆地,一般不到1/10,绝大部分耕地分布在10°~35°的斜坡上,因此村落分布不集中。

内蒙古高原海拔1 000~1 200 m,南高北低,北部形成东西向低地,最低海拔降至600 m左右。地面坦荡完整,起伏和缓,古剥蚀夷平面显著,风沙广布。内蒙古高原戈壁、沙漠、沙地依次从西北向东南略呈弧形分布:高原西北部边缘为砾质戈壁,东南部为砂质戈壁,高原中部和东南部为伏沙和明沙。其气候较寒冷、降雨量少，所以适合农作物生长，但水草比较丰美，是我国的主要牧区。

2.1.3　居住环境

高原建筑是一种特殊的结合高原地区特殊自然环境进行建筑布局，从而得到与其气候特点相切合的建筑形态。高原地区民居主要有以下形态。

(1)碉楼：碉楼是高原的典型民居形式。横截面类似梯形，底部要大于顶部，是最具代表性的碉房的特征。外墙向内收缩，但内坡仍然是垂直的。以一个开间为一个组合，转角交界处做成凹凸榫，搭接咬合而成，层层重叠，直至达到所需的高度。实质就是建筑学上的井干式建筑，如图 2.1 所示。

(2)土坯式建筑：其主要指用土坯建造而成的建筑，并广泛分布于陕西、宁夏、甘肃等地高原丘陵地带。土坯是指未经烧制的土块，其性能与普通烧结砖类似，使用灵活，制作极为简便易行。土坯式建筑屋顶为北平南坡、北缓南高、北无瓦南有瓦。其集合形态随着降水的多寡呈现特定规律，如图 2.2 所示。

图 2.1　碉楼　　　　　　　　　　　图 2.2　土坯式建筑

(3)庄廓：庄廓指由高大的土筑围墙、厚实的大门组成的四合院，大多是坐北朝南，占地 1 hm² 左右，平面呈正方形或者长方形。其版筑围墙厚约 0.8 m，高 5 m 以上，沿墙四周建房形成四合院，中间留出庭院用来种植花草。庄廓院看似简单土气，却有着深远的历史性和很强的实用性，是非常适合气候高寒严酷环境的建筑，如图 2.3 所示。

图 2.3　庄廓

2.2 案例分析

2.2.1 案例一——尔德井村

1. 村子简介

尔德井村位于榆林市红墩界镇，目前下辖 11 个自然村，总土地面积 21 km²，其中耕地 4 100 hm²，林地 17 000 hm²，草地 6 200 hm²。总人口 1 384 人，321 户，耕地 3 100 hm²，人均 2.5 hm²。图 2.4 为尔德井村委会。

2. 基础设施情况

1)道路工程

尔德井村主干道是沥青混凝土路，路面层宽 8m，厚 2cm，路的两侧有排水边沟。但是除了这条主道，目前进入离该主道较远的各户的路大都是山路。山路多是行人长期行走留下的痕迹，没有经过硬化，所以晴天时尘土飞扬，雨天和雪天路面湿滑，不利于村民的出行。经过当地政府和村民的努力，到 2010 年，该村新修硬化村组道路 14 km。图 2.5 为村内主干道。

图 2.4　尔德井村委会　　　　　　图 2.5　村内主干道

2)给水工程

尔德井村身处大漠，表面淡水较少，但是当地的地下水源较浅，很方便村民采用地下水。该村主要采用水塔集中供水。水塔修建在全村的最高处，使用时利用管井和水泵抽取地下水为水塔供水，待水续足之后利用高差通过管道为该村村民供水。水塔位于尔德井村水厂内，是用钢筋混凝土修建的圆形结构，高 2.1 m，半径 2.7 m。另外尔德井村投资 13 万元，在任家洼、华家洼、郭大界建自来水厂三处，并投资 3 万元，铺设管道 10 km。但是地下水进入水厂后没有集中消毒处理，具有健康隐患。这种情况有待解决。图 2.6 为村内水塔。

图 2.6　水塔

3）排水工程

尔德井村排水工程设施十分匮乏。生活中产生的大部分污水都会拿去喂牲畜，其他的生活污水就随意泼洒在自家门口。这样不仅破坏了村容整洁，而且利于细菌滋生、蚊虫繁殖，致使人畜患病，更不能做到废水回收利用。

4）垃圾处理

尔德井村没有处理垃圾的集中场所。剩菜剩饭等容易发酵的垃圾通常用来喂养牲畜，剩余的生活垃圾会堆积于每家的房屋侧边空地。村里暂时没有集中外运处理的条件，各家各户的垃圾堆到一个阶段后，自己用车集中运到山旁空地处。这样处理垃圾的随意性太强，夏天垃圾腐烂变臭，蚊蝇滋生；冬天垃圾分解不掉，随风飞扬影响村容。村民希望能够尽快规划出一块地方用于集中处理垃圾。

5）粪便处理

尔德井村的村民用的都是连着沼气池的旱厕。村民将粪便加入沼气池进行处理，获取沼气作为能源。这样不仅解决了粪便处理问题，消除了由此带来的异味，使生活环境更加整洁卫生，减少了传染病的爆发概率，而且作为一种高效的供能来源，可以有效地解决村民的生活用能问题。发酵剩下的肥料可直接用于肥田。旱厕连着沼气这种方式十分适合在农村推广。

6）生活用能

尔德井村村民一年四季都利用沼气，沼气可以直接作为生活用能，可发电、烧锅炉、直接用于生产供暖、作为化工原料等。此外在尔德井村，还看到了比较新颖的风能-太阳能综合利用装置，该装置用来储存电，由榆林市农业厅与村民共同修建。风能和太阳能是可再生能源，利用其进行发电不仅节约煤、天然气等不可再生资源，而且在使用时不产生有害的气体，保护了环境。西部高原地区的风能、太阳能资源丰富，十分有利于这套装备的推广。图 2.7 为此装置。

图 2.7　风能-太阳能利用装置

2.2.2　案例二——孟家湾村

1. 村子简介

陕西省榆林市孟家湾乡位于榆阳区城北 35 km 处，属于风沙草滩地区，该乡的基础设施基本完善。孟家湾村是孟家湾乡政府所在村，210 国道陕蒙高速公路纵贯南北，交通便利，全村有 6 个村民小组，共计 429 户，1 126 人，均为农业人口，全村总面积 92 570 hm²，其中耕地面积 2 300 hm²，全村的经济收入主要来源为种养殖业(养羊、养牛、养猪、种植玉米)及劳务输出，2012 年农民人均年收入达到 10 465 元。

2. 基础设施情况

1) 道路桥梁工程

孟家湾村紧邻 210 国道，主干道已全面硬化但道路旁没有任何附属设施，只在部分主干道两旁建有 50 m×50 m 的灌溉渠。210 国道宽为 6 m，通村公路宽度为 4 m。除了村内主干道和个别道路是柏油马路，其他的村间辅助道路为沙石路或者土路，存在道路硬化率不足的问题。路面状况较差，不能满足交通需求，不利于村容整洁，尤其是雨雪天更给交通带来不便。但由于该村的道路交通量较小，对于道路通行能力要求不高，现有主干道可以满足村民出行要求。图 2.8 和图 2.9 为村内主次道路。

图 2.8　入村主干道

图 2.9　村内道路

2) 给水工程

孟家湾村采用水塔集中为村民供给自来水。水塔建成已经有 4 年，供水率实现 100%。集中供水塔是一个一层平房，高约 4 m，由普通黏土砖砌筑而成，在水塔旁边设有泵房。由于孟家湾村的地下水源丰富，且水源范围内无污染，可由泵房直接抽取的地下水经过简单的消毒静置处理后，送至水塔，再利用高差势能将水通过管道进入村户。进户管道为外径约 20 mm 的 PVC 管道，这种材质的管道造价低且耐久性能良好。图 2.10 为村内水塔。

图 2.10　村内水塔

3) 排水工程

由于孟家湾村地处风沙草滩地区，地表水极易下渗，村内并未修建专门排水设施。居民将生活污水直接倒入户外沙地。虽然地表容易渗水，但冬天随意倒水容易导致路面结冰，并且还会污染地下水源，使居民的用水存在一定的安全隐患。另外污水内含有固体垃圾，夏天垃圾腐烂变质会滋生蚊蝇，传播病菌。

4) 能源工程

该村的生活用能主要为电能，但太阳能资源也比较丰富，所以部分村民家安装太阳能热水器。该村虽然已经通电，但是昂贵的电费给农民带来很大的负担，尤其是对养殖户而言，所以急需找到替代能源。由于该村的畜牧业十分发达，产生大量牲畜粪便，利用沼气发酵来解决能源问题有很大潜力。另外，该村的太阳能资源丰富，也可进一步使用太阳能发电技术来解决用电问题。

5) 垃圾处理

现村内有 5 个移动垃圾回收箱进行垃圾集中回收处理。绝大部分村民能够将自家垃圾倒入垃圾箱内，但是垃圾箱内的垃圾清理频率比较低，所以经常有垃圾堆积现象发生，导致垃圾腐烂变臭，有时还会随地表径流，或产生毒性渗滤液后污染饮用水水源，夏季还会散发臭气，影响居民生活质量。这种现象主要由于村内疏于管理，未来还需进一步改善。图 2.11 和图 2.12 为垃圾处理设施及建筑垃圾。

图 2.11　垃圾箱　　　　　　　　　　图 2.12　建筑垃圾

6）粪便处理

村内的厕所形式均为室外旱厕（图 2.13），单独位于每户住房旁边，且村内无化粪池。这样就造成粪便堆积，当粪便堆积到一定程度时需用人工将其挖出，由于粪便含有大量的氮、沼气等有刺激性气味，在定期清洁的过程中往往会对人体造成较大的伤害，甚至频频发生休克的意外。该村的养殖业较为发达，有条件设立沼气池来处理粪便。另外沼气发酵技术已经逐渐成熟，成本费有所下降，并且国家对使用沼气的家庭每年都有补贴，该村非常适合推广沼气发酵技术。

图 2.13　旱厕

2.2.3　案例三——南庄河村

1. 村子简介

南庄河村位于延安市宝塔区南郊，是典型的高原地形，该村现有人口 470 余人，村民主要经济收入为外出务工、畜牧业和农业等结合。图 2.14 为村委会。

图 2.14　村委会座谈走访

2. 基础设施情况

1)道路桥梁工程

当地公路为政府集中修建的地方公路,并进行了铺装。路基形式为半填半挖式。面层用热拌沥青碎石混合料,路面宽 8 m,边沟排水主要用石料水泥砌筑而成。图 2.15 为环村道路。

由于石拱桥能够充分利用当地的石材,而且耐久性能良好,构造技术简单、易于掌握,该村的桥均为石拱桥。涵洞多采用预制式安装方法施工的盖板式涵洞,其施工简单且易于规范化生产,另外造价较低,取材方便。图 2.16 为村外桥梁。

图 2.15　环村道路

图 2.16　村外桥梁

2)给水工程

因该村村民散居于山腰和山底,原来通过打水井的方式满足自家用水,这种供水方式太过分散,且不能保证家庭正常用水。近年来为解决村民的用水问题,村里花费 12 万余元组织修建了供水能力为 13 m^3、20 m^3 和 40 m^3 的水塔三处,通过水的自流或水泵加压将水送至水塔,再由水塔利用高差势能将水经输水管分别为山腰、山脚处的居民集中供水。图 2.17 为给水设施。

3)排水工程

该村村民居住较为分散,没有集中排污管道,村民

图 2.17　给水设施

污水排放具有极大任意性，常常将各类生活废水随意泼洒在院中或路上。冬天随意泼洒结冰，导致路面情况糟糕，给村民出行带来很大不便。春天气候变暖，路边的污水也逐渐融化，导致路面泥泞不堪，污水发酵变臭，给村民生活带来极大困扰。图2.18为道路排水设施。

图2.18　道路排水设施

4）垃圾处理工程

该村的主要垃圾为食品包装袋、厨房残渣、塑料废品等生活垃圾。当地现有的垃圾处理模式为集中处理，修筑垃圾屋，统一收集，统一运输。但由于条件限制，目前处理垃圾的主要方式是统一搬运，统一进行填埋、焚烧等处理，达不到无害化的要求。此外由于地理环境、传统的观念的限制以及村民的卫生意识仍较为淡薄，公共卫生基础设施建设还需进一步发展，垃圾收集、转运能力十分有限，严重地影响了环境质量和人民群众的生产生活条件。图2.19为垃圾处理设施。

图2.19　垃圾屋——收集并统一搬运垃圾

5）粪便处理

该村所使用的厕所为旱厕，累积的粪便并没有作任何无害化处理就直接用来浇地。这种原始的方法简单，但存在很大问题，粪便堆积到一定程度才会用来浇地，这样粪便散发的恶臭会影响村民的生活，另外粪便散发的氮气、氨气具有一定的可燃性，在较为狭窄的厕所内如果遇明火极易导致爆炸，十分危险。走访发现该村个别家中修建了沼气池来解决这一问题。沼气池发酵的沼气用来做饭、照明，发酵剩下的沼渣用来灌溉农田。图2.20为粪便处理设施。

图 2.20　旱厕

6）生活用能

调查和走访发现，该地区石油资源较为丰富，目前南庄河村的生活用能主要为附近油矿采油排出的废气。通过限制性燃烧这些废气来烧水做饭，冬天还可以用来采暖等。但是可供村民使用的石油资源有限，目前这种现状只能维持 5 年左右，必须找到替代的新能源，为此村民尝试使用沼气与太阳能作为替代能源，现在已有部分村民安装了沼气发酵设备，并取得了良好的效果。

2.2.4　案例四——苏庄则村

1. 村子简介

苏庄则村位于陕西省榆林市横山县。交通便利，地理环境优越，配套设施完善，吸引了大量的企业和工厂驻扎。这些为该村的基础建设打下了坚实的经济基础。

2. 基础设施情况

1）道路工程

该村利用区位优势，通过招投标确定由市政工程公司对该村的道路桥梁进行改造。目前该村的道路为双车道老黄土路面。这种路面没有经过硬化，晴天时，车辆经过会引起尘土飞扬，雨天时又泥泞不堪，非常影响交通。随着苏庄则村的经济不断发展，大型货车经常在村子内经过，现有的路面已经很难满足该村的经济发展，所以必须进行道路改造，新改造的路一直通往市区，且沿路建有商品房，可以促进本村的第三产业的发展。图 2.21 为村内道路。

2）给水工程

由于水资源匮乏，村民无法得到稳定的水源，所以该地区就有用水窖蓄水来解决用水问题的传统。但这样的做法存在很大的安全隐患，水窖的密封性不好，常常导致外界物体掉入水窖内，村民又缺乏卫生意识，不对水进行集中消毒处理，水质无法得到保障。为解决村民用水困难问题，村里通过集资修建了自来水厂。该厂设有一个水库和一个 50 m 的深井为居民提供生活用水。图 2.22 为给水设施。

图 2.21　村内道路　　　　　　　　　　　　　图 2.22　给水设施

3）排水工程

黄土高原地区水资源短缺，为使水资源利用达到最大化，该村村民往往将污水进行简单的处理后回收再利用，即将原来的土质水窖变成用混凝土抹面底部配有钢筋的小型废水收集池。各家各户把生活废水用下水管连到水窖中，待水沉淀后，用明矾来净化水，然后用水窖的水来浇灌土地或者喂养牲畜。

4）垃圾处理

该村的卫生条件不够好，垃圾一般不经过处理，随处乱扔。夏天垃圾腐烂变臭，蝇虫滋生，使得村内的卫生形象比较差，严重影响村民的生活。村里为解决这一问题，计划修建垃圾填埋场。该场拟建在本村的下风处，占地 5 hm^2，四周设有围墙，由专人进行垃圾分类收集。将塑料、纸制品等可以循环利用的垃圾回收利用，不可回收的进行填埋，电池等污染土地的物品交给市里的专门部门来处理。

5）粪便处理

该村还是使用较为原始的方法处理粪便，即每家搭一个简易的旱厕。坑满了以后，用人力将其掏出，作为农肥。粪便是肠道传染病、寄生虫病、部分生物传染病的传播媒介，未经处理直接使用极易导致疾病传播；在人工掏挖的时候也存在一定的危险性。为解决这一问题，部分村民对粪便进行无害化处理，即建造三格化粪池厕所，无害化处理后的粪便含有大量的氮、磷、钾等营养物质，可作为农肥来促进庄稼的生长。

6）生活用能

该村生活用能主要有传统灶、太阳能和天然气等几种形式。部分村民用无烟煤作为燃料的传统灶来做饭，这种做法不仅降低了无烟煤的燃烧效率，造成了资源浪费，而且当煤没有充分燃烧时会释放一氧化碳导致人体中毒。本村处于陕北地区，日照丰富，对利用太阳能有得天独厚的优势，村民大多利用太阳能提供热水。此外该村靠近天然气田，村民常常使用天然气作为生活用能，但是村民的节约意识比较薄弱，使用天然气的方式十分粗放并且不加节制，造成了资源的极大浪费。为充分利用资源，该村决定采用管道输送的方式使用燃气。图 2.23 为传统灶台。

图 2.23　传统灶台

2.2.5　案例五——黄家圪崂村

1. 村子简介

黄家圪崂村位于榆阳区城东南 15 km 处，全村总人口 541 人，总面积 4.33 km²，耕地 2763 hm²。其新农村改造为两期工程：一期工程于 2007 年开工建设，2011 年年底竣工，主要包括基本农田改造、村庄建设、水利、道路、桥梁、电网改造等基础设施建设工程。二期工程于 2013 年开工，2015 年年底建成。工程包括旅游等项目建设，目前村内整体绿化面积达到 3 000 hm²。村庄如图 2.24 所示。

图 2.24　黄家圪崂新村实景拍摄图

2. 基础设施情况

1）道路桥梁工程

黄家圪崂新村累计道路硬化 6.5 km，主要道路宽度为 6 m，次要道路宽度为 3 m，均为素混凝土路面，厚度为 18 cm，道牙尺寸为 10 cm×10 cm。该村的道路基本能满足村民出行的要求，但除主次干道之外的道路都是碎石和黄土路面，道路的硬化率有待提高。道路两旁设有太阳能路灯，给夜间出行带来了极大的便利。路边的绿化设施较为完善，新种的杨树、松树长势良好。村内道路情况如图 2.25 和图 2.26 所示。

图 2.25　村内主要道路　　　　　　　图 2.26　村内次要道路

村内有现浇混凝土拱桥一座，跨度为 20 m，宽度 7 m。桥梁防护栏杆高度为 1.5 m，间距 9 cm。用以解决村民的出行问题。村内桥梁如图 2.27 和图 2.28 所示。

图 2.27　村内新建桥梁

图 2.28　桥梁栏杆

2）给水工程

黄家屹崂村全村采用水井抽取、集中供应的方式供水。水井深约 50 m，经过水泵抽出，在泵房经过简单的消毒静置处理，通过管道给各村户供水。其供水管道长度约为 6.5 km，采用 UPVC 材质，该材质的管道经久耐用，且造价低廉，适合在农村地区推广。村内基本无停水现象，该种供水方式能满足村民生产生活的用水需求。

3）排水工程

该村排水设施比较完善，采用封闭式雨污合流排水方式。每家每户排污池与村内道路旁的排水井相连，通过排水管道排到村前的河流中，其排水管道为 PVC 管。此外，由于黄家屹崂村处于半山腰中，前低后高，且高差较大，村内道路都已经硬化，无硬化处已经有植被覆盖，村内积水经道路汇入村前的河中，目前的排水设施十分高效，解决了村内旧有的雨水积聚现象。排水设施如图 2.29 和图 2.30 所示。

图 2.29　坡屋面与排水管道

图 2.30　墙面排水立管

4）垃圾处理

村内每家每户都建有小型垃圾池，并且沿道路建有垃圾桶，村委会专门配备保洁人员以每周 1～2 次的频率集中收集垃圾，收集后的垃圾采用填埋的方式进行处理。由于村内现阶段人流量不大，加上垃圾处理频率较高，保洁员责任意识较强，村内整体较整洁、干净。但采用填埋的方式处理垃圾不是长久之计，因为土地资源有限，填埋的方式会造成土地污染。

5) 粪便处理

村内每家每户都配有水厕，并且在村内设有公共卫生间。各个管道与沼气池相连接。粪便经过发酵产生沼气，通过转化设备将沼气用来做饭、照明，冬天还可以用来取暖等。这种粪便处理方式是非常好的，减少煤、天然气这种非再生能源的使用，同时还减少二氧化碳的排放，又保持了村容整洁。这种处理粪便的方式应该在该地区进一步推广。

6) 生活用能

村内生活用能主要有电、太阳能、液化石油气、沼气。村民将电能作为主要生活用能，用液化石油气来做饭，用太阳能热水器来提供村民洗漱用水。为响应节能环保、绿色减排的号召，村内建造了沼气池，沼气池为 2 m×1.5 m×1.3 m 方形混凝土结构，可储存 5 m³ 左右的沼气，基本能满足一户人家正常生活用能。

2.3　基础设施建设特点

2.3.1　地域特征

(1) 基础设施节水性要求较高。

西部高原地区属于温带大陆性气候，干旱少雨，普遍存在水资源匮乏的问题，对基础设施节水性能要求很高，不但在使用中非常注重设施节水性，在建设中也倾向使用用水量较少施工方案。

(2) 养殖业发达，发展沼气潜力大。

西部高原地区气温低，不利于农作物生长，但草场较为肥美，养殖业较为发达，常常有大量动物粪便堆积无法处理，为沼气发酵提供充足的原料。此外西部农村面积广袤，沼气池占地面积较大，十分适宜在西部农村地区推广建设。

(3) 抗冻性能要求高。

西部高原地区常年气温低，冬季时间长，冻土层较深，对基础设施建设抗冻性能要求高。施工时需将基础埋置到冻土层以下，以免春天冻土开化导致基础下沉，影响设施使用。埋置在地下的输水管网也一般采用塑料制品，因为金属管道的导热性能强，不易保温，易造成管道冻胀，影响用水。

2.3.2　投资特征

(1) 建设投资比例失衡。

据统计，西部高原地区农村基础设施投资总量中，生产性投资占 69.8%，非生产性投资比例只有 30.2%。其中生产性投资是指生产、建设等领域中的投资。非生产性投资是指非物质领域的投资。这种失衡如果不加以纠正，长此以往会导致西部农村基础设施建设畸形发展。

(2)过度依赖政府投资。

在基础建设过程中，农民过度依赖政府，所有的基础建设都是等、靠、要政府的资金投入，自身没有集资建设基础设施的意愿。当地政府在基础设施建设中占有绝对领导地位，虽然在一定程度上促进了基础设施建设，但是随着建设的发展，所需的资金已经超过政府所能承担的范围，导致基础设施发展缓慢。

(3)资金来源匮乏。

农村基础设施建设的资金来源主要有政府资金、信贷资金、农村农户和非农户自有资金。由于西部农村基础设施建设融资体制存在很多空白，融资渠道不畅通，并且西部高原地区人烟稀少，建设投资大，投入的资金很难收回。

2.3.3　规划特征

(1)缺乏正规的规划。

合理的规划在农村建设的过程中具有不可代替的作用，西部农村的规划工作存在很多问题。由于西部农村发展十分落后，西部高原地区的农村相比其他地区更加偏远，当地政府缺乏对农村发展规划的意识，在村镇建设时只为了完成某种指标，致使在农村建设时缺少正规、合理、科学的规划。

(2)缺乏沟通共享的有效机制。

西部高原地区，由于其特殊的地理环境，偏僻落后，人烟稀少，各个村镇相距较远，村民与政府缺乏有效的沟通机制，地方政府在进行基础设施建设的过程中无从接受农民意愿，盲目建设，这种现象导致了政府对农村基础设施缺乏整体的宏观把控，由部分规划组成了整体规划的现象时有发生。

(3)规划质量无法保障。

由种种因素造成的基础设施建设资金匮乏，与地方政府对规划的轻视，导致用在农村基础设施规划方面的资金严重不足。此外，规划队伍的整体实力薄弱，编制短缺，无法进行充分的实地考察，以至于规划不能因地制宜，为规划的质量难以保障埋下隐患。

2.3.4　建设特征

(1)给排水进度不均衡。

给水排水是一个整体，本应该同步进行，但是在西部高原地区的调研发现给排水基础设施建设存在极端不平衡现象。除了个别偏远农村，大部分农村已经有了可靠的给水设施，村民的用水得到了保证。但由于缺乏意识，加上排水管道铺设需要大量人力和物力，大多数农村没有排水工程。

(2)粪便处理问题不得当。

在粪便处理问题上，大多数村庄都采用旱厕，无视卫生情况，只有粪便堆积到一定程度后才用人工将其挖出，作为农肥。部分有环保意识的村民将厕所连接到沼气池进行发酵，利用沼气供能，发酵剩下的沼渣作为农肥。少部分水源比较丰富的村庄安装水厕，提升了粪便处理的卫生情况。

(3)村内道路的硬化率还不足。

目前西部高原农村地区很多村镇主干道已经基本采用沥青混凝土覆盖,满足村子与外界的交流;村间道路一般为水泥混凝土路面。

2.3.5　使用特征

(1)绿色能源应用情况差。

西部农村地区的平均日照时间长,太阳能资源丰富,目前村民只是用太阳能热水器来洗漱,并没有将其作为主要生活用能;在部分地区风能也十分丰富,但将风能用在生活中的村民少之又少;沼气技术已经非常成熟,但是只有部分村民把沼气作为主要生活能源,沼气使用率还很低。

(2)垃圾处理设施使用率低。

在调查走访中发现,很多村庄都设置固定垃圾收集点,但村民往往不将垃圾倒入垃圾箱内,而是堆积在自家房屋附近。这一方面是由于村民卫生意识薄弱,另一方面是因为垃圾收集点设置不合理。

(3)基础设施寿命较短。

西部农村的道路大多是沥青路面,沥青的耐久性差,加上西部高原地区的太阳辐射强烈,昼夜温差大,加速了路面的老化;西部地区的土地盐碱度高,导致水泥混凝土、钢筋的锈蚀程度相较其他地区严重,从而缩短了基础设施的使用寿命;西部冻土较深,对埋置地下的设备、管道有很大的损坏,缩短了设备的使用寿命,这些方面都反映了本地区基础设施的寿命较短。

2.3.6　社会效益

(1)促进区域现代化发展。

西部农村现代化是全国整体现代化的一部分,农村基础设施建设有利于其现代化发展。此外,社会主义新农村建设是解决"三农"问题的有效途径,是我国实现农村现代化的必由之路,加快基础设施建设也有利于促进新农村进程。

(2)调整农村产业结构。

随着道路桥梁等基础设施建设,农村交通更加便利。商业、畜牧业、种植业、手工业和外部的联系越来越密切,从而充分利用本地区资源,促进了农村经济的发展,改变了农村以农业为主的单一产业结构,充分发挥西部地区市场潜力大、各种资源丰富和劳动力成本低的地区优势。

(3)加强地区产品互换。

西部具有得天独厚的地理环境,自然资源丰富,有巨大的发展潜力,也是一个巨大的潜在市场。加强西部高原地区农村基础设施建设,既可以创造大量的就业机会,促进农民增收,又可以发展西部地区的特色经济,促进各种资源的合理配置和流动,形成国民经济持续发展的重要支持力量。

第3章　西部山地地区农村基础设施建设现状

3.1　环境特征

3.1.1　自然环境

山地，一般指海拔在 500 m 以上，起伏较大的地貌，有别于单一的山或山脉，是众多山所在的地域。我国的山地大部分分布在西部地区，其特点是起伏大、坡度陡、沟谷深、多呈脉状分布。西部山地地区海拔较高，气温较低，呈现气候垂直分布，适宜多重植被与经济林木生长。我国西部山地地区面积较大，横跨热带、温带、寒温带三大气候带，由于地势西高东低，所以形成三大地形阶梯。第一阶梯的平均海拔在 4 000 m 以上；第二阶梯的海拔高度在 1 500~2 500 m，四川、云贵地区，秦岭等地都属于这一阶梯；第三阶梯的山地海拔在 1 500 m 以下，分布在这一阶梯内的乡村普遍在 500 m 以下。

西部山地地区由于特殊的地质构造和气候条件，形成了多样化的地貌类型和生态环境。西部地区的山地中分布着众多少数民族，在建筑、服饰、餐饮、语言、信仰、民俗习惯以及劳作方式上保留着许多具有明显差异化特征的原生态形态，这些又构成了多样化的文化景观。在不同的地理区位里，因地质构造背景和民族文化背景相似，导致一些山地的地貌形态、生态环境具有相似性，出现同质化的现象。总之，西部山区的自然地理条件及山地生态系统的复杂性和脆弱性决定其不适宜大规模开发建设，而其自然地理的差异性和生态环境的多样性为旅游业的发展创造了有利的条件。

3.1.2　地理环境

山地地区是西部陆地生物圈的三维生态实体，地貌地形是形成山地结构和功能以及各种生态现象和过程的最根本因素，并由此引起了光照、热量、水分、土壤等生态因子复杂多变的各种组合形式。山地的地理因子具有多边形，沿海拔梯度的变化要比沿纬度梯度快1 000 倍。山地地区植被保存较好，有着古老和复杂的植物区域组成，其植物群落类型、结构和生物环境的复杂性，植被的垂直分布格局，较高生物多样性组成都决定了西部山地地区环境条件的多样性、过渡性、复杂性和敏感性等特征。

我国西部山地典型代表有陇南山地、祁连山地和北山山地。陇南地处西陇南山地，秦巴山区、青藏高原、黄土高原三大地形交汇区域。西部向青藏高原北侧边缘的甘南高原过渡，北部向陇中黄土高原过渡，南部向四川盆地过渡，东部与西秦岭和汉中盆地连接。陇南地势西北高、东南低，平均海拔 1 000 m，西秦岭和岷山两大山系分别从东西两方伸入全境，境内形成了高山峻岭与峡谷、盆地相间的复杂地形。陇南山地从东南到西北涵盖了从北亚热带湿润区到高寒区、干旱区的多种气候类型。总体来看，气候干燥，气温日差较大，光照充足，太阳辐射较强。年平均气温在 0～14℃，由东南向西北降低。年平均降水量在 300 mm 左右，各地降水差异很大。

3.1.3 居住环境

山地建筑属于建筑形态的一种，是结合山地地貌特征，依照坡度差异进行建筑布局，使建筑与山地自然景观相协调的建筑形态。建筑类型按照接地形式一般分为埋地式（窑洞）、接地式（阶梯式）、离地式（吊脚）三种。

(1)埋地式建筑形式主要指窑洞。窑洞形成各式各样的形式，从建筑布局结构形式上划分可归纳为靠崖式、下沉式和独立式三种形式。下沉式窑洞是地下窑洞。靠崖式窑洞有靠山式和沿沟式，窑洞常呈现曲线或折线形排列，有和谐美观的建筑艺术效果。在山坡高度允许的情况下，有时布置几层台梯式窑洞，类似楼房。独立式窑洞是一种掩土的拱形房屋，有土坯拱窑洞，也有砖拱、石拱窑洞，这种窑洞无需靠山，能自身独立，又不失窑洞的优点。窑洞防火防噪声，冬暖夏凉，既节省土地，又经济省工，是因地制宜的完美建筑形式，如图 3.1 所示。

(2)接地式指地表类建筑形式，如山地地区常见的阶梯式房屋。它具有与山地建筑场地地形坡度相应的阶梯体型，既适应了山地地形特点，又使建筑打破了几何形体的单一性，使建筑本身富于变化。接地式有以下三种：将房屋设计成有高度相同、竖向错动半层或一层的各单元，称为跌落单元式，比较适用于坡度 7%～8%至 15%～17%的地形；另一种是通廊或回廊布置的各层做水平移动，每层都有其与外界的出入口，称为阶梯走廊式；还有一种称为台阶式，在平行坡度方向和垂直坡度方向都有一两层，由相互联结成一体的居住体拼接而成，并且利用下层单元的屋面作为上层的阳台，适用于不小于 25%～30%的坡地上，如图 3.2 所示。

图 3.1 埋地式建筑   图 3.2 阶梯式建筑

(3)离地式指吊脚类建筑形式。通常把建筑在不平整山坡房屋的水平楼地面下面的高低不平的支持水平地面的建筑结构称为吊脚楼，也称"吊楼"。吊脚楼多依山就势而建，呈虎坐形，是结合当地山多岭陡、木多土少等生态特点建造而成的传统型山地建筑。其最基本的特点是正屋建在实地上，厢房的一边靠在实地和正房相连，其余三边皆悬空在外，靠柱子支撑。吊脚式结构好处良多，高悬地面既通风干燥，又能防止毒蛇、野兽的侵袭，楼板下还可堆放杂物，如图 3.3 所示。

图 3.3　吊脚式建筑

3.2　案例分析

3.2.1　案例一——和乐村

1. 村子简介

和乐村由和乐新村和和乐老村组成。新村的居民有 50 多户，从山上迁于此地，在山上的旧址被政府征收，每年每公顷地政府给予了 1 500 元的补贴，山下新址由政府统一规划设计，农民能够得到新宅基地盖房，村民收入依赖旅游业(村民自营的农家乐)，经济情况较为富裕。和乐老村的人是以前的居民，在此地生活时日已久，主要靠种地为生。

2. 基础设施情况

1) 道路桥梁工程

道路方面：该村的主干道是 7 m 宽，采用的是薄层水泥混凝土路面，路面板厚度在 8～12 cm。旁边的排水沟宽 50 cm，深 30 cm，用卵石砌成，表面用混凝土抹平；和乐村中的次干道是宽 4 m 的水泥路，旁边是 10 cm 深、20 cm 宽的小排水沟，通往村口的大排水沟的深度为 40 cm，宽度为 60 cm，也用卵石砌成。其中水泥路都是由政府出资修设的。村内干道图如图 3.4 所示。

2) 给水工程

和乐新村没有自来水，给水方式是水井取水，属于分散供水。各家各户打井，井深 10 m左右，直径最大的有 1 m，使用机械打井，井壁四周用混凝土抹平。每家每户都有水塔，大多数是用不锈钢制成的圆形水桶，安置在屋顶的平地上。平时将井里的水抽到屋顶上面的水塔中，储水量有 2 m³ 左右，人口较多的家庭，水塔的体积适当增加，可达 6～8 m³。

3) 排水工程

该村的排水方式为雨污分流式。道路的两旁设有排水沟，采用明渠排除雨水。与管道排水相比，具有造价低廉、施工快捷的优点，但同时也存在一定的局限性，常常出现村民往水渠内任意倾倒垃圾，造成渠内堵塞，引起污水横流、恶臭四散等不良现象。村民家中的污水由下水道排走，村内的地下管网比较发达，而且附近有污水处理厂，因此污水处理效果较好。排水明渠如图 3.5 所示。

图 3.4　村内干道　　　　　　　　　　图 3.5　排水明渠

4）垃圾处理

和乐村村口有一个砖砌垃圾池，外表用水泥抹灰，没有封盖。村民将垃圾集中倾倒在这里，然后由环卫工人统一送往垃圾处理厂，都江堰市的大部分垃圾都送往这个垃圾场，其面积有 60 hm^2。收集的垃圾在这里分拣分类处理的方式，能够有效防止生活垃圾的二次污染，同时对能够回收利用的废品进行加工和回收，提高资源利用率，具有一定的环保意义。

5）粪便处理

目前大部分村民家中都是水冲式的厕所，在房屋后筑有砖砌的深 1 m、宽 1.2 m，长 1.2 m、容积约 2 m^3 的化粪池。将粪便收集以后，进行无害化处理，经过沉淀发酵，能够较好地杀灭虫卵和有害细菌。此种粪便处理方式易于施工，价格低廉，卫生效果好，非常适合在农村推广使用。村内厕所如图 3.6 所示。

6）生活用能

该村村民生活用能方式多样。冬天有少数人用柴火、蜂窝煤作为生活用能，个别村民也有使用太阳能的情况，村民做饭普遍采用天然气，这种供能方式不但使用方便清洁、经济实惠，还能减少有毒有害气体的排放，改善环境质量。村内电能及太阳能设施如图 3.7 所示。

图 3.6　村内厕所　　　　　　　　　　图 3.7　村内电能及太阳能设施

3.2.2 案例二——立集村

1. 村子简介

立集村位于县城以东 15 km 处，地处汉江河北岸，108 国道以南，土地肥沃、交通便利，全村辖 7 个村民小组，共计 329 户，1 110 人，耕地 731 hm²。

2. 基础设施情况

1）道路工程

立集村投入 190 万元，实施 8 km 村寨及周边道路硬化、绿化工程，该村道路铺设采用 200 mm 厚 C30 混凝土路面，500 mm 厚砂石回填。主干道路宽 5 m，其中混凝土路面宽 3 m，两边人行道各宽 1 m，总长 252 m。人行道面积约 1 600 m²，采用预制混凝土进行铺设。道路以方格网形式为主要布局，沿道路两旁进行绿化，栽设混凝土树池约 25 个。村内干道如图 3.8 所示。

图 3.8　村内主干道路图

2）给水工程

村内供水干管由自来水管接入，给水方式采用集中供水，是市政统一供水，水质较好。干管管径采用 DN100，供水水压达到 2.0 MPa，既保证了供水的安全性，又满足了消防需求。该村室外给排水采用三种类型排水管：DN300 混凝土排水管，长 86 m；DN600 混凝土排水管，长 262 m；DN100 混凝土排水管，长 256 m，均沿着水流方向每米管道向下倾斜 3 mm。

3）排水工程

该村生活污水属于有组织排放。经农村清洁过程建设要求，其排水工程采用标准化施工。对原有的明沟排放的排水沟进行加盖，以杜绝垃圾乱倒、污水乱流等不良现象。排水采用雨污混合排放设计，污水管道坡度 0.3%，主管管径采用 DN600 型承插式钢筋混凝土管，经无害化处理后从排水管排入管网，排水效果较好，起到了防污防臭的作用，如图 3.9 所示。

4) 垃圾处理

立集村原设两处垃圾集中收集点，修建大容量垃圾池 4 个，并配备了专职保洁员进行垃圾清理工作。根据使用需要，改造后在公厕旁设一处垃圾收集点，按照 100 m 的服务半径布置。另外沿主要道路两旁每隔 50 m 布设一个果皮箱来处理沿途垃圾，进而保证沿途道路清洁卫生。垃圾农肥实行集中堆放，并进行无害化处理。农户负责将自家产生的垃圾分类放置，并对可以回收利用的垃圾进行适当处置，保障了道路的卫生环境和正常使用，如图 3.10 所示。

图 3.9　明沟排水　　　　　　　　图 3.10　村内沿主干道设置的果皮箱

5) 粪便处理

根据立集村 2012 年制定的规划，村内除了住户自家设有的厕所，另外设有公厕一处。居民室内的厕所均采用水厕，村内建设有密集的下水网管，粪便由下水管道统一排出。公厕采用粪槽排至三格式化粪池进行粪便处理。这种化粪池由厕屋、便器和无害化处理设施组成，与水冲式厕所配套，能够实现粪便的无害化处理，维护村内公共环境卫生。居民粪便处理情况见图 3.11。

6) 生活用能

立集村在 1981 年遭受特大洪水后就开始规划重建。在建设过程中有专业的设计规划指导，效果较好。50%村户安装太阳能，在日常生产生活中，村民能够合理利用太阳能、沼气能等绿色能源，避免化石燃料燃烧对环境造成的污染，提高资源利用率，这种方式值得继续推广。太阳能使用情况见图 3.12。

图 3.11　冲水时蹲便器　　　　　　图 3.12　太阳能路灯

3.2.3　案例三——凤桥村

1．村子简介

凤桥村位于安康市平利县老县镇以西 45 km 处，308 省道穿村而过，与安康市接壤，是平利县的西大门，全村辖 5 个村民小组，共计 302 户，1 120 人，耕地面积共 1 455 hm^2。

2．基础设施情况

1) 道路桥梁工程

凤桥村道路交通便捷，连接安康和平利的安平二级公路穿村而过，人们出行较为方便。通组路全部为水泥混凝土路面，路宽 3.5~4 m，厚度 18~20 cm，伸缩缝宽度 0.5 cm，间距 5 m，路两边无绿化，危险路段有砖混防护栏，防护栏高 0.4 m，宽 0.2 m，间距 0.8 m。村内道路村民负责路基的修建，路面全部为政府修建，新建道路 6 km，硬化路面 300 m，如图 3.13 所示。

村口有一座拱桥，跨度 16 m，宽 3.5 m，桥两边有护栏，护栏高度 85 cm，耗资 17 万元，全部为县政府投资，于 2004 年修建完成，如图 3.14 所示。

图 3.13　村内道路　　　　　　　　　　　　图 3.14　村口桥梁

2) 给水工程

凤桥村无集中供水设施，居民日常的饮用水属于分散供水。村民饮水都引自山上的泉水，村民 3~4 户自由组合，在山上开挖蓄水池，并铺设管道引到各家各户，村民自己铺设的自来水管道一般采用直径为 5 cm 左右的 PVC 管，如图 3.15 和图 3.16 所示。饮用水的水质虽无可视性杂质，但都没有经过检测，水压和水量也得不到保证，有时会出现断水的现象。村民饮用水的安全仍然存在较大隐患，而且使用较为不便，对村民的日常生活造成了一定的困扰。

3) 排水工程

凤桥村未修建排水设施，由于靠近河道，生活污水和雨水大多依靠地势的落差流到河内。下雨时雨水和污水肆意横流，淹没道路，引带路边的日常丢弃的生活垃圾，将直接造成下水道堵塞，轻则污水漫溢，影响村民生产生活，重则大面积积水，严重威胁村民人身安全。此外，污染河道对生活用水和饮用水造成了严重破坏，影响了村民的生态生存环境。

图 3.15　自来水管道　　　　　　　　　　图 3.16　用户家的自来水

4）垃圾处理

该村没有设置集中的垃圾回收站点，也没有垃圾箱收集居民的日常生活垃圾，居民每天产生的生活垃圾，都无组织丢弃。村民垃圾的处理方式一般都是填埋或者焚烧，甚至直接堆放到河堤上，让河水冲走，这样简单粗暴的处理方式不仅污染村民的生活环境，也对当地的水源水质造成了极大隐患。

5）粪便处理

该村厕所大都使用水冲式厕所，但是粪便没有经过处理，30%住户家中设有沼气池或简单的化粪池，对粪便进行简单的沉淀和过滤处理，但并未达到无害化。此外，大部分住户直接将粪便排放到河道里，常常会引起蚊虫聚集和恶臭四散，这样不仅污染了当地的水质和水源，也给他人和村内的环境造成了不良影响。

6）生活用能

该村主要以发电、燃烧木材和秸秆作为日常生活用能，也有部分村民家中建有沼气池。沼气池直径为 2.4 m，高为 1.8 m，池口有独立混凝土预制板覆盖，防止气体溢出。但每年沼气池产生的沼气仅能供居民使用 8 个月。为解决这种能源缺乏的问题，其他时间村民都使用木材和电作为日常的生活用能。

3.2.4　案例四——银豆村

1. 村子简介

银豆村位于扶风县段家镇西南 3 km 处，耕地面积达 2 700 多 hm²，共计 350 户，1 570 人。全村经济收入主要来源为种植玉米、小麦等作物，养殖蛋鸡及外出务工，2012 年农民人均年收入达到 5 000 元。

2. 基础设施情况

1）道路桥梁工程

通往银豆村的公路是宽 7.5 m 的水泥混凝土路，该路划分为双车道，设有人行横道。

村内的主次干道均为硬化的水泥混凝土路，主干道宽度为 5 m，次干道宽为 4 m，该水泥混凝土路面层厚 20 cm，砂石基层厚 15 cm，底基层为 30 cm 厚的泥土，每间隔 5.5 m 设有宽 7 mm 的伸缩缝。该村的部分街巷道路为硬化砂石路。总共硬化水泥路 6.2 km，砂石路 8 km。此外，道路旁还设有指示牌、排水沟渠等附属设施。具体情况见图 3.17。

　　该村的西南角建有一座宝鸡峡投资建设的水泥混凝土桥，始建于 1978 年，桥宽为 3.5 m，长为 20 m。桥的两边设置有高 51 cm 的砖砌护栏。不过这座桥建造年代过于久远，年久失修，已成为危桥，无法通行车辆，如图 3.18 所示。

图 3.17　通村道路图　　　　　　　　　　　图 3.18　村内桥

2）给水工程

　　银豆村的给水方式有两种，一是水塔集中提供自来水，二是村民自家打水井给水，集中供水为主，分散供水为辅。目前，70%村民已经实现自来水到户供水，尚有部分村民的生活用水还是来自自家水井。集中供水塔是直径 3 m 的圆形，高约 21 m（图 3.19）；水塔供水管为直径 80 mm 的 PVC 管，埋设于地下。水源均为地下水，水质经过专业检测达标，可以直接饮用（图 3.20）。目前水塔一天能提供水量 30 t，水量、水压供应充足，能够满足当地村民的用水需求。

图 3.19　水塔　　　　　　　　　　　　图 3.20　自家水井

3）排水工程

　　村内的排水设施相当简单，生活污水直接倒入封闭式的暗渠自然排放，渗入地下或蒸发，即暗渠排水，没有特定的处理方式。暗渠宽 60 cm，深 30 cm，总长约 7 km。基本上每户都设有雨水管，直径大约为 75 mm，材质为 PVC，雨水口直接到达房屋散水面，顺散水自然流入污水暗渠。暗渠排水方式能有效防止气味和污水的外流，卫生和美观效果较好，如图 3.21 所示。

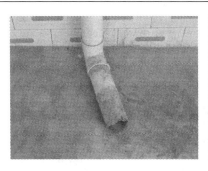

图 3.21　雨水管

4）垃圾处理

村内建有一座砖砌垃圾台及几处垃圾掩埋田地。其中垃圾台的具体尺寸是长 4.76 m，宽 2.64 m，深 2 m（图 3.22），有专职保洁人员定期进行清理维护。但是大多数村民为了便利，把自家垃圾直接倒入房屋附近的田地里，少数村民将垃圾随意丢弃在路边，并没有完全实现集中处理和分类处理（图 3.23）。垃圾的处理不到位导致村内夏天蚊虫较多，对村庄的生活环境造成了一定的影响。

图 3.22　垃圾台　　　　　　　　　　　　图 3.23　路边垃圾

5）粪便处理

该村的厕所形式均为室外水冲旱厕，单独设置在村户后院的角落里，无粪便处理措施，没有达到粪便的无害化处理，处理方式较为落后和老旧。村民将粪便收集以后冲入田里，作为有机肥料用于农耕地的施肥，一定程度上实现废物利用和资源回收。其中少数作为沼气发酵的原料，用于日常生活供能，见图 3.24。

图 3.24　卫生厕所

6）生活用能

该村的生活用能主要有木柴、电能、沼气三种，其中部分村民家设有太阳能（图3.25），用于洗澡；150户村民家已实现沼气入户，但是沼气只限于夏季使用，冬季沼气温度达不到要求。沼气池由国家出资引导建造，根据每户人口数，沼气池的设置有大小之分，大沼气池容量为15 m³，小沼气池容量为8 m³，材质均为混凝土结构，截面为圆形，如图3.26所示。

图3.25　太阳能

图3.26　沼气

3.2.5　案例五——鲁家寨村

1. 村子简介

鲁家寨村地处户县西北方嵋坞岭，地理位置优越，交通便利。全村总人口988人，共240户，耕地面积1 008 hm²。2010年人均纯收入7 200余元。

2. 基础设施情况

1）道路工程

鲁家寨村的通村公路为水泥混凝土路面，宽7 m，路沿石为15 cm×10 cm，由县政府出资建设。村内路均由水泥混凝土浇筑，7条主要道路宽7 m，次要道路宽5 m。道路两旁设有2 m或1 m宽的绿化带、路灯等附属设备。村内道路没有相应的车道线和停车位。2010年年底，全村道路实现100%水泥硬化，全村绿化率达到28%，新安装路灯80盏（图3.27和图3.28）。

图3.27　通村公路

图3.28　村道

2）给水工程

村内采用集中式供水，村民一切生活用水由村东侧的水塔供应，通过村内供水管道分别供应到每户村民家中，水塔和储水罐见图 3.29 和图 3.30。该水塔材质为水泥混凝土，水井深度为 245 m，供水管道材质为塑料，管道尺寸为 20 cm。村民家中备有储水罐，夏季时将深井水灌入其中，作为热水来源。但村民的日常用水并没有过滤和无害化处理，水质安全无法保障，为村民的生活埋下安全隐患。

图 3.29　水塔

图 3.30　储水罐

3）排水工程

村内排水方式采用雨污分流的设计。村民家中统一建有渗井，所有生活污水自发地流入渗井中，渗井的管道半径约为 15 cm，具体情况见图 3.31 和图 3.32。村内主干道两旁专门设有雨水排除管道，由于村内地势存在高低落差，道路雨水通过管道直接流入村子附近地势较低的耕地中。但是目前村内次要道路缺乏排水设施，常常导致雨水堆积路面，对村民的生活造成了不便，有待改善。

图 3.31　雨水井

图 3.32　渗井

4）垃圾处理

该村生活垃圾处理方式是派专人定时定点统一收集。每家每户村民将垃圾桶放置自家门口，卫生管理人员每天早上对垃圾进行回收，之后统一运至垃圾处理厂进行填埋处理。目前经过先后数次村内环境卫生整治行动的开展，村内无垃圾、柴草乱堆乱放现象，村容村貌得到了有效改善。

5）粪便处理

该村村民家中大部分使用水厕，少部分村民家中使用旱厕。2010 年年底由户县政府出资，全年共改厕 125 个，粪便处理情况有所改善。粪便处理设施见图 3.33 和图 3.34。使用水厕产生的粪便通过村子集成下水管道统一排出，使用旱厕的将作为有机肥料用以农作物的生长，较好地实现粪便无害化处理，改善村内卫生环境。

图 3.33　村民家中旱厕　　　　　　　　　图 3.34　村民家中水厕

6) 生活用能

该村主要以电能和液化石油气作为生活用能，部分村民家中建有沼气池，全村沼气使用覆盖率约为 58%，少部分村民家中还在使用土灶。沼气池的使用加强了秸秆的综合利用，减少了秸秆焚烧污染大气的情况。此外，大部分村民家中还有太阳能热水器供村民日常生活使用，这种能源不但能够保护环境，实现资源集约化利用，使用也较为方便，受到村民欢迎。能源设施如图 3.35 和图 3.36 所示。

图 3.35　村民家中的电磁炉　　　　　　　图 3.36　土灶外观

3.3　基础设施建设特点

3.3.1　地域特征

(1) 基础设施建设困难。

西部山地地区基础设施建设过程中，原材料和废物废料的运输都极其不便，导致基础建设周期长、建设成本高、使用效果不佳等现象的出现。此外，大多数村落分布不集中，材料收集运输困难较大，无法满足西部山地地区农村基础建设的需求，为基础设施建设带来诸多困难。

(2)基础设施建设结构不协调。

西部山地地区农村基础建设系统之间及其自身的相互协作能力弱，无法协调统一。例如，给排水工程建设程度不一致，常常出现给水充足但雨污水排出不力的现象。又如，粪便收集和处理工程无法实现对接，如果能解决此类问题，实现经济循环发展，不但提升基础设施使用能力，更能便于节约资源，实现内循环。

(3)基础设施建设质量要求高。

由于西部山地地区特殊的地形条件和自然环境干扰，大多数村庄的基础设施建设较为初级。此外，由于山地地区昼夜温差较大且山地地区各类自然地质灾害频发，基础设施容易受到冻融破坏及地质灾害的影响，所以在西部山地地区的农村，对基础设施建设的需求相对特殊，质量要求高。

3.3.2　投资特征

(1)山地地区投资规模较小。

山地地区基础建设投资规模较小，并且呈现出减少态势。农户投资的年际变化较大，强经济实力区波动更为明显，弱经济实力区波动呈加速态势。这是由于其投资规模小，没有对基础设施的建设形成强有力支撑和推动，导致建设工作发展缓慢，建设水平落后，不能为山地地区村民的生产生活提供理想的服务。

(2)山地地区投资需求较大。

西部山地地区自然环境恶劣，灾害频繁，生态极易受到破坏，导致农村基础设施建设基础难度大、要求高，加上经济发展水平低，难以扶持山地地区农村基础设施的建设，这就导致山地地区对基础设施投资的需求缺口较大。

(3)山地地区投资资金利用率低下。

国家和省级财政对农村基础设施建设资金的投入本来就相当有限，而且目前西部山地地区农村基础设施建设资金管理比较混乱，导致资金使用率低，基层缺乏有效的监督机制，阻碍了农村基础设施的建设。

3.3.3　规划特征

(1)基础设施规划用地分散。

西部山地地区农村村域面积广，地形复杂，多数农宅依山而建，依照方便耕作、放牧原则建立。整体基础设施的建设用地相对匮乏，且地形高差较大，坡坎较多，使村庄整体布局分散零落，导致基础设施用地分布散乱，增加了山地地区基础设施建设规模化的难度。

(2)基础设施规划不成体系。

西部山地农村对基础设施建设的统一规划认识不足，仅局限于当前或未来短期内的现实条件和自然地理环境，没有结合先进的基础设施建设技术进行规划，基础设施建设水平停滞不前，造成建设用地极大的浪费，导致未来建设空间不足，阻碍了基础建设发展的脚步，增加了山地地区基础设施建设集约化的难度。

(3)基础设施规划理念落后。

西部山地地区农村基础规划建设没有及时引入先进的规划理念，照搬硬套现存的基础设施建设方法，工程技术水平发展落后，并且普遍缺乏绿色建造意识和资源的循环利用等环保理念。

3.3.4　建设特征

(1)卫生工程建设缺失。

在西部山地地区的农村普遍缺乏对生活垃圾无害化处理的理念。在卫生厕所工程建设中，有的直接排入河道，有的收集之后不经处理直接掩埋或作为耕地的肥料，这些行为对周围及村内的生态环境与村民的健康埋下隐患。

(2)新型能源基础设施建设较少。

在西部山地地区的农村长期使用的传统能源(如秸秆和化石燃料的燃烧)不但加重大气污染，还存在安全隐患。新型能源的开发和利用不但较为安全，而且能够缓解环境压力，但其建设和应用仍非常有限，亟须进行推广普及。

(3)基层技术人员较为缺乏。

随着西部山地地区青壮年外出务工数量变大，优质的技术和管理人才也随之流失。基层组织干部管理人员普遍具有年龄大、管理方法老旧的特点，仍然沿用传统的模式应对建设过程中出现的问题和困难，迟滞了基层基础设施建设工作。

3.3.5　使用特征

(1)基础建设使用效果差。

山地地区自然结构特殊，村落布局散乱，没有进行有序统一的规划和排布，使得基础设施常常无法全面覆盖。山地地区基础设施建设中，投入的人力和物力难以达到预期标准，产出较低，加上防灾设施建设的忽视，使得基础设施防灾能力较弱，使用期间磨损较重，基础设施无法施展设计功能。

(2)建成之后维护难度大。

西部山地地区农村生产性基础设施建设质量监督力度不足，后续的管理责任落实不到位，加上基层组织管理能力和专业技术力量较为薄弱，普遍存在使用不当的情况。这些问题导致基础设施出现了损坏严重、年久失修、功能老化、更新改造速度缓慢等问题，大大降低了基础设施职能的发挥。

(3)不能有效满足村民要求。

村民群众在基础设施的规划和建设中的参与度低，使得有些基础设施不能按照群众真正的意愿去建设，或者当时规划不合理，以及资金不足造成在建设过程中对原规划进行随意修改，使得在一定程度上无法满足农民的要求和期许，基础设施不能有效为农民服务，不能起到改善农民生产生活的目的，不能起到改善西部农村落后面貌的作用。

3.3.6　社会效益

(1) 增加农民收入。

西部山地地区农村基础设施的建设带来了诸多益处，有利于鼓励农民群众参与以工代赈项目的建设，减轻了政府压力，为农民创造更多的工作机会，实现山地各地区人口和经济的平稳均衡发展，有利于增加农民收入与就业。

(2) 加快经济发展。

西部山地地区基础设施建设能够有效推动农村经济发展，促进农业结构调整，保障农民持续增收，改善农村运输条件和投资环境，促进生产发展，有效地提高农业和农村经济的商品化和市场化程度，提高农民的生活质量。

(3) 改善居住环境。

西部山地地区基础设施建设，能加大对山地地区农村居住环境改善，解决村内三通、无害化处理、日常用能等问题。基础设施的建设，在各个方面对提高农村基础设施整体水平、改善农村居住环境、促进山地农村经济发展具有积极作用。

第4章 西部平原地区农村基础设施建设现状

4.1 环 境 特 征

4.1.1 自然环境

平原是陆地地形中海拔较低而平坦的地貌称呼，主要特点是地势低平，起伏和缓，相对高度一般不超过 50 m，坡度在 5°以下。平原面积广大、土地肥沃、水网密布、交通发达，是经济文化发展较早较快的区域。我国西部平原主要有河套平原、宁夏平原、渭河关中平原等。

河套平原位于我国内蒙古自治区和宁夏回族自治区，年日照时数 3 000～3 200 h，西多东少，日照百分率 67%～73%。年总辐射量 627 kJ/cm²，年均温 5.6～7.4℃，西高东低，1 月均温-14～11℃，7 月均温 22～24℃，10℃以上活动积温 3 000～3 280℃，无霜期 130～150 d，农作物一年一熟，大部地区年均降水量 150～400 mm，雨热同季。

宁夏地处中纬度，温带大陆性气候，昼夜温差大，白天太阳直射温度相对较高，晚间气流扫射余热温度明显降低，夏日昼夜温差在 15℃左右。雨季集中在夏季，但降水量不大。年降水量不足 200 mm，但黄河年均过境水量达 300 余亿 m³，加上年 3 000 h 的日照时数，为发展农林牧渔业提供了极其有利的条件。

渭河平原在陕西省中部，平均海拔约 500 m，东西长 300 km，西窄东宽，呈三角形。渭河平原属于温带季风性气候，年均温 6～13℃，冬季最冷月 1 月，月均温 5℃左右，夏季最热月一般出现在 7 月份，月均温 30℃左右。年降水量 500～800 mm，其中 6～9 月份占 60%，多为短时暴雨，冬春降水较少，春旱、伏旱频繁。渭河横贯渭河平原，使其成为全国重要麦、棉产区。

4.1.2 地理环境

我国西部平原是河流冲积的产物，是亿万年来裹挟的泥沙在步入河流之前形成的囤积，因此称为冲积平原。

河套平原位于北纬 37°线以北，由黄河及其支流冲积而成。东西沿黄河延展，长约 500 km，南北宽约 20～90 km，面积约 2.5 万 km²。河套平原海拔 900～1 200 m，地势由西向东微倾，西北部第四纪沉积层厚达千米以上。山前为洪积平原，面积占平原总面积的 1/4，余为黄河冲积平原。地表极平坦，除了山前洪积平原地带坡度较大，坡降大多为 1/4 000～1/8 000。

宁夏平原北起石嘴山，南止黄土高原，东到鄂尔多斯高原，西接贺兰山，面积 1.7 万 km²。滔滔黄河斜贯其间，流程 397 km，水面宽阔，水流平缓，形成了大面积的自流灌溉区。宁夏位于黄河上游中段，东西窄南北长，地势北低南高，海拔 1 000 m 以上。北侧雄峻秀丽的贺兰山，阻挡了腾格里沙漠东移，削弱了西北寒流的侵袭，是宁夏平原的天然屏障。

渭河平原又称关中盆地或关中平原，夹持于陕北高原与秦岭山脉之间，为喜马拉雅运动时期形成的巨型断陷带。盆地两侧均为高角度正断层。断层线上有一连串泉水和温泉出露。南北两侧山脉沿断层线不断上升，盆地徐徐下降，形成地堑式构造平原。渭河平原形成后，不仅有黄土堆积其间，更重要的是渭河及其两侧支流携带大量泥沙填充淤积其中，第四纪松散沉积，最大厚度达 7 000 余 m。因地壳间歇性变动和河流下切，形成高度不等的阶地。

4.1.3 居住环境

平原地形使院落建筑在平原具有很强的地方特色，以下是典型的平原民居。

(1)四合院：四合院是一种汉族传统合院式建筑，其格局为一个院子四面建有房屋。在我国民居中历史悠久，分布最广泛。但不同地区会因其特殊自然环境而各具特色，如陕西关中平原四合院俗称"窄院"，关中地区气候干燥，夏季炎热，庭院宽度窄，周围房屋出檐长，使庭院大部分时间处于阴影中，既阴凉又利于周围后室通风，所以使四合院的布局形式形成窄院。又如银川平原地区，因降水量相当少，院落空间较陕西关中地区宅院宽敞，如图 4.1 和图 4.2 所示。

图 4.1 四合院(一)   图 4.2 四合院(二)

(2)地坑院：地坑院的建造是先在平坦的土地上向下挖 6～7 m 深、12～15 m 长的长方形或正方形土坑作为院子，然后在坑的四壁挖 10～14 个窑洞，工程量约 2 000 m³。地坑院一度在豫西、晋南、渭北、陇东等地较为集中，是黄土丘陵地区较普遍的一种民居形式。现在保存比较完好的地坑院主要集中在豫西地区的陕县塬上，见图 4.3 和图 4.4。

图 4.3 地坑院(一)   图 4.4 地坑院(二)

4.2　案　例　分　析

4.2.1　案例——东韩村

1. 村子简介

东韩村位于户县县城娄敬路北口，拥有住户 249 户，共 1 060 余人，居住区面积为 150 多 hm²，耕地面积 600 余 hm²，约合 0.6 hm²/人。东韩村人均年收入达 12 410 元，每户建筑面积达 240 多 m²，搬迁至新村的有 210 多户。

2. 基础设施情况

1) 道路工程

东韩村通村公路为水泥混凝土路面，面层厚度为 20 cm。村内主干道为混凝土路面，宽 6 m，伸缩缝宽度 5 mm，间距 5.7 m，道路两旁都有绿化带，其宽度为 3.6 m，路沿石为 15 cm×10 cm。道路两旁路灯、垃圾箱(约每隔 40 m 设置一个)等设施齐全，路面设有停车位，道路干净整洁。村内道路基本能够满足村民需要。村内道路的修建，包括道路两边的附属设施，是由村委会统一规划并实施的，其中向村民征集了少部分资金。村内主干道路如图 4.5 所示。

图 4.5　村中主干道

2) 给水工程

村中根据本村规划、地形、水源、用水要求、经济条件等采取村级独立给水系统进行集中式给水。村东南角修建直径 60 mm 的水塔，采用单水源供水，上水管道采用 PVC 塑料管，虽然水压能达到村民使用要求，但因水塔供水规模小，没有安装净化、消毒、水质检测设施设备，所以水质难以保证，同时无法实现自动供水，没有报警系统，容易造成水资源的浪费。水塔如图 4.6 所示。

3) 排水工程

东韩村未单独设置雨水管道，采用合流制方式排水，生活污水经排污管道进入附近城镇污水管网，雨水的排放主要靠地势的高低落差施行路面排水，村庄南高北低，雨水向北集中至蓄水池后排向城镇市政管网。雨天污水与雨水形成混合污水共同排送至污水处理厂。

4）垃圾处理

该村采用集中处理方式收集垃圾，村庄内每 40 m 左右都会设置一个垃圾箱（图 4.7），同时村委会还雇佣 6 个保洁员负责各区域卫生，每户居民只需要将垃圾收集后放在门口，由保洁员在每天早上 6:00 收集至村南门口的垃圾收容站（该垃圾收容站由县政府出资建设）之后统一运走，不足的是，村民环保意识淡薄，垃圾没有进行分类处理，造成资源的浪费。

图 4.6　水塔　　　　　　　　　　　　图 4.7　道路两旁的垃圾箱

5）粪便处理

该村普遍采用水冲式厕所，并且修建有较为完善的排污管道。目前村内的粪便排污主要是经过各家排污管道进入村庄的沉淀池，沉淀处理后进入市政管网，具体情况见图 4.8 和图 4.9。这种处理方式更为清洁，有利于提高当地居民的卫生意识。总体而言，该村的粪便处理设施比较先进，村内卫生情况较好。

图 4.8　村民家中卫生间　　　　　　　　图 4.9　村中公共厕所

6)生活用能

该村以电能、液化气和太阳能作为主要的生活用能。电能和液化气的推广使用给当地居民生活带来了极大的便利。过去村内有秸秆气化站(与沼气池类似),利用村民自家的化粪池和秸秆气化站连接,通过秸秆气化站产生秸秆气满足农户需求。但是由于农户的土地较少,养殖业也不发达,秸秆气的使用并不普遍。现在,村民普遍使用太阳能,节能又环保,如图4.10和图4.11所示。

图4.10　村民家中厨房　　　　　　　　图4.11　太阳能热水器

4.2.2　案例二——张则村

1. 村子简介

张则村隶属于新时乡。全村现有村民1 700人,村子占地2 200 hm²,村民以种植业为主要经济来源,每年人均收入达到7 000元。

2. 基础设施情况

1)道路工程

张则村的通村公路为水泥混凝土路面,宽6 m,路面伸缩缝宽0.01 m,间隔距离为8 m,道路造价30万元/km,总长度为6.3 km,有8条主干道。新建的水泥混凝土路面与旧有道路相比不但强度高,养护费用小,抗滑性能好,夜间行车也较为方便。此外道路两边每隔40 m有一个路灯,夜间照明给村民的夜间驾车和出行都带来了方便。具体情况见图4.12和图4.13。

图4.12　村内道路　　　　　　　　图4.13　通村道路

2) 给水设施

张则村目前采用分散式供水。每家每户都有自打井，基本上能满足村民需求，但是地下水位浅、水质差，特别是氟含量超标，危害着当地村民健康。2009 年，经县政府与多部门沟通，新打岩溶井 1 眼，并经过管道输送到驻地水厂，净化消毒后供给各村组用户。从根本上改善张则村等周边 12 个行政村共 1.23 万村民的饮水问题，保证了水质良好和环境卫生，如图 4.14 和图 4.15 所示。

图 4.14　村民家中自打井　　　　　　　图 4.15　村民家中自来水龙头

3) 排水工程

村内的排水设施比较完善，基本实现了雨污分流的管道排水方式，村民在房屋建设过程中预留好雨水和生活用水排放的管道，从家里排出来至家门口的阳沟里。阳沟是街道两旁的排水设施，宽 0.4 m，深 0.5 m，呈 U 形。但对雨水和生活用水，村子里没有特殊的处理，只是直接将水排到村外简易的渠沟内，任其自然渗透到地下，既污染了土壤，也影响了地下水质，对村民的环境卫生造成了影响，如图 4.16 和图 4.17 所示。

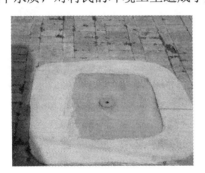 

图 4.16　村民家中的排水眼　　　　　　图 4.17　村内道路两旁的阳沟

4) 垃圾处理

该村各户的生活垃圾为每家每户自理，由村民自己将自家每天的生活垃圾收集后，随意丢弃在离村不远的沟里和其他地方，没有设置集中的垃圾站和垃圾处理方式，使得堆放在村外的垃圾无任何处理，如图 4.18 所示。这种情况严重污染了环境，在堆放腐败过程中垃圾产生大量有机污染物，雨天还会随雨水渗透到地下，既污染地表水，也影响地下水质，严重地危害着村民的健康。

5）粪便处理

该村村内没有公厕，每户都是旱厕（图 4.19），由于旱厕没有冲水设备、下水道或分解处理粪尿的设备，对粪便也不做任何处理，加上不能及时清掏，致使细菌、虫卵滋生，易引发各种传染性疾病。这为当地居民的日常生活带来极大的不便，也对该村的卫生环境带来了严重的影响。

图 4.18　村中垃圾堆放

图 4.19　旱厕

6）生活用能

该村以电、秸秆为主要的生活用能，目前村内户户通电，使当地村民的生活得到明显改善。村内还有部分村民采用沼气供能，这种清洁能源的使用降低了村民对传统燃料的依赖，保护和改善生态环境。因此也得到当地政府的大力支持，用能情况如图 4.20 和图 4.21所示。

图 4.20　电磁炉做饭

图 4.21　传统农村厨房

4.2.3　案例三——后沟村

1．村子简介

柿沟乡位于千阳县城西南 11 km。后沟村村前通村公路与陇千南线相接，城乡客运穿村而过，交通特别便利。村民收入来源为种植业、养殖业及劳务输出。

2．基础设施情况

1）道路桥梁工程

后沟村已硬化水泥混凝土路 1.1 km，路一侧设有宽度和深度都为 30 cm 的水泥砂浆抹面 U 形排水沟渠，总长 1 400 m。已硬化的水泥路，面层厚 20 cm，基层为厚 15 cm 的砂石，其中通村公路宽 4.5 m，村内的主干道的宽度为 3.5 m。村内其余到户的街巷道路均为土路，宽 2～4 m，见图 4.22 和图 4.23。部分道路旁已实现绿化，绿化总长 1 100 m，道路旁没有指示牌、路灯等附属设施，未设停车场。

图 4.22　通村公路　　　　　　　　　　　　图 4.23　街巷土路

村内建有慈安桥一座，长 60 m，宽 4.5 m，桥的两边设有高 90 cm 的钢管护栏，如图 4.24 所示。除此之外，村内再没有其他桥梁设施。

图 4.24　慈安桥

2) 给水工程

后沟村采用单村集中供水方式，一切生活用水均为机井供应的自来水，水源为地下水，可以直接引用，但水质尚未经过专业检测。水塔为容积 60 m³ 的圆柱形，材质为混凝土，见图 4.25；给水管为直径 50 mm 的铸铁管，埋设于地下，给水管通入每家每户，见图 4.26。给水设施由村内出资建成，目前本村水量、水压供应充足，在正常情况下，能够保证水塔供水的连续性，满足当地村民用水需要。

图 4.25　水塔　　　　　　　　　　　　　　图 4.26　给水管

3）排水工程

该村没有排水设施，表现为雨污合流方式收集污水。生活污水直接倒入门前明渠自然排放，排水沟渠均是自家门前自家修，如图4.27所示，部分村民甚至没有修建排水沟渠。村内每户都设有大小不一的 PVC 雨水管，每家每户均将雨水通入门前沟渠，既未送至污水处理站，也没有进行特定的处理，而是与生活污水一同自然蒸发或渗入地下。

4）垃圾处理

后沟村内设有 2 个砖砌垃圾台，同时，主干道旁每隔 20 m 设置 1 个垃圾桶，基本实现垃圾的集中处理。垃圾台是长 1.8 m、宽 1.4 m、高 75 cm 的砖砌矩形台，见图4.28。村内各户把自家垃圾倒入村子的垃圾台或路边的垃圾桶内，有专门保洁人员定期处理垃圾，每隔一周处理一次。但尚未进行垃圾的分类收集，使垃圾不能就地回收利用，增加了集中处理的垃圾量。

图 4.27　路边排水渠

图 4.28　垃圾台

5）粪便处理

该村厕所形式主要有室外旱厕和室内水冲厕所，虽然水冲式厕所使用方便，清洁卫生，但室内水冲厕所只占少数。室外旱厕单独位于每户后院的角落里，无化粪池，更无粪便处理方式，使用极其不便，也为当地环境带来了污染，具体情况见图4.29。

6）生活用能

该村的生活用能以煤、木柴及电能为主，部分村民家设有太阳能，用于洗澡；大部分村民家用土灶，如图4.30所示，虽然能保障基本的烧水、做饭，但煤在燃烧过程中会产生大量烟尘，易被人体肺部吸收，引发呼吸道疾病。目前村内正积极推广使用清洁能源，已有 40～50 户村民有由国家出资引导建造的沼气池。沼气池为混凝土建成，容量为 12 m³，截面为圆形。

图 4.29　室外旱厕

图 4.30　土灶

4.2.4 案例四——银河村

1. 村子简介

银河村地处汉延渠流域，自然条件优越，交通便利，全村共 15 个村民小组，总人口 3 200 人，土地面积 8 670 hm²，耕地面积 6 200 hm²。村委会见图 4.31。

图 4.31　银河村委会

2. 基础设施情况

1) 道路、桥梁工程

银河村的通村公路为县级公路金茂路，金茂路宽 10 m，道路两边绿化带各 1 m，路面为沥青路面，路沿石尺寸为 10 cm×10 cm。村内的主要道路为混凝土路面，宽 8 m；次要道路为砂石路面，宽 6 m。村内道路均是 1990 年后由政府出资修建的，目前共修路 40 km，其中沥青道路总长约 9 km，如图 4.32 和图 4.33 所示。通村公路的管理、清洁和维护工作由县交通局统一负责。道路两侧有标示清晰的指示牌，目前还没有路灯。

图 4.32　通村公路　　　　　　　　　　图 4.33　主要道路

村内有很多灌溉渠，渠上的桥有七八十座之多，全部为混凝土桥，其中最大的是汉延渠桥。汉延渠桥宽 4 m，长 15 m，桥面为沥青路面，桥两侧石护栏高 1 m。普通的灌溉渠桥宽为 3～5 m，长 2.5～4 m，如图 4.34 和图 4.35 所示。

图 4.34　灌溉渠桥　　　　　　　　　　　图 4.35　汉延渠桥

2) 给水工程

银河村共有 15 个合作社,其中有 12 个通自来水,剩下的 3 个合作社由于距离较远目前还没有通自来水。银河村内的供水管道由自来水厂引入,其总长超过 10 km。村内所有的管道都由水厂专门人员负责维修、管理。由于配备了比较完善的供水系统,水压、水质和水量都得到了有力的保障,解决了村民的基本生活用水问题。村民用水情况见图 4.36 和图 4.37。

图 4.36　村民家中给水设施(一)　　　　图 4.37　村民家中给水设施(二)

3) 排水工程

银河村排水方式为分散排水。村民家中自建有渗水井或下水道,渗水井使污废水渗入地面,污染物被截留,渗水井为砖砌体,下水管道多为 PVC 管,村内有排水明沟,最终将污水排入四清沟,进行二次处理,具体情况见图 4.38 和图 4.39。部分村民家的生活污水随意排放。

图 4.38　村民家排水管　　　　　　　　图 4.39　排水渠

4）垃圾处理

银河村内的环境卫生状况比较好，村内的垃圾采取集中收集填埋的方式处理。每户分配两个垃圾桶，村内每隔十几米就有垃圾站（图 4.40 和图 4.41），每天由保洁员收集各家垃圾。村委在村外征地修建垃圾填埋场，将非可燃垃圾送至垃圾填埋场进行集中处理，极大改善了村内的垃圾处理问题。

图 4.40　垃圾收集站

图 4.41　垃圾中转站

5）粪便处理

银河村所有居民家的厕所都是室外厕所。2009 年开始由县卫生局主导在全村修建了300 多座卫生厕所，这种厕所能够收集雨水用于冲水，厕所便池下接化粪池，用水将粪便冲入化粪池内，化粪池满后取出作为农家肥撒入田地。目前大部分村民家中都是卫生厕所，但是仍有部分是旱厕（图 4.42）。

6）生活用能

村内现在的生活用能有电、煤、液化气、沼气和太阳能。由于宁夏地区气候寒冷，不适宜发展沼气，虽然部分村民家中有沼气设备，但利用率较低。村民家里做饭主要使用电和液化气，村内设有液化气站，换气比较方便（图 4.43）。此外冬季村民主要使用煤取暖，以及利用太阳能（图 4.44）。

图 4.42　卫生厕所

图 4.43　燃气炉

图 4.44　太阳能热水器

4.2.5 案例五——乌兰图克村

1. 村子简介

乌兰图克村位于内蒙古巴彦淖尔市临河区，交通极为便利，是一个标准的农业化村镇。全镇辖地 30 万 hm²，其中耕地 11.4 万 hm²，8 个行政村，70 个村民小组，4 280 户，20 200 人。全镇有林面积 8.6 万 hm²，林木覆盖面积 28.3%。

2. 基础设施情况

1) 道路桥梁工程

该村基本实现了村村通路的目标。村与村之间都是 8 m 宽的柏油路，具有良好的抗滑性能，透水性好，经久耐用，便于车辆的同行。社与社之间的主干道都是石子路，虽然方便人行走，但摩擦力大，易扎破轮胎，给车辆出行带来不便。通村道路见图 4.45。

村内桥梁主要建设于灌溉用的水渠上，依水渠的不同宽度，桥梁的大小有所差别。所有桥梁都是统一规划，整体部署，非常有序。

2) 给水工程

该村没有系统的给水工程设施，采用分散给水方式供水。取水采用的是传统的手压式水井(图 4.46)，一般都打在住户的院子里，深度都不大。由于离黄河比较近，水质得以保障。储水采用的是瓮，一般每户都有 1～2 个比较大的水瓮，用水桶汲水后提到水瓮里，储水方式相对比较落后。

图 4.45　通村道路　　　　　　　　　　　图 4.46　手压井

3) 排水工程

该村没有系统的排水工程设施，生活用水都是直接泼到院子里，不做任何处理，任其自然干燥。夏季气候炎热，这种方法极易造成细菌繁殖，既污染环境，影响了村容村貌，也易引发各类传染病；冬天气候比较寒冷，泼水后立刻结冰，给村民出行带来极大的不方便。

4) 垃圾处理

垃圾处理方面比较落后，不进行任何垃圾区分，一般都是倒到院子外面的一块空地上，任其风吹雨打自然暴晒，到了来年春天便将其拉到田地里当肥料使用。牲畜粪便的处理与垃圾一样，将其不做任何处理，先拉到院子外面的空地上自然晒干，最后直接当粪肥使用。由于之前村里主要是一些生活垃圾，大多可以降解，但随着人们生活水平的提高，垃圾产生量随之增加，白色垃圾也随之快速增加，亟待解决垃圾的统一回收处理问题。

5）粪便处理

村民的厕所一般采用旱厕（图 4.47），一般用土块建成，约 1.2 m 高，面积为 3～4 m²。厕所里挖一小沟槽，使用前一般先放入些沙土，方便使用后将其铲出厕所，铲出后一般不做其他处理，自然晾晒后也直接作为粪肥使用。虽然用堆肥处理方式解决了粪便垃圾问题，但旱厕在使用过程中，卫生难以保证，厕所周围常常蚊虫满天，臭气熏天，加上村民自身卫生意识淡薄，难以养成清洁卫生的习惯，不利于本村生活质量的改善。

6）生活用能

该村生活用能主要是植物秸秆和电。部分村民做饭烧水使用植物秸秆，对空气造成一定的污染。冬天取暖用的还是传统的烧煤火炉，个别家庭装了暖气，也是独立一户烧煤的，火炉有时还可以用来做饭。电网基本全部覆盖，这既改善了本村的居住环境，也带动了经济发展。村民普遍使用家用电器，如电饭锅、电炒锅等，使村民尽享通电带来的美好生活。电线杆如图 4.48 所示。

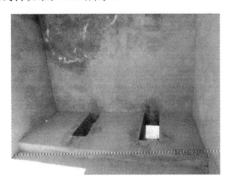　　　　

图 4.47　旱厕　　　　　　　　　　　　图 4.48　电线杆

4.3　基础设施建设特点

4.3.1　地域特征

（1）适宜推广新型能源。

西部平原地区地势平坦，坡度缓和，日照充分，适合大规模建造太阳能、风力发电站等可再生能源，既节约能源又保护环境；充分利用西部平原的地理自然环境优势，在西部平原的农村地区积极推广并建设新型可再生能源，可以大幅度提升村民的生活水平，对消除贫困、改善民生、保持经济长期发展也提供有力保障。

（2）基础设施集约型改造。

综合分析西部平原地区自然环境和地理环境，平原与高原、盆地等地形均有很多联系，为了便于各种能源更好使用，减少运行成本，充分实现资源共享，实现公共服务共享，可加强农村的基础设施的集约型改造，根据村落分布特点，合理选择基础设施的建设位置和规模，加强区域间沟通和协调。

（3）适宜推广基础设施建设。

目前在西部平原农村中，地势平坦，如果能加强对基础设施的建设力度，进一步保证道路桥梁施工质量，做好监管维护，不仅改善本地区交通环境，促进本地区与周边城乡的往来，也有利于施工过程中材料和设备的运输，降低建设成本，降低施工难度，适宜推广建设基础设施。

4.3.2　投资特征

（1）对可再生能源、节能基础设施的投资相对不足。

虽然我国农村可再生能源基础设施建设的投资总额在逐年增加，提倡可再生能源在农村的推广和使用，但西部平原地区可再生能源设施的投资总量仍相对不足，主要体现在农村建设长期的历史欠账和当前农村发展的滞后性。在能源设施上，国家财政和整个社会对于农村能源基础设施的投资明显不足。

（2）投资潜力巨大。

目前我国农村基础设施的建设资金投入不足，使得我国农村基础设施建设与农村对基础设施的需求脱节，成为阻碍农村地区经济发展的重要因素。但是许多方面有着很大的改善潜力，例如，优化农村基础设施建设的融资模式，拓宽农村基础设施建设的融资渠道，加大对农村基础设施建设的投资力度，发动非政府机构进行投资等，能为西部农村基础设施建设注入新鲜的活力。

（3）固定成本高，对投资需求量大。

在西部平原地区，受自然环境和地理条件的限制，在西部山地的农村地区建设基础设施的过程中，固定成本与城市基础建设相比价格较高。在基础设施建设的过程中由于周边相关配套产业的缺乏，材料的采购、机械的租赁与采购比较困难，选择余地较小，无法获得最优价格，故投资的固定成本相对较高。

4.3.3　规划特征

（1）缺乏区域统筹。

西部平原地区虽然地势平坦，坡度缓和，较适合集中规划设计，但农村地区居民普遍受传统观念影响，思想较保守。大多村镇都是条块分割体制，各自为政，对基础设施所提供的公共服务普遍满足于"自给自足"，不便于资源共享，采取封闭运行的基础设施建设思想，使得本应是社会性的公共产品，结果却成了"单位产品"或"部门产品"，既降低了资源，又降低了使用效率。

（2）受规模限制，规划难度大。

由于西部平原地区农村区域辽阔，村与村之间距离较大，村内各户居民居住也较为分散，西部平原地区农村基础设施建设无法形成规模。在规划设计时常常无法做到基础设施的分享与共用，大大降低了基础设施的使用效率。加上由于西部平原农村地区各村落情况区别较大，设计时无法规模化，只能按村庄自身情况单独进行规划设计，增大了基础设施的规划难度。

(3)规划意识缺乏。

平原地区农村基础设施建设缺乏整体的远景规划，即使少数村庄建设有规划，也未经过科学论证，且存在设计水平较低等问题。农村基础设施的规划很难去全面征求各界的意见，具有一定的盲目性和非理性。大部分农村地区都没有去充分征求群众的意见和建议，农民群众也缺乏相应的意识去参与规划，没有向上级提出自己的意见和想法，进而造成有些基础设施的规划不能使村民满意。

4.3.4　建设特征

(1)对道路两旁的附属设施建设不足。

虽然西部平原农村地区在当地政府、村委会的大力支持下，基本上已完成对道路桥梁的修建工作，实现村村通路，方便了农民的出行，但有些村子没有修建道路两旁的路灯，也没有路标、指示牌等附属设施。主干道两旁缺乏绿化带。

(2)给水排水系统的建设相对滞后。

目前只有极少数村落配备集中供水设施，但因规模有限，设备落后，难以保证水质的清洁卫生。大部分村子实行分散供水，自给自足。排水设施的建设更落后于给水设施，绝大部分村子采用雨污合流方式排水，还有些村落甚至没有排水系统，任其随意泼散，严重影响村里环境，给村民生活带来不便。

(3)生活用能的后期养护与维修不到位。

随着政府的加大投入，西部平原农村地区的生活用能的建设整体良好，但是后期养护与维修工作难以得到有效保证。例如，在银川等地区，结合当地日照充分的自然优势，在村里积极推广使用太阳能、沼气能等可再生能源，既保护环境也节约资源，但在后期使用过程中常常出现故障却得不到有效的维修。

4.3.5　使用特征

(1)项目间协调性差。

西部农村平原地区经济条件落后，基础设施建设前期规划不合理，不同的基础设施在修建与维护过程中缺乏有效的沟通与协调，在使用过程中，出现故障和问题时，不能得到及时的维修，甚至需要拆除已建好的设施，造成了一边建一边拆的现象的经常出现，给基础设施的使用带来不利的影响和诸多不便。

(2)使用率低。

基础设施的建设旨在改善农民的生产生活，农民在长期的生产生活中都养成了传统的习惯和方式，很难发生较大改变，基础设施的建设和投入使用后，很多农民在思想意识上还没有真正体会到基础设施给他们带来的益处，造成很多农民对使用基础设施的积极性不高。除此之外，很多基础设施在建成之后闲置，没有投入使用，从而使得基础设施的使用率低。

(3)没有充分发挥作用。

西部农村地域辽阔、环境恶劣，农民居住分散，独立成户，以及农业活动具有空间上的扩散性和时间上的季节性。这些情况就会使得农村的基础设施的分布密度远低于城市基础设施，并且由于很多地区农村的建设或使用不合理，有些基础设施不能很好发挥它的效用，建设基础设施的初衷没有得到发挥，基础设施的使用也不能达到应有的效果。

4.3.6　社会效益

(1)有利于增加农民收入。

平原地区得天独厚的自然环境和优越的地理位置使得当地的工、农、畜牧业都得到了很好的发展，由于基础设施的建设和投入使用，方便了农民的出行，方便农民与外界的沟通，方便了农民进行农业活动，通过对农村基础设施的建设、环境的优化和运输条件的改善，很大程度上增加了村民的经济收入。

(2)提高农民生活质量。

西部农村基础设施的建设，可以极大地改善农村居民的居住环境和生活条件，改变农村落后的面貌。基础设施的使用，能够综合利用农业废弃物资源，搞好农村污水和垃圾的有效治理，加强农村环境卫生建设，有利于村容的整治和环境的美化。良好的生活环境和生活条件，为良好的生活质量提供了有效保证，能够让农民生活更加幸福。

(3)有利于加强生态保护。

西部平原地区农村基础设施建设，对农村的生态环境带来了很多益处。村落采用堆肥、填埋方式处理垃圾，加强改善排水系统，采用雨污合流方式处理污水，这些都极大改善了农村的生态环境，减轻了对周围环境的负担，使得人与自然和谐相处，实现社会的可持续发展。

第5章 西部盆地地区农村基础设施建设现状

5.1 环境特征

5.1.1 自然环境

盆地是指四周地形的水平高度要比自身高,在中间形成一个低地,常为一地形(平原、高原)所围绕,基本呈中间低、四周高的盆状形态的地形。盆地内部相对盆地外部地形平缓,多平原和丘陵,适合人类居住和农业生产,盆地外部多为高山,适合山地农业的发展。

我国西部盆地主要处于亚热带季风气候区,但因其特殊的地形,气候相似于海洋性气候,因四周高中间低的形态,空气不易内外流动,水蒸气不易扩散,导致空气湿度大,云雾密布,多夜雨,冬季冷空气被阻挡在盆地外缘,形成冬季比同纬度其他地区温度相对较高;夏季气流受高山阻挡,气流沉积在盆地内部,易形成高温闷热天气。因此夏季高温多雨,冬季较暖,昼夜温差小,全年气候潮湿。虽然盆地内晴朗天气少,但其纬度较低,气温较高,太阳照射角度大,加上充足的雨量,盆地内亚热带植物多种多样,水稻一年三收。

5.1.2 地理环境

我国西部盆地多分布在多山的地表上,在丘陵、山地、高原都有相应的不同构造的盆地。其中位于长江上游,海拔 500 m 左右的四川盆地总面积约 26 万多 km^2,可明显分为边缘山地和盆地底部两大部分。

关中盆地东西长约 360 km,西窄东宽,总面积 39 064.5 km^2,由河流冲积和黄土堆积形成,基本地貌类型是河流阶地和黄土台塬。渭河横贯盆地入黄河,从渭河河槽向南、北南侧,地势呈不对称性阶梯状增高,由一二级河流冲积阶地过渡到一级或二级黄土台塬。阶地在北岸呈连续状分布,南岸则残缺不全。

安康盆地由 5 个小盆地组成,总面积约 150 km^2。安康盆地的地貌结构十分清晰。其西段狭窄,向东渐宽,最大低凹洼宽度 15 km,由一系列近东西向次级洼地和相间次级凸起构成。盆地北侧的牛山,由南缘向北渐次升高,从 700 m 低山逐渐演变成低中山(1 500 m),地形梯度较小。河流多近南北向。盆地南侧为西北向弧形延伸的凤凰山脉,山势陡峻,呈现向西北翘起向东南倾伏之势;南侧的地貌陡坎,由 600 m 突变为 2 000 m 中山,最大地形梯度达 700 m/km。河流短小流急,峡谷深切,通过西北向月河断裂处大多具有左旋偏转的形态。安康盆地中部河漫滩和低阶地平坦宽广。

5.1.3 居住环境

受复杂的地理因素与特殊气候条件的影响，盆地的民居呈现很强的地理特征，主要有以下三种典型的居住形式。

(1) 吊脚楼：吊脚楼是非常适合盆地地区的建筑形式，能很好地适应地形，争取空间，又能有效地结合地域气候，改善居住环境，架空的底层对通风有利，驱散了聚集的热气，对防止潮气滞结也很有帮助。具体结构见图5.1。

(2) 地楼板：为了居住舒适性需要，盆地农村民居中卧室常使用木地面，将承载地板的地栿抬高40～50 cm，使原始地面与木地板之间形成一个低矮的架空层，并在外墙上开凿气孔，使架空层内空气流通，既可以防止木地板受潮，又可以达到一定的通风降温效果。

(3) 小天井：盆地农村民居中由于用地相对狭窄，加上降雨量大，夏季气候闷热潮湿，天井往往尺寸缩小，主要作为通风采光的开口。在闷热的气候条件下，在相对较小的天井中，可以造成一种垂直向上的温度差，形成烟囱效应，加强了热压抽风效果。民间常在天井上空，高架突出四周屋面的敞顶，形成"抱厅"，通风、采光、挡雨、遮阳一举四得。典型民居如图5.2所示。

图 5.1　吊脚楼

图 5.2　小天井

5.2　案　例　分　析

5.2.1　案例一——杨西营村

1. 村子简介

杨西营村地处秦岭南坡的桔园镇，桔张路以西。该村有4个自然村，辖7个村民小组，543户，6 922人。全村旅游业年收入400万元。村子入口见图5.3。

图 5.3　杨西营村口

2. 基础设施情况

1) 道路桥梁工程

村内主要道路由村民出资建于 2006 年，总长度为 6 000 m，路宽 2.5 m，采用 18 cm 厚的水泥混凝土材质作为面层，附加 10 cm 厚的矿渣路基以保证在雨季道路仍能较好地防水，且一旦雨水下渗可以及时通过矿渣层向下排出。主要道路的两边设有宽度约为 0.5 m 的绿化带和暗渠用于排水(但未设置施工缝)，并铺设有渗水砖，并在道路两边设有电线杆与必要路灯。次要道路的宽度为 2 m，主要由水泥混凝土路面组成，还有一小部分的通户道路未经硬化。次要道路两边未设绿化带，只在道路的一边设有排水暗沟，通过通户的排水管道和暗渠与各户相连。村内道路情况见图 5.4 和图 5.5。

村内有河流通过，该村另设简支桥梁一座，该桥梁始建于 1970 年，由集体出资建设，跨度 5 m，桥面宽度 3 m，主要为石料砌筑。

图 5.4　村内主干道

图 5.5　通户道路及绿化带

2) 给水工程

村中的给水系统根据本村规划、地形、水源、用水要求、经济条件等，确定采取为村级独立给水系统。修建了直径为 3.5 m，储水量为 30~40 m³ 的水塔，具体见图 5.6。其后随着村子经济的发展以及对用水量日益增长的需求，改造建设了现有给水系统，新修建蓄水池 2 个，埋设送水管道 800 m，形成多水源给水系统，由蓄水池送水到户，解决近 200 户农户的饮水和景区用水问题。

3）排水工程

该村的排水设施基本完善，本村生活污水治理采用集中处理的方式，耗资 48 万元，建设排污管道 1 600 m，每家每户通过排水管道将生活废水和污水排入道路一边的排水沟中，见图 5.7 和图 5.8。采用雨污合流的排水方式，不经过处理，雨水、污水通过自流的方式流入渠道，使村内能够通过排水管道将各户的污废水排到道路一旁所设置的主排水管道中，其后汇集到污水井，并排放到村外河流中。

图 5.6　水塔

图 5.7　道路排水明沟

4）垃圾处理

杨西营村以种植业、旅游业与服务业（农家乐）为主要经济来源，因此在日常生活中产生大量的生活垃圾，但是目前，杨西营村没有很好的垃圾处理措施，具体设施如图 5.9 所示。虽然路边修建了少量垃圾桶，并耗资 5 万元修建了 3 个垃圾池，但是由于垃圾池离有些用户的距离较远，为了省事，村民很少专门到垃圾池去倒垃圾，常常就近堆放，垃圾池的利用率较低。由于该类地区并未普及燃气管网，目前农民的燃料还是以秸秆和蜂窝煤炉为主，进而产生大量的燃料残渣。由于村民不具有对于生活垃圾的分类回收意识，经常把大量垃圾混合放置在一起，造成垃圾回收困难和资源浪费，并且给垃圾输送带来不便。

图 5.8　污水井

图 5.9　垃圾收集桶

5）粪便处理

该村的大部分农户都采用水冲式厕所（图 5.10），还有一小部分是旱厕，厕所产生的污水经过自家的污水池的简单沉淀，通过排水管道进入道路两边的暗渠与生活污水合流，最终进入村外的河流,然后通过暗渠到达村外的河流里。
化粪池里的粪便则作为自然肥料施用到农田。

6)生活用能

该村的主要能源供应来源有烧柴、煤气与电力供应,
还有少数村民利用太阳能集热洗浴,但利用率较低。此
外杨西营村还完成改厕、改灶 200 户,沼气池 8 座,尝
试使用沼气等可再生能源,虽然利用率较低,但也为村
民的生活用能提供了方便,保护和改善生态环境。能源
利用情况见图 5.11 和图 5.12。

图 5.10　农户水冲式厕所

图 5.11　太阳能热水器

图 5.12　烧柴

5.2.2　案例二——关爷庙村

1. 村子简介

关爷庙村地处陕西省汉中市铺镇,位于汉台区以东 6 km,铺镇以西 1 km 处。该村现
有 283 户,848 人,现有耕地 574 hm²,人均耕地 0.7 hm²。全村以种植优质水稻、油菜为
主导产业,兼有家禽和生猪养殖。

2. 基础设施情况

1)道路桥梁工程

村内主要道路由政府补助和村民集资建成。通户道路为宽度为 2 m 的水泥混凝土路面,
始建于 2003 年。道路两边自种菜圃,道路的一边设置有明沟排水,排水沟为 20 cm×20 cm。
2006 年建成通村道路,宽度 4 m,为水泥混凝土路面,面层厚度为 15 cm,连接层厚 15 cm,
基层材料为夯土,厚 50 cm,总长度 2 160 m。2009 年村内主道路完工总长度为 2 400 m,
路宽 2.5 m,采用 15 cm 厚的水泥混凝土材质作为面层,并在道路一边设置 20 cm×20 cm
的排水明沟,主要道路的两边有 1 m 宽的绿化带或者每隔 10 m 一棵绿化树,并在道路
两边设有电线杆与路灯。目前村内的干道通达顺畅,没有死胡同,尽端路存在,如图 5.13
所示。

2) 给水工程

村中的给水系统综合考虑本村规划、地形、水源、用水要求、经济条件等后，确定采取集中给水系统。供水水源为村内自备水源井，目前村内有 8 口井，4 个为吃水井，4 个为抗旱井，并在一组、二组新建水塔一座及供水管网的安装工程，为单村集中供水的方式。村民取水后未经消毒直接使用，但是村民认为水质能够达标，能够满足村民用水的需要。

3) 排水工程

该村的排水设施基本完善，见图 5.14 和图 5.15，排水设施管道总长度为 1 200 m。其中集中排水管道为混凝土材料，管径为 30 cm。排污暗管外径为 30 cm。每家每户通过排水管道将生活废水和污水排入道路一边的排水明沟中，但是排水明沟容易堵塞而造成污水堵塞。该村采用雨污合流的排水方式，不经过处理，雨水、污水通过自流的方式流入渠道，然后通过排水沟将水排向村外的河流中。

4) 垃圾处理

关爷庙村以种植业、畜牧业为主要经济来源，该类地区并未普及燃气管网，目前农民的燃料还是以秸秆和蜂窝煤为主，进而产生大量草木灰、煤渣等生活垃圾，目前，村里对垃圾进行集中回收，堆放至垃圾池内，其中垃圾池是由砖石砌筑而成的，尺寸为 4 m×5 m，见图 5.16，但是由于垃圾池分布不合理，同时村民对将垃圾池设在自家的旁边十分抵触，一些住户常常就近堆放，垃圾池利用率较低。目前垃圾填埋场选址工作已经完成，未来期待会有较大改观。

图 5.13　村内主干道

图 5.14　道路排水明沟

图 5.15　排水沟盖板

图 5.16　垃圾池现场

5) 粪便处理

该村约 70%农户都采用了水冲式厕所，厕所产生的污水经过自家的污水池的简单沉淀，通过排水管道进入道路两边的暗渠与生活污水合流，最终进入村外的河流，然后通过暗渠到达村外的河流里，沉淀后粪便进入沼气池。其余仍使用旱厕，这些农户产生的粪便直接进入沼气池。化粪池里的粪便则作为自然肥料施用到农田，但是由于该村的耕地较少，剩余粪便没有很好的处理办法，造成了环境污染。粪便处理情况见图 5.17 和图 5.18。

图 5.17　化粪池

图 5.18　公厕

6) 生活用能

本村以电、煤等清洁能源为主。部分农户还使用沼气，每家每户都有自己的化粪池，农户将化粪池和沼气池连接，通过沼气池产生沼气满足农户需求，如图 5.19 所示。由于征地农户的土地处理残余物的能力较弱，同时该村养殖业也不发达，这都对沼气的发展起到了一定的限制作用，所以目前来说该村沼气的使用并不普遍。此外还有 30%左右的村民通过使用太阳能热水器的方式利用太阳能。

图 5.19　厨房

5.2.3　案例三——龙头村

1. 村子简介

龙头村地处陕西省安康市平利县城关镇，总面积 12 km²，有耕地 2 900 hm²，其中水田 660 hm²，全村 545 户，共 2 026 人。硬化村道 9 km，新修桥梁 3 座、生态河堤 800 m，修建人畜饮水工程 3 处。村子情况见图 5.20。

图 5.20　龙头村

2. 基础设施情况

1）道路桥梁工程

龙头村通村道路为水泥混凝土道路，通村道路宽为 5 m，两边都有植树绿化，道路两边为茶园和种植园。村内的主干道宽 5～6 m，路肩为 15 cm×10 cm，厚 15～18 cm，由于依山而建，村内其他道路一般都为 3.5～4 m，在危险路段路边建有高 80 cm、宽 40 cm、间距 40 cm 砖砌防护栏，具体见图 5.21 和图 5.22。

图 5.21　村内道路

图 5.22　通村道路

村口有一长 90 m、宽 5 m 的拱桥与村旁的 205 乡道连接，桥两侧有宽 0.7 m 的人行道和 0.85 m 高的护栏，于 2004 年建成。此外村内有一座桥梁，长约 20 m、宽 3.5 m，两边有护栏，护栏高度 80 cm，见图 5.23 和图 5.24。

图 5.23　村内桥梁（一）

图 5.24　村内桥梁（二）

2)给水工程

龙头村采用集中供水为主、分散供水为辅的混合供水方式。村内修有一个水塔,为村民进行集中供水。村民取水后直接使用。但是由于供水水源受季节的影响较大,旱季时水源不足,不能满足村民用水的需要,所以村民家中大部分都修有水井,当旱季时节来临时,用于辅助集中供水,满足用水需求。

3)排水工程

龙头村内的排水设施不是很完善,采用的是雨污合流的方式进行排水。村内道路一侧设有明沟进行排水和排污,明沟宽 35 cm、深 40 cm。雨水利用地势的落差和路旁的明沟直接排放,靠排水沟的住户自己设有管道将自家的污水排到沟内,其他的住户的污水都没有专门的排污设施,随意排放,给村内的环境造成了一定的污染,具体见图 5.25 和图 5.26。通过明沟排出的污水和雨水都没有经过处理直接排到了村旁的河内,对村旁的河水造成了污染,影响了周边的植被生长,长此以往将对周围的环境造成极大的危害。

　　图 5.25　路旁明沟　　　　　　　　　　图 5.26　住户排污管道

4)垃圾处埋

该村经济来源主要依靠餐饮和旅游业,由此产生大量的生活垃圾。目前村子主要采取集中收集的方式处理垃圾。各户将垃圾收集后放置于门口(图 5.27 和图 5.28),由村里组织专门清洁人员进行集中收集,之后运往垃圾填埋场。对于村内公共领域的垃圾,由村内出资,在各道路两旁固定距离设有多处垃圾桶进行集中处理。

　　图 5.27　村内的垃圾桶　　　　　　　　图 5.28　垃圾回收设施

5)粪便处理

该村厕所为水冲式厕所和旱厕混用。村民每户拥有一个独立卫生间,目前来说村内缺

乏统一处理粪便的意识。仅有少数几户自设简单的化粪池，对粪便进行简单的沉淀之后，将表层污水直接排放。其余村民直接将粪便作为肥料给农田施肥。由于旅游业的发展，村内还设有多处公厕(图5.29)，村内公厕虽有专人进行打扫，但存在管理不当的问题，环境卫生得不到保障。

6)生活用能

该村以液化气、电和木材为主要生活用能，居民做饭主要用液化气和木材，虽然使用液化气更加方便、清洁，但由于当地的森林资源丰富，所以很多村民还是用木材作为燃料，对空气造成了污染，并产生燃烧垃圾、破坏植被的现象，长此将非常不利于当地生态环境的保护。

图 5.29 村内公厕

5.2.4 案例四——幸福梅林村

1. 村子简介

幸福梅林村位于四川省，现有村民 5 000 余人，主要靠旅游与餐饮业为生。村内的基础设施自 2000 年以来有了显著的发展，村民生活水平得到较大提高。

2. 基础设施情况

1)道路桥梁工程

由于发展旅游产业，为满足游客的交通需要，村中的主干道路为沥青混凝土路面，路面宽 6 m 左右，路边设有横截面为梯形的排水沟，底宽 40 cm，深 50 cm 左右。村中次要道路主要是水泥混凝土路面。通往田间的小路也基本上是水泥路，或是打上石子的硬化路，如图 5.30 和图 5.31 所示。村中的人造湖上有一座连接村子两部分的大桥，桥面宽 6 m 左右，长度大概有 300 m，桥两边的护栏为钢筋混凝土形式的。村内也有木头形式的小桥，桥长 40 m，宽 2 m 左右，只可供行人通过。

图 5.30 村间道路

图 5.31 村内道路

2）给水工程

受到当地政府给予经济上的支持，幸福梅林村大力发展新农村建设，基础设施得到很大改善。为提高村民的用水质量以及方便村民取水，由政府出资请专门的自来水公司在村内埋设地下供水管网进行统一供水，管道直接通村进户，确保每户的日常用水需要。目前本村的村民全部都能正常使用水质较好的自来水，解决每日的用水需求。

3）排水工程

村内建有专门的污水处理厂，污水处理厂在村内埋设有地下管网，专门解决生活污水排放的问题，生活污水经地下管网，最后汇集于村中的污水处理厂进行统一的处理后排放。此外村内还存在多处排水明沟，田间有一条 2 m 深、3 m 宽、露天石质明渠辅助进行污水的排放，如图 5.32 所示。但是这种排水方式常常发生积水滞留，产生难闻的气味。但总体来说本村的排水设施比较完善。

4）垃圾处理

幸福梅林村村民以发展旅游业与服务业为主要经济来源，因此在日常生活中特别是旅游旺季常常产生较多的生活垃圾，采用集中式处理方式，并在路边修建了少量垃圾桶。村内几户共用一台移动式垃圾车，平时将垃圾倒入垃圾车，积满后，将垃圾车推走，将垃圾车内的垃圾倒于偏僻的空地形成了垃圾堆，见图 5.33，堆积的垃圾不能得到及时的清理，常常导致蚊虫滋生等问题产生，对环境造成污染。

图 5.32　道路排水设施　　　　　　　　　图 5.33　垃圾堆

5）粪便处理

本村村民全部使用水冲式厕所，卫生状况明显较好，并配有化粪池，容积在 6～8 m³。化粪池由 3 个分池组成，经过 2 次沉淀与过滤，最后污水进入地下管网。村内建有公厕，并派有专人打扫管理且卫生保持较好，目前来说本村的粪便处理设施较为完善，对村庄整体卫生作出了很大的贡献，显著提高村民生活质量。

6）生活用能

当地生活用能主要为煤气、电、太阳能等。其中太阳能主要是用于太阳能热水器，虽然利用率不高，但非常值得进一步的发展，也在一定程度上解决了生活用能的问题。目前来说这些较为清洁的能源的使用大大改善了传统供能方式产生大量的燃料残渣，如煤渣、草木灰等，解决了易产生一氧化碳等有害气体的问题。

5.2.5　案例五——杨军坝村

1. 村子简介

杨军坝村位于四川省乐山市苏稽镇，地处乐山和峨眉山之间。村内住户比较分散，靠种地、外出打工为生，人均收入较低。

2. 基础设施情况

1）道路桥梁工程

该村的主干道是一条 3 m 的土路，路边未设绿化带，部分路段一侧设有深度为 1 m、宽度为 50 cm 的地沟。但村内大部分通户道路都是常年踩出来的小路，只够一个人通过，无法通车。村内没有水泥路，由于交通不便，对该村经济的发展产生了严重的制约，如图 5.34 所示。此外村里有一座由私人出资修建的石拱桥，桥宽 5 m、长 80 m，旁边有 1 m 的人行道，有钢筋混凝土护栏，如图 5.35 所示。

图 5.34　村内道路

图 5.35　村内桥梁

2）给水工程

村子内没有通自来水，主要采用独立供水。每家每户都在自家的旁边或是院子里通过人工进行打井，井深 10 m 左右，内壁用混凝土浇筑，直径 1 m 左右，然后修建一个砖砌的水塔，外面抹灰，中间打圈梁，直径在 1.7 m 左右，下面高 3 m 左右，上面盛水部分高1.5 m 左右，有的水塔是直接放在屋顶上，用铝合金制成的。总体来说该村的给水方式比较落后，见图 5.36 和图 5.37。

图 5.36　水塔（一）

图 5.37　水塔（二）

3）排水工程

本村采用的是雨污合流的方式进行排水，在各家有一个直径 15 cm 的管道将生活污水排到房屋周边的排水沟中，排水沟宽 40 cm，雨水、污水都由其排出。最后所有的污水将直接流到河里，没有经过任何处理措施，对周边环境造成了一定的污染。有时人们也直接将生活污水倒到田里、地面等，让它自然渗流。

4）垃圾处理

由于该类地区并未普及燃气管网，农民的燃料还是以秸秆和蜂窝煤为主，进而产生大量的燃料残渣。村民缺乏环保与卫生意识，村子内经常出现生活垃圾随处堆放的现象。当村子里的垃圾堆积到一定程度的时候，村民就会将垃圾直接倒入河里，随河流将垃圾带到下游地区，对河流造成了很大污染。

5）粪便处理

该村只有少数村民使用水冲式厕所，这部分村民在房屋的后面建一个长 2 m、宽 70～80 cm、总共有三阶的化粪池，而化粪池里的粪便则作为自然肥料施用到农田。大部分农户都采用旱厕，这些厕所都是最老式的坑式厕所，清理工作十分不便且产生有害气体，卫生状况较差，容易滋生细菌，导致疾病的传播。

6）生活用能

该村的经济状况较差，主要能源供应来源为烧柴、煤以及煤气，其中村内主要使用木柴与煤炭进行供能，煤气使用较少。由于能源使用比较单一，制造燃烧垃圾较多，加重了周围自然资源的负荷，对大气也造成较大污染，在冬季也极易产生气体中毒事件，总体而言能源的使用安全性较低，污染性较大。

5.3　基础设施建设特点

5.3.1　地域特征

（1）缺乏完整性。

西部盆地地区农村基础设施建设由于建设的过程中常常只注重使用功能的实现，许多基础设施建设缺乏完整性。缺乏完整的自成体系的基础设施，如在给水工程中，虽然能实现集中供水，但水质未经检测，使用中也不进行消毒处理，其安全性难以得到保证。

（2）基础设施基础薄弱。

西部农村地区偏远落后，地势复杂，环境恶劣，会造成大多农村交通不便，基础设施较为薄弱，市场体系不完善。片区内主干道网络尚未形成，公路建设历史欠账较多，水利设施薄弱且严重老化，电力和通信设施落后，各种生活设施明显缺乏，对基础设施建设有很大的制约性。这些基础设施基础薄弱，为以后基础设施的规划建设以及使用带来了更多的困难。

（3）防水性无法满足。

西部盆地地区农村因为在雨季大量降水导致盆地地区盆底积水，所以修建在此处的基础设施常常处于水下或长时间被水浸泡，基础设施的防水性能要求较高。但目前大部分盆地农村地区的基础设施建设却极少考虑这种情况，导致大部分基础设施防水能力无法达到要求，极大地缩短基础设施使用寿命。

5.3.2 投资特征

(1)资金来源缺乏连续性和稳定性。

其主要原因是多数乡镇没有固定的集体收入来源，因此，没有足够的资金投入农村基础设施建设。另外，农民对农村包括基础建设设施在内的公益事业的劳务投入总量持续下降，农村基础设施建设资金和投入不足的问题更是雪上加霜。基础设施和公共服务依赖农民自己投资无异于杯水车薪。

(2)建设投资监督空缺。

在西部盆地地区农村基础设施建设中存在着项目确定执行、资金支付、监督管理三者合一的问题，从而造成责权划分不清晰，农业资金重审批而轻监督，为各个违规违纪现象埋下祸源。此外，从财政渠道拨付的各类来自中央和省里的专项资金常常被挤占，挤占挪用现象非常普遍，支农资金到位率低。

(3)投资资金管理方式落后。

西部盆地地区农村基础设施建设由于多级财政、分头管理的影响导致审批流程较长，农村基础设施投资项目决策缺乏效率。一般地区对投资可能的预算和落实还不够重视，导致项目无法落实进而一再延期，在建工程也往往由于资金不到位无法按时完工。

5.3.3 规划特征

(1)重复布局。

我国西部盆地地区自然环境相对恶劣，经济社会发展落后，城乡壁垒明显存在，基础设施的建设中缺少规划布局，加上由于盆地地区村镇交通不畅，沟通不足，基础设施建设往往存在多建、重建、漏建和封闭运行的现象，不但浪费了大量资源和人力，也降低了基础设施建设的使用效率。

(2)规划统筹困难。

西部农村地区偏远落后，大多数农村的农户住宅位置随处而建，凌乱无序，这使得农村基础设施也凌乱无序。除此之外，在西部农村地区，许多基础设施的建设初期就没有能够从科学与客观的角度出发去合理规划、有效选址及效用分析，缺少多部门有效协调配合，使得很难统一规划。这些因素共同造成了规划统筹存在较大困难，进而影响规划的效果。

(3)互不关联。

西部农村盆地地区的基础设施建设普遍缺乏整体的远景规划。即使少数村庄建设有规划，也没有经过论证，存在诸多不合理不科学的现象，且基础设施规划设计水平不高，实际工作中随意建设，各种设施之间相互关联性较差，设施之间缺乏内在联系、互不协调、互不配套，各种设施不能配套使用，降低了基础设施的整体功能。

5.3.4　建设特征

(1)建设急功近利。

目前在西部盆地农村地区的基础设施建设中常出现重短期轻长期、重表面轻实效、只顾眼前不顾长久的现象，导致基础设施建设比例不均衡，常常发生部分基础设施畸形发展的情况。在盆地地区这主要表现为道路桥涵建设较好，但卫生厕所、垃圾处理、生活用能等的建设长期遭到忽视。

(2)建设工程缓慢。

盆地地区农村基础设施建设目前的决策基本上是属于上级政府主导型的，在基础设施建设上层层审批进行得比较缓慢。目前西部农村盆地地区大量农村的基础设施建设存在超期服役、超负荷使用的情况，但是由于建设缓慢，目前还只能是在原有的基础上进行加固建设，导致危险时有发生，既不安全，也影响使用。

(3)建设脱离实际需求。

在西部盆地地区的农村基础设施建设中，由于农户分散经营利益的多元化趋向和与政府沟通不畅等因素，政府对农民基础设施建设需求的意愿不明，西部农村盆地地区的基础设施建设无法优先修筑农民急需的基础设施，造成建设脱离实际需求的现象时有发生。

5.3.5　使用特征

(1)使用效率低。

盆地地区农村基础设施建设由于地域性的因素，相当一部分自然村落杂散分布，给基础设施建设造成了很大困难。路网、电网等经常要铺设几千米才能到达一个村庄，而仅仅提供少量住户使用，成本高而基础设施使用效率低。

(2)缺乏后期维护。

目前在盆地地区由于农民自身没有养成合理使用和保护设施的理念，简单粗暴地使用基础设施，更没有对设施进行自觉地管理和维护，基础设施出现损坏严重、年久失修、缺乏维护等问题，或是由于客观条件的限制，缺乏相关专业维护人员，没有相应的管理方法和措施，从而极大降低了基础设施的使用效率。

(3)不能充分满足村民要求。

由于村民群众在基础设施的规划和建设中的参与度低，有些基础设施不能按照群众真正的意愿去建设，或者由于当时规划不合理和资金不足，在建设过程中对原规划进行随意修改，基础设施无法满足农民要求和期许，无法有效为农民服务，改善农民生产生活。

5.3.6　社会效益

(1)能够创造就业机会。

西部农村基础设施的建设使用，可以改善乡村运输、能源、供水等基础设施，减少农业生产要素的成本，改善农业耕作结构，减少农业活动对劳动力的需求，解放劳动力，同时还能够在农村地区创造出就业机会，拓宽农民增收的渠道。

(2)有利于提高农民修养。

农村生活基础设施的建设，改善了农民的生活环境，带动农民养成良好的生活习惯和卫生习惯，使农民加强与外界的联系，方便农民获取新鲜的信息，促进农民与其他地区的沟通和交流，满足人民日益增长的物质和精神文化需求，有利于提高农民的科学文化素质和道德修养。

(3)有利于促进社会稳定。

完善的基础设施能够营造良好的生活氛围，能够逐步缩小城乡差距，逐步实现城乡一体化，农民生活水平逐步提高，环境越来越好，邻里关系越来越融洽，农民能够更方便了解到外界的信息，能够加强与城市及其他地区的交流和沟通。

第二篇　基础理论部分

第6章　西部农村基础设施建设区域规划

6.1　概　　述

6.1.1　区域规划的影响因素

我国农村基础设施建设规划的影响因素大致分为人口数量、经济条件、区位条件、用地规模四个方面，具体内容如图6.1所示。

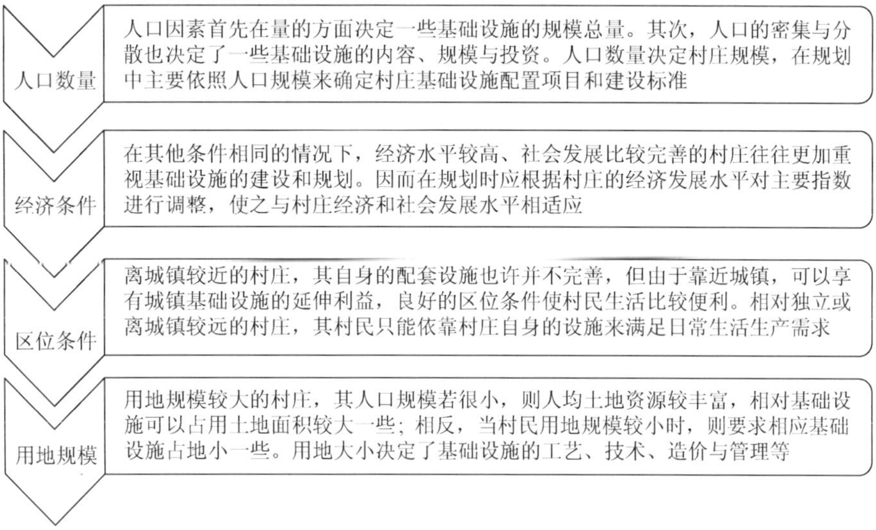

人口数量	人口因素首先在量的方面决定一些基础设施的规模总量。其次，人口的密集与分散也决定了一些基础设施的内容、规模与投资。人口数量决定村庄规模，在规划中主要依照人口规模来确定村庄基础设施配置项目和建设标准
经济条件	在其他条件相同的情况下，经济水平较高、社会发展比较完善的村庄往往更加重视基础设施的建设和规划。因而在规划时应根据村庄的经济发展水平对主要指数进行调整，使之与村庄经济和社会发展水平相适应
区位条件	离城镇较近的村庄，其自身的配套设施也许并不完善，但由于靠近城镇，可以享有城镇基础设施的延伸利益，良好的区位条件使村民生活比较便利。相对独立或离城镇较远的村庄，其村民只能依靠村庄自身的设施来满足日常生活生产需求
用地规模	用地规模较大的村庄，其人口规模若很小，则人均土地资源较丰富，相对基础设施可以占用土地面积较大一些；相反，当村民用地规模较小时，则要求相应基础设施占地小一些。用地大小决定了基础设施的工艺、技术、造价与管理等

图6.1　农村基础设施影响因素分析

6.1.2　区域规划的原则

农村基础设施规划时应该遵循如图6.2所示的原则。

（1）区域统筹，以城带乡。

新农村建设的总体思路如下：结合小城镇建设，加快中心村建设，适度集中农村人口。要通过小城镇来促进新农村的建设和发展，充分发挥小城镇这个重要基点的辐射带动作用。我国城市实行的是以市带县、以城带乡的体制。市政府需要承担市行政区域内农村地区的基础设施任务。

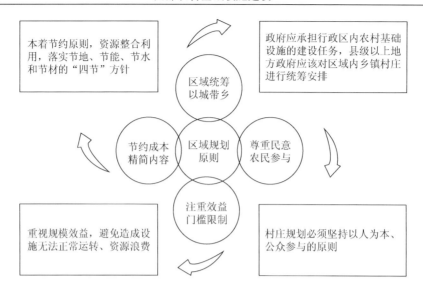

图 6.2　农村基础设施建设区域规划原则

（2）尊重民意、农民参与。

农村规划在实施手段方面与城市规划不同，村庄基础设施规划不仅仅是一种政府行为，需要政府和相关上级部门的扶持和领导，它更离不开农民的支持和参与。只有农民广泛参与，提出合理的意见和建议，表达自己对基础设施的需求和愿望，才能够在以后真正为农民的生产生活服务，进而促进新农村的建设。

（3）注重效益，门槛限制。

我国大多数自然村庄的人口规模较小，达不到规模效应。如果居民点太分散，也无法实现应有的效益。门槛限制主要有三类。一是人均 GDP，以此为基础才能保证消费者支付意愿。二是人口集中居住比例，只有数值足够大，才可能克服基础设施建设和运行的最小经济规模的障碍。三是环境污染的强度。规划和治理是环境恢复的主要手段，这是保证政府将其作为必需的财政支出的先决条件。

（4）节约成本，精简内容。

在农村基础设施的规划时应当充分利用现有的基础设施进行房屋和设施改造，避免大拆大建，防止加重农民负担，扎实稳步推进村庄的基础设施建设。根据实际需要适当地降低标准和要求，节约成本，减轻财政负担，使规划施行更加高效。

6.1.3　区域规划的内容

农村基础设施规划主要包括道路工程、桥涵工程、给水工程、排水工程、垃圾处理工程、卫生厕所工程、生活用能工程、电力工程、通信工程等生产生活的基础设施，如图 6.3 所示。

道路桥涵及其相关设施规划包括道路桥涵建设，道桥路面硬化，道路排水边沟，路灯及交通标志，公共停车场、库，自行车、摩托车棚等。

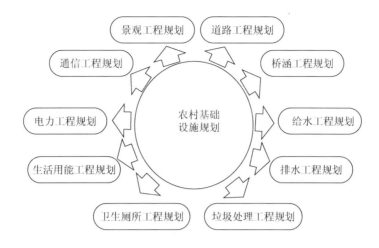

图 6.3　农村基础设施建设规划内容

给水工程规划包括用水量预测、供水水源、水质标准、输配水管网布置等，用水量应包括生活、生产、消防、绿化、管网漏水量和未预见水量等。

排水工程规划包括确定排水体制、排水预测、排水系统布置、污水处理方式以及雨水、污水分流等长期规划。

垃圾处理工程规划包括确定垃圾产生量、垃圾种类划分，根据垃圾种类及产生量进行垃圾处理点的设置以及决定垃圾处理方式。

卫生厕所工程规划包括公厕的布置及冲水方式、确定家用厕所形式。

生活用能工程规划包括确定能源来源、能源种类。

电力工程规划包括确定用电标准，预测用电负荷水平、供电电源点位置、主电容量、电压等级、供电范围、层次及配网接线方式，预留配电站的位置等。

通信工程规划包括电信电缆、电视和广播电缆等，确定各类工程管线的布置原则、各类工程管线间距及地下管线的覆土深度、管线交叉的处理方式。

6.2　高原地区区域规划

6.2.1　道路工程

1. 道路规划原则

对于我国西部高原地区农村道路规划应该遵循如图 6.4 所示的原则。

2. 道路规划要求

高原地区农村道路工程规划可参照《农村公路建设指导意见》(2004 年)和《农村公路建设暂行技术要求》等有关规范，选用适当标准进行设计，按照公路等有关规范执行。

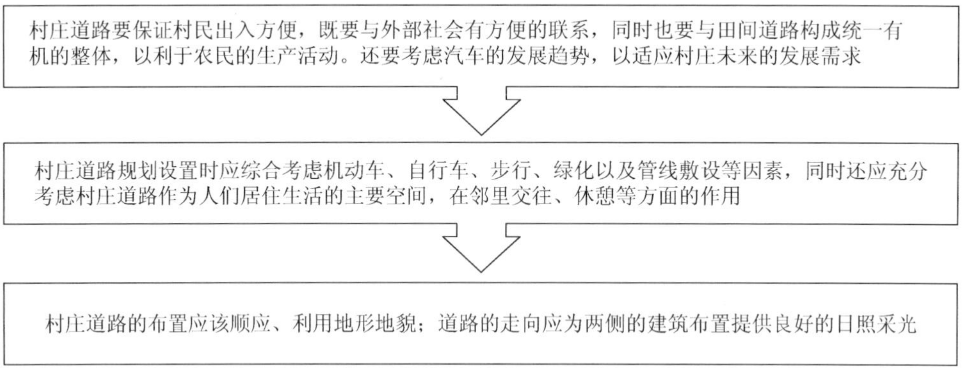

村庄道路要保证村民出入方便，既要与外部社会有方便的联系，同时也要与田间道路构成统一有机的整体，以利于农民的生产活动。还要考虑汽车的发展趋势，以适应村庄未来的发展需求

村庄道路规划设置时应综合考虑机动车、自行车、步行、绿化以及管线敷设等因素，同时还应充分考虑村庄道路作为人们居住生活的主要空间，在邻里交往、休憩等方面的作用

村庄道路的布置应该顺应、利用地形地貌；道路的走向应为两侧的建筑布置提供良好的日照采光

图 6.4　道路规划原则

(1) 在发展的过程中，高原地区道路规划应以村庄内的交通规划为主，处理好村际之间与村镇之间的交通与村庄内交通的衔接。村庄道路交通规划必须以村庄总体规划为基础，并结合县域及乡镇道路交通规划的统一部署进行规划。

(2) 村庄道路交通规划包括村庄道路、道路交通设施与交通安全规划。在进行道路规划时应以现有道路为基础，着力于道路等级的提高和成网建设。

(3) 应根据村庄用地的功能、交通流量和流向，结合村庄自然条件和现状特点确定村庄内部的道路系统和管线敷设要求。结合村庄生产方式和产业类型，研究确定村庄道路的布局形式、断面形式、停车场位置、路面材料等。

6.2.2　给水工程

1. 高品质生活饮用水设计

淡水资源匮乏的地区，按照合理利用有限地下水、高效利用雨水的节水原则，农户的生活饮用水以深井地下水作为水源集中供水，建立满足生活饮用水标准的饮用水供水系统；利用屋顶有组织排水或建造人工集雨场及水窖收集雨水处理后，作为村庄生活用水的补充水源、农户的牲畜用水和庭院农产品的作物用水。

2. 村庄集水

村庄内沟两侧的山坡上和道路一侧建设截水沟收集山坡和沟内道路的雨水，由汇水沟流入建设的大型集雨水池，为农作物提供灌溉水源，村内耕地中结合地形修建雨水窖收集雨水，为农作物提供灌溉水源，并达到保持水土的目的。

6.2.3　排水工程

(1) 排水工程规划时考虑的重点和难点应该体现在给排水管网的处理上。由于排水管道输送介质的特殊性，在湿陷性黄土地区给排水管道的设计上显得尤其重要。一旦管道基础发生下陷导致管道接口处发生位移、断裂，管道中的水流必将浸泡周围的黄土，产生湿陷，从而影响周边建筑物、构筑物等的稳定性，导致事故发生，同时还会污染地下水。因此，给排水管道设计重在防止管网泄漏。

(2)对有经济条件的村庄，特别是距离市政污水、雨水管网较近的村庄，可采用"雨污分流"排水体制，接入就近管网；没有条件的村庄可利用道路排水边沟收集雨污水，采用雨污合流制，如图 6.5 所示。布置排水管渠时雨水应充分利用地表径流和沟渠就近排放；污水应通过管道或渠排放，雨污水管渠宜尽量采用重力流。

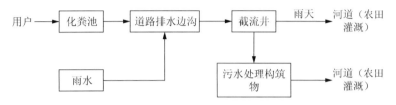

图 6.5　"雨污合流"的排水体制示意图

(3)污水处理方式可分为就近解决和规模处理两种。

① 距离市政污水管网较近(一般 5 km 以内)的村庄可采用接入市政管网统一处理的模式，即村庄内所有农户污水经污水管道集中收集后，统一接入邻近市政污水管网，利用城镇污水处理厂统一处理村庄污水。

② 与城市相对较远的村庄可根据村庄分布与地理条件，集中或相对集中收集处理污水，不便集中的应就地处理。

6.2.4　生活用能工程

1. 太阳能的利用规划

太阳能作为辅助性的绿色能源在农村中的推广价值很高。太阳能的利用规划分类如图 6.6 所示。

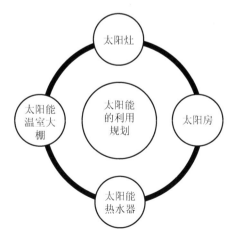

图 6.6　太阳能利用规划分类

1）太阳灶

太阳灶是一种该地区常用的太阳能利用方式。聚光式太阳灶是最常见的形式。它是将较大面积的阳光聚焦到锅底，使温度升到较高程度，以满足炊事要求。

2）太阳房

附加阳光间式太阳房，最基本的工作机理是所谓"温室效应"。附加阳光间式太阳房是由直接受益式和储热墙相结合的太阳房形式。

窑居太阳房，在其南向附加一普通阳光间，可使窑洞室内温度平均升高 13.8℃以上；通过被动式阳光间系统与合理的建筑设计结合，能够改善窑居冬季热环境，提高室内自然温度，有效地改善窑洞普遍存在的夏季潮湿问题。

3）太阳能热水器

屋面上的家庭热水集热器是最常见的形式，主要为房屋提供 40～60℃热水，它可以解决洗澡、洗衣、做饭等用热水，是提高生活质量的途径之一。

4）太阳能温室大棚

温室大棚充分利用太阳能，实现了冬季不加温的目标，满足农作物的生长需求，实现了作物的跨季生长，满足广大人民的生活需要，增加农民收入。

2. 生物质能利用规划

沼气是一种绿色能源，利用农业废弃物和庭院人畜、家禽的排泄物，经过分解来取暖、做饭，不但清洁、卫生，而且沼渣和沼液又可作为有机肥料再次利用。

6.2.5　垃圾处理工程

1. 垃圾分类、实现有序排废

我国西部高原地区农村建设过程中的垃圾处理应寻求资源型处理方法，结合新农村沼气池、秸秆制气等设施的建设，从庭院的层次开始垃圾的分类处理，形成每户分类—村集中—镇处理的模式，即"沼气池—村填埋—镇集中处理"，有害垃圾最终收集至镇垃圾处理厂进行无害化处理。

庭院的厨余垃圾主要包括厨房剩余物等，大部分厨余垃圾可用于禽畜饲料，剩余部分通过沼气池转化和处理；普通垃圾集中收集到村垃圾存放场地统一填埋处理。有害垃圾由镇垃圾处理厂统一处理。一些公共场所、路边、河边等设置专门人员进行清扫，打捞河道漂浮垃圾。

2. 环卫设施布置

建立垃圾存放场地和垃圾收集点。利用村废弃坑或低洼地设立一处固定的垃圾存放场地，建筑垃圾、清扫垃圾及生活垃圾中的炉灰渣土等，在严格剔除有毒、有害废物的前提下，单独收集。垃圾收集点的服务半径不超过 60 m。选择交通方便又较为隐蔽的位置设置垃圾收集点，避免正对住宅院落入口。农户的垃圾由专人定时收集、清运，农村宅前屋后的卫生，由各农户负责。

6.2.6 电力工程

电力工程应该根据县(市)城镇体系规划确定的电力设施布局,控制高压走廊通道,确定村庄供电电源点的位置,确定至村庄的 10 kV 主干线路配电线路走向,控制高压走廊通道;研究确定村庄用电量,确定变电所的位置、供电线路的走向、路灯的位置;确定电信设施的位置、规模、设施水平和管线布置。

以乡镇供电规划为依据,符合建站条件、线路进出方便和接近负荷中心村庄 10 kV 配电可采用杆上配电式及户内式,变压器的布点符合"小容量、多布点、近用户"原则。农村低压线路(380/220 V)的干线宜采用绝缘电缆架空方式敷设为主,有特殊保护要求的村庄可采用电缆埋地敷设。架空线杆排列应整齐,尽量沿路一侧架设。低压架空线路的干线截面不宜小于 60 mm^2。

6.3 山地地区区域规划

6.3.1 道路工程

山地地区道路线路的选择必须根据山区复杂的地形地貌,因地制宜,把握道路的性质和用途,综合各方面因素,运用技术标准,修建标准高、耐久性好、便于养护维修、不破坏环境生态的道路。

(1)道路的纵断面设计应该根据村庄规划的控制标高来确定,为了保证路面排水通畅,主、干道路最小纵坡度应大于或等于 0.3%,当确有困难道路纵坡小于 0.3%时,应做锯齿形结构或者其他的排水设施。道路最大纵坡平原地区应小于 6%,丘陵山区不宜大于 8%。宅间小路的纵坡可根据地形适当增大。

(2)道路的横坡应根据路面宽度、面层类型、道路纵坡及气候等条件确定。水泥混凝土等硬化路面宜采用 1%~2%;碎(砾)石等粒料路面或者非硬化路面,由于其排水性差,为了防止路面积水渗入路基影响其稳定性,道路横坡可根据具体情况适当增大,宜采用 2%~3%。在降雨强度较大的地区,为了能够迅速排除地面降水,其道路横坡适当增大。

(3)村庄内部道路的标高应低于两侧宅基地院落的标高,并结合各类工程管线综合考虑。村庄道路采用尽端式道路布置,其长度不应超过 120 m,同时应该在道路尽端设置停车场。停车场不应小于 12 m×12 m。

(4)主要道路相交时应尽可能地采用正交,当受条件限制必须斜交时,交叉角应≥45°。村庄内道路通过学校、商店等人流密集的路段时,应设置交通限速标志及减速坎,以保证行人安全。

(5)在山地丘陵地区,由于地形高差较大,村庄多呈台阶式布置,在进行道路规划时应合理组织不同台阶之间的竖向交通联系。可采用缓坡、台阶或者缓坡与台阶相结合的方式。

6.3.2　桥涵工程

山地地区桥涵位置选择方法如下。

(1)路线与明显地形的干沟、小溪、河流相交时，当路线上游汇水面积大于 0.1 km^2 时，原则上应设置一道小桥或涵洞。路线经过农田区、灌溉区，跨越水渠等应设置桥涵，以保证农田灌溉，又使正常交通不受影响。

(2)路线经过较大村寨时，要在村屯前后设置涵洞，以保证将村屯内雨水和生活用水及时排除路外，方便农民生活。在山区桥涵一般设置在路线凹向竖曲线底部，即桥涵前后路线纵坡都向该处降坡，在雨天使边沟水流通过桥涵排到路另一侧。在路线设计时要综合考虑路线纵坡和设置桥涵位置，保证道路排水畅通。

(3)在山区当路线纵坡大于 4%时，顺坡而下又遇一小半径弯道，这时要在弯道起(止)点附近设置一边沟排水涵，将边沟积水迅速排出路外，避免边沟急流直接冲刷路基内侧，甚至水大时水流溢出边沟漫过路基。路线沿山坡向前，在山坡上有许多山谷沟，若距离太近，不宜挨个设置涵洞时，通过合沟设涵，利用路线纵坡(边沟纵坡)来排出边沟积水。

(4)适当改沟设置桥涵。当河段十分弯曲、河道不顺畅时，有条件可采用裁弯取直或改移河道的办法设置桥涵，使水流畅通。路线交叉时设置桥涵。当路线与铁路、公路及重要管线交叉时，应考虑设置相应桥涵。

6.3.3　给水工程

规划在村庄建一水塔，经过净化通过管网至农户，满足村民的日常生活用水。在早期可通过"水塔-一级泵站-二级泵站-高位水池"的供水系统建设来满足用水问题。还可以在村庄选择适当位置建水坝，使地表水得到有效收集利用。

"水坝"水经过"沉淀-过滤-消毒"至泵站，再经过泵站加压至高位水池。"水坝"水通过管网用于农业灌溉。目前我国西部山地地区村民生活用水来自自建水坝，未经净化直接通入农户，对村民的健康造成很大影响。农村的饮用水净化，是保证村民健康的必要措施。可采取简易的水质处理办法供水，其过程如下。

(1)沉淀：经加矾混合后使原水中杂质沉淀下来，是水质变清的过程。方法是修建平流沉淀池使水中杂质沉淀于池内，有条件可采用竖流式或斜板式沉淀。

(2)过滤：使沉淀后的水装入有滤料的过滤池中，通过滤料对杂质间的吸附、筛滤等作用，截流水中杂质，使水澄清。方法是建造过滤池，池中铺木炭、卵石、粗沙等过滤材料。

(3)消毒：常用消毒法为化学方法。一般采用加氯(液氯、漂白粉、漂白精等)，将粉状或块状物加入水中，消毒半小时后即可。

6.3.4　排水工程

排水系统一般情况下可分为分流制和合流制两个体制。

1) 分流制排水系统

当生活污水、工业废水、降水用两个或两个以上的排水管渠系统来汇集和输送时，称为分流制排水系统。其中，汇集生活污水和工业废水的系统称为污水排除系统；汇集和排泄降水的系统称为雨水排除系统。只排除工业废水的系统称为工业废水排除系统。分流制排水系统又分为下列两种。

(1) 完全分流制。分别设置污水和雨水两个管渠系统，前者用于汇集生活污水和部分工业生产污水，并输送到污水处理厂，经处理后再排放；后者汇集雨水和部分工业生产废水，就近直接排入水体。

(2) 不完全分流制。农村中只有污水管道系统而没有雨水管渠系统，雨水沿着地面，于道路边沟和明渠泄入天然水体。这种体制只有在地形条件有利时采用。对于地势平坦、多雨易造成积水地区，不宜采用不完全分流制。

2) 合流制排水系统

将生活污水、工业废水和降水用一个管渠汇集输送的称为合流制排水系统。根据污水、废水和降水混合汇集后的处置方式不同，可分为三种不同情况。

(1) 直泄式合流制。管渠系统布置就近坡向水体，分若干排出口，混合的污水不经处理直接泄入水体。我国农村的排水方式大多是这种排放系统。此种形式极易造成水体和环境污染。

(2) 全处理合流制。生活污水、工业废水和降水混合汇集后，全部输送到污水处理厂处理后排出。这对防止水体污染、保障环境卫生最为理想，但需要主干管的尺寸很大，污水处理厂容量也需要增加，基建费用提高，在投资上很不经济。

(3) 截流式合流制。这种体制是在街道管渠中合流的生活污水、工业废水和降水一起排向沿河的截流干管，晴天时全部输送到污水处理厂；雨天当雨量增大，雨水和生活污水、工业废水的混合水量超过一定数量时，其超出部分通过溢流排入水体。这种体制目前采用较广。

6.3.5　卫生厕所工程

对于西部山地地区，卫生厕所可改进为"三位一体"生态模式：把建设沼气池和改厕、改圈、改厨同步进行。"三位一体"系统有三个组成部分，即沼气池、猪圈和厕所。在这三个部分中，沼气池、猪圈和厕所布置紧凑，沼气池修建在猪圈和厕所的下面。

我国西部山地地区多数村庄卫生厕所大多数有自家旱厕。户厕在选址时应该遵循以下原则。

(1) 厕所尽可能离居室近些，做到厕所进庭院，方便使用和管理。

(2) 根据常年主导风向，户厕宜建在居室、厨房的下风向。

(3) 厕所应尽量远离水井或其他地下水取水构筑物。

(4) 厕所地下部分应建在房屋或围墙外，以便于维护出粪、出渣。

(5) 合理布局，符合村庄建设规划，不要建在主要道路两旁。

(6) 厕屋可利用房屋、围墙等原有墙体，以降低造价。

(7) 鼓励厕屋与房屋建在一起，或厕所进屋，方便如厕。

6.3.6　生活用能工程

西部山地地区在生活用能方面根据地形条件、日照状况等可按如下规划。

(1)对于太阳能的利用，类似高原地区，山地地区的日照也相对充足，太阳能可作为常用能源在农村中推广。同样可设置太阳灶、太阳房、太阳能热水器、太阳能温室大棚。

(2)可充分利用生物质能。沼气是一种绿色能源，农民利用沼气取暖、做饭，不但清洁卫生，同时沼渣和沼液又是很好的有机肥料。沼气的使用和推广，不但可以解决我国农村燃料缺乏的问题，还可以最大限度地转化和利用农村的废弃生物产品资源，解决农村环境的保护和建设问题。

(3)积极推广"四位一体"生态温室种养模式。"四位一体"模式将自然调控与人工调控相结合，将沼气池、猪舍、温室、蔬菜有机结合在一起，形成了新型生态温室种养模式，建立了一个生物种群较多，食物链结构健全，能流、物流较快循环的能源生态系统，成为促进经济发展、改善生态环境系统、提高人民生活水平的一项重要技术措施。

6.4　平原地区区域规划

6.4.1　道路工程

按照使用功能可将其划分为主要道路、次要道路和宅间路。

主要道路：村庄内对外联系的道路，应与村庄主要出入口相连接，以交通功能为主，可在主要入口的位置设置明显标志，其道路红线宽度宜为 12～18 m。

次要道路：主要道路和宅间路相互沟通的道路，兼有交通和服务的功能，需要考虑消防车、家用汽车等的通行。其道路红线宽度宜为 8～10 m。

宅间路：是指直接通至各农户出入口的道路，以日常服务功能为主。考虑要满足车辆出入的要求，其路面宽度宜为 3.5～5 m。

由于村庄的整体规模和居住密度较小，道路承担的交通量不大，相对人流量也比城市小，对人车和分流的要求较低，可以采用人车混行的系统，以提高道路的利用率。道路断面可以简单，大多可采用单幅路的形式。

主要道路、次要道路作为村庄内交通性的道路，为了满足会车要求，规划设计时宜采用单幅双车道的形式。在大型村庄，可在主要道路两侧设置人行道，采用人车分行的道路形式。宅间路以日常服务功能为主，可采用人车混行的单幅路单车道的形式。当采用单幅单车道时应结合地形或者场地间隔留有会车点。

道路断面设计时为了便于雨水的排除，主要道路和次要道路宜采用双面坡，宅间路宜采用单面坡，同时应在道路两侧或者一侧设置排水沟渠，并根据当地的雨量计算确定其宽度和深度。

6.4.2　给水工程

现阶段我国西部平原地区农村常见的供水方式主要有两种：集中式供水和分散式供水。集中式供水主要是以村镇修建、管理的净水厂向相对集中的用户供水；分散式供水主要是居住分散的农户采用一种从自家打的水井(多数为浅水井)接出管道，利用手动泵将水加压到屋顶小水箱的上行下给供水方式，其管道大都明装在室外。单户住宅给水系统是分散式供水中最常见的一种，一般由当地建设部门委托设计院做标准图，由农民自己或者当地技术人员建设安装。但由于标准图中对给排水不太重视，分散农户用水常常出现问题。

由于绝大多数用户取用的是浅层地下水，为保证用水水质，首先要确保水源的水质，分散式供水的水源井周围 20～30 m 不得设置厕所、渗水坑、粪坑、垃圾堆和废渣堆等污染源。其次，考虑农村用户经济条件，可采用低成本、效果好、简单易行消毒方式。例如，投加漂白粉精片，其价格便宜，可以杀灭各种细菌、真菌、芽孢、灭活肝炎病毒，并具有灭藻、除臭、去污、净水的功效。最后，还应根据实际人数选用合适容积水箱，保证水箱水 24 h 更新一次。

6.4.3　排水工程

在平原地区农村生活污水处理方面，由于大部分村庄没有完善的污水管网系统且没有污水排放管网，生活污水处理能力低，污水处理设施的建设和运行远远落后于新增加的排污量。此外，由于各地的经济状况、人群素质和环境保护意识等因素，很大一部分农村生活污水没有经过处理就直接排入地表环境。

在平原地区农村生活污水收集方面，目前我国大部分农村缺乏完善的排水设施。与城市相比，平原地区分散式农村人口密度低，生活污水排放面广。因此，不能直接套用城市污水集中收集模式，必须根据农村实际，结合当地的地形条件、村落分布，因地制宜地采用单户收集模式或联户收集模式收集污水。

6.4.4　垃圾处理工程

对于我国西部平原地区村庄生活垃圾收集应实行垃圾袋装化，按照"组保洁、村收集、镇转运、县(市)处理"的垃圾收集处置模式，结合村庄规模、集聚形态确定生活垃圾收集点和收集站位置、容量。

(1)对于平原地区的垃圾处理尤其是山地景点区域，在道路两侧应多处设置小型垃圾收集点。同时考虑周围场地的使用性质和人群规模，对于游客量少的地点适当扩大服务半径。垃圾收集点和垃圾站尽量靠近车行道，同时考虑服务半径和环保卫生的要求。

(2)对于其他生产生活垃圾量较大的设施附近应单独设置生活垃圾收集点。生活垃圾收集点放置垃圾容器或建造垃圾容器间。垃圾收集方式可采用每处收集点分类收集-村中转-镇集中处理、集中倾倒，可每周清理一次，密闭储存、运输，最终由垃圾处理厂进行无害化处理。

6.4.5　生活用能工程

我国西部平原地区气候适宜、地形平坦。生活用能方面除了可以利用太阳能及沼气，还可利用秸秆制气。太阳能及沼气利用可以参考高原地区、山地地区规划。现主要介绍秸秆制气在我国西部平原地区的规划。

采用秸秆制备气作为气源，秸秆制气原料包括秸秆、锯木、木柴、野草、松针树叶、牛羊畜粪、食用菌渣等。每个农户每天只需植物资源 3～5 kg(每千克燃料可产生燃气2.1 m^3)，就可解决全天生活用气(炊事、取暖、淋浴)，采用燃气管网直埋敷设(PE 管)管道输送燃气。

农民可以通过两种方式获得秸秆燃气。第一，靠秸秆气化工程村庄集中供气获得；第二，可以利用生物质农户气化生产。

6.4.6　管线综合工程

(1)村庄各种管线的布置应以村庄的总平面布局为基础，与村庄总平面的建筑、道路、绿化、竖向布置相协调，要做到节约用地、节省投资、减少耗能，又要满足施工、检修及使用安全的要求，也不能影响村庄未来的发展。

(2)各种管线必须采用统一坐标高程系统，在道路红线内埋设。地下管线的走向，宜沿道路平行布置，并力求线型顺直、短捷和适当集中，尽量减少转弯，并应使管线之间及管线与道路之间尽量减少交叉。当管线交叉竖向位置发生矛盾时，应压力管线让重力自流管线，可弯曲管线让不易弯曲管线，分支管让主干管，小管径让大管径线，检修次数少的、方便的，让检修次数多的、不方便的。

(3)各类工程管线的最小覆土深度应符合表 6.1 的规定。管线之间、管线与建(构)筑物之间的最小水平净距应符合表 6.2 规定，工程管线交叉时的最小垂直净距应符合表 6.3 的规定。

表 6.1　管线最小覆土深度

管线名称		电力管线		电信管线		给水管线	雨水管线	污水管线
		直埋	管沟	直埋	管沟			
最小覆土深度/m	车行道下	0.50	0.40	0.60	0.40	0.60	0.60	0.60
	人行道下	0.60	0.50	0.80	0.70	0.70	0.70	0.70

表 6.2　工程管线之间及其与建(构)筑物之间的最小水平净距　（单位：m）

管线名称		建筑物	给水管	排水管	电力电缆		电信电缆		乔木	灌木	道路侧石边缘	地上杆柱	
					直埋	管沟	直埋	管沟				电力线	电信电缆
建筑物			3.0	3.0	0.5	0.5	1.0	1.5	3.0	1.5		3.0	3.0
给水管		3.0		1.5	0.5	0.5	1.0	1.0	1.5	1.5	1.5	0.5	0.5
排水管		3.0	1.5	1.0	0.5	0.5	1.0	1.0	1.5	1.5	1.5	0.5	0.5
电力电缆	直埋	0.2	0.5	0.5			0.5	0.5	1.0	1.0	1.5	0.5	0.5
	管沟	0.2	0.5	0.5			0.5	0.5	1.0	1.0	1.5	0.5	0.5
电信电缆	直埋	1.0	1.0	1.0	0.5	0.5			1.0	1.0	1.5	0.5	0.5
	管沟	1.5	1.0	1.0	0.5	0.5			1.5	1.5	1.5	0.5	0.5
乔木		3.0	1.5	1.5	1.0	1.0	1.0	1.5			0.5	1.5	1.5
灌木		1.5	1.5	1.5	1.0	1.0	1.0	1.0			0.5	1.5	1.5
道路侧石边缘			1.5	1.5	1.5	1.5	1.5	1.5	0.5	0.5		0.5	0.5
地上杆柱	电力线	3.0	0.5	0.5	0.5	0.5	0.5	0.5	1.5	1.5	0.5		
	电信电缆	3.0	0.5	0.5	0.5	0.5	1.0	1.0	1.5	1.5	0.5		

表 6.3　工程管线交叉时最小垂直净距　（单位：m）

管线名称		给水管线	排水管线	电信管线		电力管线	
				直埋	管沟	直埋	管沟
给水管线		0.15					
排水管线		0.4	0.15				
电信管线	直埋	0.5	0.5	0.25	0.25		
	管沟	0.15	0.15	0.25	0.25		
电力管线	直埋	0.15	0.5	0.5	0.5	0.5	0.5
	管沟	0.15	0.5	0.5	0.5	0.5	0.5
明沟沟底		0.5	0.5	0.5	0.5	0.5	0.5
涵洞基底		0.15	0.15	0.2	0.25	0.5	0.5

6.5　盆地地区区域规划

6.5.1　道路工程

我国西部盆地地区村庄道路交通规划时应该考虑如下条件与原则。

(1)根据村庄用地的功能、交通的流量和流向进行道路规划。

(2)根据村庄的自然条件和现状特点确定村庄内部的道路系统。

(3)规划时应遵循安全、适用、环保、耐久和经济的原则。

(4)规划时利用现有条件和资源恢复或改善村庄道路的交通功能。

盆地地区主要道路可根据实际情况采用沥青混凝土路面、水泥混凝土路面等形式。但是由于盆地地区多雨，考虑其排水性，宜采用水泥混凝土或块石路面。次要道路和宅间路铺装材料应因地制宜，可采用块石路面及预制混凝土方砖路面以及地方特色材质石料等。在进行村庄道路布置时，应因地制宜，合理、灵活地选择网路布局形式。常见的有以下六种形式。

1. 一字形

一字形路网(变形后可为槽形、S 形)适用于沿主要道路两侧或者一侧布置且规模较小的村庄。建筑物沿主要道路并列展开，整个村庄呈一字形的布局形式，布置较为规整。

2. 并列形

并列形路网是指沿着主要道路一侧按照一定间距无主次地平行布置纵横向道路。这种路网道路排列整齐，有利于建筑物布置，适用于受某种条件制约只能沿主要道路一侧发展的村庄。

3. 鱼骨形

鱼骨形路网是指沿着主要道路两侧按照一定的间距平行排列纵向道路的路网形式。这种路网道路排列整齐，有利于布置建筑和节约土地，适用于平原地区有一定规模的村庄。

4. 方网格形

方网格形路网通常是指沿着南北和东西走向按照一定间距平行地布置村庄主、次道路。这种路网形式将村庄建设用地划分成整块的矩形，用地经济、紧凑，街道排列整齐，有利于建筑的布置，适用于平原地区有一定规模的村庄。

5. 自由形

自由形道路网是由于地形起伏较大，道路网结合自然地形呈不规则状。这种路网布置充分结合自然地形，道路自然顺适，可节省造价，获得优美的自然景观，但是道路曲折，影响建筑物和管线的布置，适用于山地和丘陵地区。

6. 混合式

混合式道路网系统是对上述五种路网形式的综合。其特点是扬长避短，可充分发挥各种形式路网的优势，适合于大型村庄。

6.5.2 桥涵工程

我国西部盆地地区由于气候地形等因素，桥涵工程面广、量大。考虑盆地地区不同的经济、地形等其他条件，在进行桥涵设计时不能按一般桥梁的设计方法进行，必须根据农村实际情况、农业生产的使用要求、水文地质资料、河道情况和施工条件等加以综合考虑。设计时应考虑下列四个问题。

(1)充分利用旧有构造物。由于农村桥涵数量多,要想在一个短时期内进行全面改造,无论在人力、物力、财力上都是困难的。因此必须遵循"维修改造相结合,全面维修重点改造"的方针,来逐步改善农村交通。

(2)合理地选择桥涵位置。应掌握洪水规律,考虑排洪、防涝、灌溉等问题。根据现状及对农村生产和生活需要来看,在主河沟上一般是隔一段必须有一座小桥。排灌涵洞则根据田地多少及地势情况而定。

(3)对于桥梁孔径与背水高度的确定,一般按不淹没农田进行设计。具体的背水高度值和背水时间应根据农作物情况和水利规划的要求来确定。

(4)因地制宜,就地取材。从目前情况看多采用预制钢筋混凝土构件的装配式桥涵。出产石料的地区,应尽量采用片石拱桥。

盆地地区乡村道路桥位的选择原则是路桥综合考虑,既要考虑路线尽量顺直,同时也要尽量将桥位选择在河道顺直、水流稳定、地质良好的河段上。桥涵设置应考虑路基,综合排水和农田排水灌溉的需要。农村路桥上纵坡不宜大于 4%,桥头引道纵坡不宜大于 5%,交通繁忙地段均不宜大于 3%。

6.5.3　给水工程

盆地地区供水工程规划采用"集中与分散"结合的供水系统。村庄水系统规划建设村庄的集中供水,分散建设水压设施,并增加水处理设施,使水质达到生活饮用水供水水质。庭院内用水主要通过村庄的水塔或高位水池的水压供水直接进入庭院,雨水和生活污水通过污水管集排出院内,进入村内集中排水渠道。

关于选择水资源方面,一定要切合实际,立足当前,兼顾长远,水量、水压、水质应全面考虑,在详细调查和收集区域水资源的基础上,选择适宜的水源。

关于选择给水管网方面,无联片供水条件、相对独立的村庄,可选择适宜的水源建造单村集中供水工程;无适宜的水源时,可建水塘、水池、水窖等,收集雨水进行必要的净化处理,再行使用。

6.5.4　排水工程

盆地地区农村排水工程规划应采取多元化处理模式。对于工业乡镇可采取纳入城镇管网,建立"村收、镇处理"的处理方式,由镇建设投入较大的污水处理设施,进行统一处理。在农村生活污水处理方案的设计时,必须从实际出发,结合各农村特点,考虑城市与农村发展的非均衡性与高度关联性,强调城乡发展的整体性、互补性和协同性,合理选址建设农村生活污水处理设施。

雨污分流的排水体制是盆地地区农村排水体系未来发展的方向,即使不具备建设雨污分离体制的条件,也应先建设污水管网,并为未来雨水管网的建设留有余地。此外,合理对河涌截污改造,是排水规划的一个重要方法。

通常，雨水将排水系统划分为若干个片区，各排水片区内具有独立的排水系统，减少相互影响。此外，雨水规划中，应处理好农村近期建设和远期发展的计划，规划好农村的村庄雨水、山体防洪设施。

6.5.5 卫生厕所工程

(1)农村厕所改造是预防粪源性疾病传播的一种有效措施，同时缓解环境污染。农村厕所改造目的在于粪便无害化。因地制宜地选择无害化卫生厕所类型，包括新型粪尿分集式、三(双)瓮漏斗式、三格化粪池式、三联式沼气池式、双坑交替式和具有完整上下水道水冲式厕所等，从而降低对环境的污染。

(2)在新农村基础设施建设中村民家内都有了卫生厕所，村庄上也应设置公共厕所，数量应根据村庄规模确定，服务半径不应大于 300 m，每处公厕的建筑面积不宜小于 10 m^2。公共厕所的设置可结合公共建筑、公共活动场所设置。

6.5.6 生活用能工程

(1)农村现有设施与太阳能利用相结合。

太阳能热水器作为一种有效的节能绿色产品，不仅能给农民带来清洁舒适的卫生环境，还能节省大量电能。太阳房仅在原建筑直接投资的基础上增加 10%~20%，而太阳能的利用率即可以达到 60%，也就是可以节约将近 60%的采暖能耗，降低了农民供暖、空调降温的投资。

(2)大型沼气工程与村镇规划相结合。

新型沼气工程可与村镇规划结合到一起，中心区域为居民区，向外扩展一次为第二产业区和第一产业区。在居民区与第二产业区的交界处建设大型环保型沼气工程，处理生活废弃物。在第二产业区与第一产业区的交界处建大型沼气工程处理大量秸秆及畜禽粪便，将沼气池厌氧发酵产生的沼气通过管道输送到居民区，作为清洁能源供居民日常生活使用，向集约方向发展，避免了单户沼气池运行中原料不足、技术知识缺乏、管理疏漏而造成的一些问题。

第7章　西部农村基础设施建筑材料选用

7.1　概　　述

建筑材料是结构物的重要组成部分,其用于不同结构部位受到的作用力是不一样的。建筑材料性能如图 7.1 所示。首先,必须具有足以承受规定外力作用的强度和刚度;其次,要具有耐久性,结构物置身于自然环境中,受到各种自然因素导致的侵蚀破坏作用,必须有足够的能力抵抗这些负面影响作用以及保证达到设计寿命,甚至超过预定寿命;最后是施工性,结构物中的建筑材料,是结构物的一部分,故而所选用的建筑材料必须易于施工操作,且能根据需求加工成可使用的状态。可见,作为建筑材料,其性能可划分为刚、强度,耐久性和施工性。

图 7.1　建筑材料性能

1. 刚度、强度

刚、强度为建筑材料本身所具有的最基本、最直接的性质。其所包含的性能具体为力学性能中的材料强度、刚度指标,如水泥混凝土的抗拉和抗压强度,沥青材料的稳定度、流值等。

2. 耐久性

耐久性是指在外界自然环境和人为环境的长期影响和作用下,仍能在正常的维护下达到预定功能而不会损坏的能力。材料在结构物中,不仅要承受各种外力作用,而且还发生着物理、化学、机械及生物等多种反应而损坏。建筑材料耐久性的指标,除了包括对抗物理作用而具有的耐水性、耐热性、耐火性、抗冻性、抗渗性,还包括抵抗化学、机械作用的抗腐蚀性、抗老化等能力。

3. 施工性

施工性是指在施工过程中,建筑材料能够通过一定的操作工序按要求加工成预期状态的性能,如混凝土的和易性,钢材的可焊、可铆和可切割性及沥青的黏结性。不同材料的施工性表现为不同的方面,其测定的方法也各不相同。混凝土的施工性包括流动性、保水性、稳定性等。沥青的施工性则表现为施工过程中易拌性、易摊铺压实的性能等。

7.2　高原地区建筑材料

7.2.1　道路工程

1. 路基

沥青路面基层根据材料不同，可分为土方路基、石方路基、特殊土路基。高液限黏土与粉土及含有机质细粒土，不适于作为路基填料。因条件限制而必须采用上述土作为填料时，应掺加石灰或水泥等结合料进行改善。地下水位高时，宜提高路基顶面标高。在设计标高受限制未能达到中湿状态路基临界高度时，应选用粗粒土或低剂量石灰等作为路基填料。岩石或填石路基顶面应铺设整平层。

水泥混凝土路面基层材料的选用原则为根据道路交通和路基抗冲刷能力来选择基层材料。特重交通宜选用贫混凝土、辗压混凝土或沥青混凝土；重交通道路宜选用水泥稳定粒料或沥青稳定碎石；中、轻交通道路宜选择水泥或石灰粉煤灰稳定粒料或级配粒料。湿润和多雨地区，繁重交通路段宜采用排水基层。我国西部高原区地表有 20～30 cm 薄层腐殖质土，其下多为砂砾石土或沉积岩风化形成的碎石土，是较好的筑路材料。

2. 路面

高级沥青路面面层可划分为磨耗层、面层上层、面层下层，或称为上面层、中面层、下面层。

沥青路面面层类型如图 7.2 所示。

热拌沥青混合料面层	适用于各种等级道路的面层，其种类应按集料公称最大粒径、矿料级配、孔隙率划分
冷拌沥青混合料面层	适用于支路及其以下道路的面层、支路的表面层，以及各级沥青路面的基层、连接层或整平层
温拌沥青混合料面层	与热拌沥青混合料的适用范围相同
沥青灌入式面层	宜作为城市次干路以下的道路面层
沥青表面处治面层	起防水层、磨耗层、防滑层或改善碎石路面的作用

图 7.2　沥青路面面层类型

水泥混凝土路面的面层材料特别是表面层材料，长期受到水文、温度、大气因素的作用，材料强度会下降，材料性状会变化，如沥青面层老化，弹性、黏性、塑性逐渐丧失，最终路况恶化，导致车辆运行质量下降。为此，路面必须保持较高的稳定性，即具有较低的温度、湿度敏感度。

面层混凝土通常分为普通混凝土、钢筋混凝土、连续配筋混凝土、预应力混凝土等。目前我国多采用普通混凝土。水泥混凝土面层应具有足够强度、耐久性(抗冻性)，表面光滑、耐磨、平整。

路面工程应使用符合设计规范要求的材料，底基层、基层采用厂拌法及机械摊铺法施工。底基层全部分幅一次摊铺成型，基层根据厚度二次摊铺成型。路面材料主要为沥青路面，一般公路可选用石灰土基层、粒料类基层，高级道路多采用半刚性基层材料，主要有二灰碎(砾)石、二灰砂砾、水泥稳定粒料。路面面层所需碎石可选用料场的材料。

7.2.2　桥涵工程

由于高原地区普遍水量较小，桥涵需求不大。砌体桥涵与混凝土桥涵属于比较常见的桥涵类型。其中混凝土桥涵通常是指由普通混凝土即水泥、砂、石子等按设计比例配制，经搅拌、成型、养护而得到的水泥混凝土制成的桥涵。砌体桥涵则通常主要由砖、砌块及石材砌筑而成，如图 7.3 和图 7.4 所示。

图 7.3　混凝土拱桥　　　　　　　　　　　　　图 7.4　石拱桥

7.2.3　给水工程

我国西部高原地区的地理特性使得在此黄土地基最为常见。这种地基有遇水后变为湿陷性黄土，从而引起建筑沉降，对建筑给排水的管道造成影响，如管道断裂、接口脱离、形成反坡等问题的特性。所以在选用时应遵循如下原则。

(1)首先要考虑的因素是在规定的使用压力和温度下具有足够的机械强度，并且对管内流动的流体有好的耐腐蚀性。

(2)必须采用合适的新型管材，以确保管道在使用性能良好、使用寿命长的前提下布置。一旦管道在使用过程中漏水、渗水，其危害较大又很难处理。

地下管道连接和具体情况应采用下列管材，压力管道应采用给水铸铁管、钢管、衬塑管、PE 管、PPR 管、给水 UPVC 管或预应力混凝土管。自流管道宜采用铸铁管、离心成型混凝土管、离心混凝土管、PVC 双壁波纹管、PE 双壁波纹管，当有成熟经验时可以采用自应力混凝土管或塑料管等。但在实际的使用过程中，离心成型混凝土管使用效果不是很理想，出现事故的概率比较大，在出现问题后的处理过程中，将原来的离心成型混凝土管改为排水铸铁管。对于非金属管道的连接，需要注意选用合适的连接方式和相应的接口材料。

7.2.4　排水工程

根据高原地区气候和给排水规范，合理地选用排水管材，保证管材的三无，即"无砂眼，无裂缝，无损伤"。排水施工完毕，必须认真地进行水压试验和闭水试验，直到满足规范要求。

根据排水管材的不同，接口的方式也不同，钢筋预应力混凝土管有两种接口方式，承插接口和砂浆抹带接口（刚性接口和柔性接口）。对于铸铁管（灰口铸铁和延性铸铁）而言，灰口铸铁管（一般的铸铁管）采用刚性接口，延性铸铁管（球墨铸铁管）采用柔性接口。在湿陷性黄土地区，一般采用石棉水泥接口，这样连接的管道，有一定的挠度、耐腐蚀、强度高等优点，对于室外排水管，尽量不要用水泥砂浆接口，这种接口刚性大，强度不高，漏水事故较多。

7.2.5　垃圾处理工程

垃圾对钢筋混凝土有很强的腐蚀性，所以在垃圾处理工程中方法工作非常重要。防腐涂料，一般分为常规防腐涂料和重防腐涂料，是油漆涂料中必不可少的一种涂料。常规防腐涂料是在一般条件下，对金属等起到防腐蚀的作用，保护有色金属使用的寿命；重防腐涂料是指相对常规防腐涂料而言，能在相对苛刻腐蚀环境里应用，并具有能达到比常规防腐涂料更长保护期的一类防腐涂料。

重防腐涂料特性如下。

（1）能在苛刻条件下使用，并具有长效防腐寿命，重防腐涂料在化工大气和海洋环境里，一般可使用 10 年或 15 年以上，即使在酸、碱、盐和溶剂介质里，并在一定温度条件下，也能使用 5 年以上。

（2）厚膜化是重防腐涂料的重要标志。一般防腐涂料的涂层干膜厚度为 100 μm 或 150 μm 左右，而重防腐涂料干膜厚度则在 200 μm 或 300 μm 以上，还有 500～1 000 μm。

（3）附着力强、涂层与基体结合力强，涂料组成物中含有羟基（—OH），金属基体提供正离子，能形成化学键结合。在空间网状结构维系下，涂料组合物中含有的金属、金属氧化物纳米材料和稀土氧化物超微粉体，帮助涂层形成一个致密的界面过渡层，使其综合热力学性质与基体相匹配。

（4）高效方便、施工简便，真正实现无机涂料的常温自固化，当环境温度 20℃，相对湿度小于 85%时，表干 15 min，实干 2 h，可保证高效率施工，可实现优异的抗盐雾，耐老化。涂层具有自我修补性，外力造成的局部划痕仍可受到保护，涂层不受切割及焊接损伤，带涂层焊接不影响焊接质量。

7.2.6　生活用能工程

在用能工程中石灰与混凝土是两种比较常见的材料。其中石灰是气硬性无机胶凝材料，它是以碳酸钙为主要成分的天然岩石在适当高温下煅烧得到以氧化钙（CaO）为主要成分的生石灰。石灰在使用前，一般先加水。使之消解为熟石灰，其主要成分为氢氧化钙[Ca(OH)$_2$]。在建造沼气池的工程中，熟石灰掺入水泥砂浆里配制成混合砂浆，作为砌筑砂浆和密封砂浆。

混凝土是以水泥为胶凝材料，与水和骨料（包括砂和石）按适当比例配合拌制成混合物，再经浇筑成型后得到的人工石材。新拌和的混凝土通常称为混凝土拌和物。对于新拌和的混凝土要求具有一定的和易性（包括流动性、黏聚性和保水性三方面的含义），这样便于施工操作并获得质量均匀、密实的混凝土。

7.2.7　电力工程

一般电力工程常用材料包括金属材料、有色金属材料、焊接材料、石油产品、化工原材料、塑料、涂料、火药、石棉及石棉制品、耐火材料和铸造制芯材料等。

现对我国西部高原地区农村电力工程中可用到的金属材料进行介绍。在元素周期表中，凡具有良好的导电、导热和可锻性的元素称为金属。金属和合金传导电流的能力，称为导电性。各种金属的导电性并不相同，同一金属的导电性与制成材料的长短、粗细、组成、纯度和本身温度都有关系。在常见金属中，导电性最好的是银。因而，通常用银的电导率作为标准来衡量其他金属的导电能力。但在实际应用上，因为银的价格高、强度低、塑性大，除了少数电子产品使用银，一般工业上用得不多，而铜和铝则是电力工业中大量使用的导电材料。

7.3　山地地区建筑材料

7.3.1　道路工程

1. 路基

各结构层应按强度和刚度自上而下递减的规律安排，以使各结构层材料的效能得到充分发挥；基层与面层的模量比应不小于 0.3；土基与基层或底基层的模量比宜为 0.08～0.40。另外，基层一般选择水稳性好的材料。在季节性冰冻地区，设置防止冻胀和翻浆的垫层，路面总厚度满足防冻厚度的要求。

道路基层是路面结构中的承重层，主要承受车辆载荷的竖向力，并把面层下传的应力扩散到路基。基层可分为基层和底基层，两类基层结构性能、施工或排水要求不同，厚度也不同。在温度和湿度状况不良的环境下，水泥混凝土道路应设置垫层，以改善路面的使用性能。垫层的宽度应与路基宽度相同，其最小厚度为 150 mm。防冻垫层和排水垫层宜采用砂、砂砾等颗粒材料。半刚性垫层宜采用低剂量水泥、石灰等无机结合稳定粒料或土类材料。

2. 路面

考虑山地地区容易落石，因此就要求道路面层耐久、基层坚实、土基稳定，并且因地制宜、合理选材、方便施工、利于养护。

沥青面层应具有平整、密实、抗滑、耐久的品质，并具有高温抗车辙、低温抗开裂以及良好的抗水损害能力。沥青面层的沥青，应采用符合中、轻交通道路石油沥青技术要求的沥青或改性沥青。山地地区道路沥青面层在具体选用沥青混合料类型时应根据使用要求、气候特点、交通条件、结构层功能等因素，结合沥青层厚度和当地实践经验来选择适应的混合料。因上面层必须具有平整密实、抗滑耐磨、抗裂耐久的性能，宜采用中粒式沥青混凝土；下面层必须具有高温抗车辙、抗剪切、密实、不透水、耐疲劳开裂性能，宜采用粗粒式沥青混凝土。

7.3.2　桥涵工程

对于我国西部山地地区，石料是量大易得的建筑材料。石料的一种来源是由天然岩石经打眼放炮开采得到的大块石，再按要求的规格经粗加工或细加工而得到的规则或不规则的块石、条石等；另一来源是由天然的卵石、漂石、巨石经加工而成。桥梁工程石料制品有片石、块石、方块石、粗料石和镶面石等。

我国西部山地地区农村桥涵工程使用的石料主要用于砌体工程，如桥涵拱圈、墩台、基础、锥坡等。由于山地地区特殊天气及地形条件，建筑材料要考虑桥面的耐磨性，还要基层坚实，桥墩需要强耐水性、抗腐蚀性、不透水性。考虑就近的原则，山地地区石料比较多，是桥涵材料的较好选择。

7.3.3　给水工程

根据我国西部山地地区的地形地貌条件，山地地区管材应该具有高强的耐磨性。不同材料的耐磨性能是不同的，因而管道对抵抗含杂质水的冲刷能力也有所不同。选择更耐冲刷的管道材料，可以提高系统的设计流速，其优点表现在：①管道设置坡度可以加大，以更好地适应山地城市的地形及道路纵坡；②在相同设计流量下，可选较小的管道断面；③减少用于处理落差的跌水井数量。

一般来说，钢管比传统的非金属管材更耐冲刷；一些新型复合材料的非金属管的耐冲刷能力甚至高于钢管，但实际应用效果尚待更多工程实践的检验。现对金属管进行介绍，金属管的种类及特点分析如表 7.1 所示。

表 7.1　金属管的种类及特点

种类	特点
镀锌钢管	主要具有价格低廉、性能优越、防火性能好、使用寿命长等优点，还可应用于消防给排水系统，尤其是自动喷水灭火系统中
镀镍钢管	它与镀锌钢管的性质最近，而耐腐蚀性能却远远高于镀锌钢管
不锈钢管	耐腐蚀性高、稳定性强，但内壁厚、施工需焊接、安装难度大、价格高
铜管	是金属管中最具优势的管材，具有应用持久、稳定性高、管材和管件齐全、接口方式多样等优点，但存在铜的析出量容易超标等问题
铸铁管	有不易腐蚀、造价低、耐久性好等优点，适合埋地敷设。缺点是质脆、自重大、长度短，而且有的铸铁管管材及配件价格相对较贵，还不适合普及推广

7.3.4　排水工程

在西部山地地区农村，选择合适的排水管材是有效避免不均匀沉降带来危害的一种方法。刚性排水管材以钢筋混凝土管应用最普遍，一般采用钢丝网水泥砂浆抹带接口，预应力的钢筋混凝土管一般采用承插接口。总体上说，刚性管对不均匀沉降的适应性较弱，特别是水泥砂浆抹带接口刚性较大，接口数量较多(单管长度一般为 1.5～2.0 m)，管道整体性差，一般必须采用混凝土带状整体基础，有时还需要在基础底部加适当的钢筋以增强其整体性，属于消极的抵抗沉降。

柔性管材具有良好适应沉降能力，其柔性一方面是管体本身柔性具有适应变形能力；另一方面管道采用柔性接口，是其适应沉降最主要原因。柔性管材一般采用橡胶圈密封承插连接，允许变形范围较大。特别是玻璃钢夹砂排水管在采用双橡胶圈承插连接时，在最不利条件下即使变形量大到拉出一个橡胶圈(变形量达 100～200 mm)，仍然可以保证其密封良好。在地质条件变化频繁的地段，还可采用加设柔性接头或短管方式来提高其适应不均匀沉降能力。

7.3.5　垃圾处理工程

根据实地调研发现，我国西部山地地区农村垃圾池多为钢筋混凝土结构，但是垃圾对钢筋混凝土具有很强的腐蚀性。因此就需要在设计时确定合理的垃圾池防腐措施。钢筋混凝土结构的涂层防护主要采用钢筋防腐涂装和混凝土表面涂装，两种防护方法可以单独实施，但同时采用防护效果更佳。现对钢筋的涂层防护和混凝土的涂层防护进行介绍。

1. 钢筋的涂层防护

对混凝土中钢筋的典型防护是金属防腐涂装，对防腐涂料的选用除了要满足长效防腐，还应保证混凝土与漆膜表面具有良好的附着力。目前国内外对钢筋的防护主要采用两类涂料：富锌类涂料和环氧树脂防腐涂料。富锌类涂料与硅酸盐水泥的附着力和防腐性明显优于其他有机涂料。加拿大和美国最早使用涂有环氧树脂涂料的钢筋，欧洲的很多混凝土防护工程中也使用环氧树脂涂料涂覆钢筋。

2. 混凝土涂层防护

对混凝土表面进行涂层防护可有效阻止酸、盐等腐蚀介质向混凝土内部的渗入，延缓和防止混凝土的碳化和钢筋的腐蚀，因此，混凝土表面的涂层防护更为重要。目前主要应用渗透剂和涂料两大类。现对渗透剂进行介绍。

1) 有机硅类

该类渗透剂有良好渗透深度和耐酸碱盐性。常用硅烷、硅氧烷渗透剂能渗透到混凝土表面层内与水发生反应脱去醇，与 $Ca(OH)_2$ 形成三维交联有机硅树脂牢固地与基材粘连在一起形成憎水层。其分子质量较小，渗透性较强，使混凝土表面形成永久的保护层，有效防止有害离子渗入，显著提高混凝土防水和防腐蚀性能。

2) 丙烯酸酯

丙烯酸酯单体渗入混凝土可有效降低 Cl^- 的侵入。使用渗入原位聚合技术对于混凝土的耐盐、耐冻融以及耐磨性能均有很大的提高。

7.3.6 生活用能工程

针对我国西部山地地区的生活用能，现从沼气池材料选择上进行分析。在山区或者生产石材的地区建造沼气池，可以用块石砌筑发酵间和出料间。用于建造沼气池的石料多选用组织紧密、均匀、无裂缝、无风化的砂岩或石灰岩。因为这样的岩石容易加工。需要指出的是，建造沼气池的石材要求有耐水性。材料的耐水性是指材料在水的作用下不会损坏，其强度也不会显著降低的性质。建筑材料的耐水性用软化系数表示。软化系数是材料在水饱和状态下的抗压强度和材料在干燥状态下的抗压强度的比值。用于建沼气池的石材耐水性应取 0.85～0.90。

7.3.7 电力工程

考虑我国西部山地地区农村电力工程建设同其他地区类似，现仅对电力工程中可用到的塑料进行介绍。

1. 酚醛塑料

酚醛塑料(PF)又称电木或胶木，是历史最久、应用最广泛的塑料。它具有优良的耐热、绝缘、化学稳定性及尺寸稳定性，抗蠕变性优于许多热塑性工程塑料。因填料不同，酚醛塑料的电性能及耐热性能均有差异。用橡胶、聚氯乙烯改性可以提高它的冲击强度或耐酸性。用它制作的高频绝缘件，高频绝缘性能好，耐潮湿。酚醛塑料的加工工艺简单，价格低，缺点是性质较脆、颜色单调，只能制成黑色或棕色，一般用于制造机械零件、绝缘件、耐腐蚀件、水润滑轴承。

2. 有机硅塑料

有机硅塑料具有优良的电绝缘性能,电阻高,高频绝缘性能好,耐热,可在 180~200℃ 下长期使用,防水性好,防潮性好,耐辐射,耐臭氧,也耐低温。这种塑料主要用于电气、电子元件及线圈的灌封与固定;塑料粉主要用于制造耐热件、绝缘件。

3. 聚乙烯

聚乙烯(PE)为白色、无嗅、无味、无毒的半透明固体,电绝缘性好,化学稳定性高,吸水性好,有良好的耐磨、耐寒性;缺点是机械强度不高,不能承受较大荷载,热变形温度低,只能在 80℃ 以下使用。聚乙烯性能较优、价格低廉,故常用于生产农用薄膜,电线、电缆的包皮,化工管道,阀门,离心泵等。

4. 聚氯乙烯

聚氯乙烯(PVC)虽然在世界上逐渐被聚乙烯所代替,产量退居第二,但在我国塑料生产中目前产量还处于第一位。聚氯乙烯树脂为白色粉末,使用温度为-15~60℃。聚氯乙烯化学稳定性好,电绝缘性优良,机械强度高,耐燃,自熄,耐磨,消声,消震;缺点是软化点低,耐热、耐寒性差,易老化。硬质聚氯乙烯可制作板、管、棒及电器绝缘材料和化工防腐材料;软质聚氯乙烯可制作薄膜、电线电缆绝缘层、密封件;泡沫聚氯乙烯可制作衬垫。

5. ABC 工程塑料

A 代表丙烯腈,B 代表丁二烯,C 代表苯乙烯,三种单体用接枝共聚的方法制得的材料称为 ABC 工程塑料。ABC 工程塑料无毒、无味、不透明、显微黄色,是一种坚韧、质硬、刚性好的材料;缺点是耐热性不够高、耐候性不好、不耐燃、不透明。这种塑料用于制作一般机械零件、减磨耐磨件、传动件及耐腐蚀管道。

6. 有机玻璃

有机玻璃(PMMA)有良好的透光性能。普通玻璃能透过 87%~89% 的可见光和不到 1% 的紫外线光,而有机玻璃的可见光透光率可达 90%~92%,紫外线透光率达 73%;有机玻璃质轻,比例为 1.18,只有同体积玻璃的 1/2,而其抗碎能力是玻璃的 10 倍,在-60~100℃ 下,基本性能不变;缺点是表面硬度低、耐磨性差、易擦伤。有机玻璃可用于制作透明件、装饰件,如油标、油环、设备标牌、透明管道和作为电气绝缘材料。

7.4　平原地区建筑材料

7.4.1　道路工程

1. 路基

(1)在石料丰富、经济不发达、交通量和轴重较小的地区,适当采用手摆片石作为农村公路的基层是切实可行的。

(2)对于缺乏传统硬质石料的部分地区，采用符合现行规范要求的粒料基层或水泥(二灰)稳定集料基层难以实现，或需要远运符合要求的石料而增加投资，为降低路面造价，可采用无机结合料稳定当地软质集料或稳定土作为公路基层。

(3)对于缺乏石料、分布较多黏性土的地方，可采用土壤固化剂稳定当地黏性土作为农村公路的基层材料，SS-108、QJ 和 CZN 三种土壤固化剂稳定土均可用于缺乏石料、分布较多黏性土(红砂土和页岩土)的农村公路路面基层。根据路面的交通量和实际情况，可适当地提高道路的等级。

2. 路面

路面结构的拟定将遵循就地取材、节约工程造价及材料典型化的原则，充分利用地方材料或非标准材料，避免或减少材料的外运。路面可以采用水泥混凝土或者沥青路面。路面工程使用符合设计规范要求的材料，底基层、基层采用厂拌法及机械摊铺法施工。底基层全部分幅一次摊铺成型，基层根据厚度二次摊铺成型。路面材料主要为沥青路面，一般公路可选用石灰土基层、粒料类基层，高级道路多采用半刚性基层材料，主要有二灰碎(砾)石、二灰砂砾、水泥稳定粒料。路面面层所需碎石可选用料场的材料。

7.4.2　桥涵工程

按照平原地区的天气、地形，平原地区的桥涵建筑材料可选用钢材。桥梁用钢按其形状分类可分为型材、棒材(或线材)和异型材(特种形状)三类。型材主要包括型钢和钢板，常用于钢桥建筑。线材主要包括钢筋、预应力钢筋、高强钢丝和钢绞线等，它是钢筋混凝土桥梁建筑中使用的主要材料之一。异型材是为特殊用途而制作的，如预应力混凝土桥梁中锚具、夹具等。

桥涵工程用钢主要是热轧成型的钢板和型钢等；薄壁轻型钢结构中主要采用薄壁型钢、圆钢和小角钢；钢材所用的母材主要是普通碳素结构钢及低合金高强度结构钢。钢结构常用的热轧型钢有工字钢、H 型钢、T 型钢、槽钢、等边角钢、不等边角钢等。型钢是钢结构中采用的主要钢材。

7.4.3　给水工程

目前国内可用于给水管道工程中的主要管材有钢管、球墨铸铁管、预应力钢筋混凝土管、钢套筒预应力混凝土管、小口径 UPVC 塑料管；新型管材有玻璃纤维增强塑料夹砂管(RPMP)、高密度聚乙烯管(HDPEP)、钢骨架塑料(PE)复合管、不锈钢衬里玻璃钢复合管、不锈钢外缠空腹塑料(PE)复合管等。

7.4.4　排水工程

我国西部平原地区农村在排水管道选择时与其他地区农村相比较，少很多限制条件，但是仍然要求具有强的耐腐蚀性，因此在选择排水管道材料的时候应该优先考虑耐腐蚀性强的管材。现仅对管材总的塑料管进行分析。

不同的塑料管材是由不同的原材料构成的，因而也相应地具有各种不同的性能特点、连接方式和适用范围。表 7.2 为塑料管的优缺点。

表 7.2　塑料管优缺点分析

优点	化学稳定性好，不受环境因素和管道内介质组分的影响，耐腐蚀性好
	水力性能好，管道内壁光滑，阻力系数小，不易积垢，管内流通面积不随时间发生变化，管道阻塞的概率小
	相对于金属管材密度小、材质轻；运输及安装方便、灵活，维修容易
	可自然弯曲或具有冷弯性能，可采用盘管供货方式，管的接头数量少
	导热系数低、热传导率低、绝热保温，节能效果好
缺点	力学性能差、抗冲击性不佳、刚性及平直性差，故管卡及吊架设置密度高
	阻燃性差，大多数塑料制品可燃，且燃烧时热分解，会释放出有毒气体和烟雾
	热膨胀系数大，必须强调伸缩补偿

7.4.5　卫生厕所工程

对于我国西部平原地区农村，建造修建厕所材料选择的要求为选择的产品与材料应坚固耐用，有利于卫生清洁与环境保护，无异味，无污染，无渗水。便器首选白色陶瓷制品，也可选用质量好的工程塑料材料制造的便器。卫生厕所预制产品的要求是安排企业统一生产的预制式贮粪池和厕所设备，其安全性和功能必须经过省级建筑或环境部门组织鉴定。

陶瓷材料可分为普通陶瓷(传统陶瓷)和特种陶瓷(现代陶瓷)两大类。普通陶瓷材料采用天然原料如长石、黏土和石英等烧结而成，是典型硅酸盐材料，主要组成元素是硅、铝、氧。普通陶瓷来源丰富、成本低、工艺成熟。陶瓷按性能特征和用途分为日用陶瓷、建筑陶瓷、电绝缘陶瓷、化工陶瓷等。特种陶瓷材料采用高纯度人工合成的原料经精密控制工艺成形烧结而成，一般具有某些特殊性能以适应各种需要。按主要成分分类有氧化物陶瓷、氮化物陶瓷、碳化物陶瓷、金属陶瓷等。特种陶瓷具有特殊力学、光、声、电、磁、热等性能。陶瓷材料是工程材料中刚度最好、硬度最高的材料，硬度大多在 1 500 HV 以上。陶瓷的抗压强度较高，因此是便池的首选材料。

7.4.6　生活用能工程

水泥是生活用能工程中最必不可少的材料，其主要分为以下四类。

(1)硅酸盐水泥和普通硅酸盐水泥。在普通硅酸盐水泥成分中，绝大多数仍是硅酸盐水泥熟料，所以其基本特征与硅酸盐水泥相近。但由于普通硅酸盐水泥中掺入了少量混合材料，故其某些特性与硅酸盐水泥比较起来又有差异。与同标号水泥相比，普通硅酸盐水泥的早期硬化速度稍慢，其 3d、7d 的抗压强度较硅酸盐水泥稍低。此外，普通硅酸盐水泥的抗冻、耐磨等性能也较硅酸盐水泥稍差。

(2) 矿渣硅酸盐水泥。矿渣硅酸盐水泥是由硅酸盐水泥熟料和粒化高炉矿渣、适量石膏磨细制成的水硬性胶凝材料。矿渣水泥与普通硅酸盐水泥相比，它具有较强的抗溶性侵蚀及抗硫酸盐侵蚀能力，所以矿渣水泥比较适用于溶出性或硫酸盐侵蚀的水工建筑工程、海港工程及地下工程。但是，在酸性水(包括碳酸)及含镁盐的水中，矿渣水泥的抗侵蚀性能却较硅酸盐水泥和普通硅酸盐水泥差；水化热低，适宜于大体积工程；保水性较差、浸水性较大。这样矿渣水泥很容易在混凝土内形成毛细管道路及水囊，当水分蒸发后，便形成孔隙，降低混凝土的密实性和均匀性。矿渣混凝土干缩性较大，易混产生干缩与裂缝，从而影响混凝土的密实性和均匀性，在使用矿渣水泥时要加强养护。

(3) 火山灰质硅酸盐水泥。火山灰质硅酸盐水泥是由硅酸盐水泥熟料和火山灰质混凝土、适量石膏磨细制成的水硬性胶凝材料。火山灰质硅酸盐水泥的许多性质，如抗侵蚀性、水化时的发热量、强度以及增进率、环境温度对凝结硬化的影响、碳化速度等，都与矿渣硅酸盐水泥有相同的特点。但火山灰质硅酸盐水泥的抗冻性及耐磨性比矿渣硅酸盐水泥要差。根据这些性质可知，其最适宜用于地下或水下工程，特别是需要抗渗、抗淡水或抗硫酸盐侵蚀的工程，但由于抗冻性较差，不宜用于受冻部位。

(4) 粉煤灰水泥。粉煤灰水泥抗硫酸盐侵蚀能力较强，但次于矿渣硅酸盐水泥，适用于水工和海港工程。粉煤灰水泥抗碳化能力差较差，抗冻性较差。

7.4.7 电力工程

电力工程在各个地区的建设相差不大，因此对于我国西部平原地区的农村的电力工程材料，仅对耐火材料进行分析从而利于选择。耐火材料是指耐火度不低于 1 580℃的无机非金属固体材料，可分为普通、轻质、不烧和特种四大类。

耐火材料含有熔融温度很高的矿物成分(如黏土砖内有莫来石、高铝砖内有刚玉、硅砖内有鳞石英等)，在高温下有良好化学稳定性和耐压强度。电力工程用耐火材料在不同的温度范围内还有不软化、抗磨损、耐侵蚀、抗热震等性能。

为了提高耐火材料的高温性能，要求采用杂质较少的原料和高压成型、高温烧成等工艺，电熔耐火材料正在推广使用。新型的超轻、高温、保温耐火材料(如氧化铝空心球、耐火纤维等)，既能用于高温保温，又能直接作为高温窑炉内衬材料，能极大降低热工设备的热容量，缩小体积和重量，降低热耗。

耐火材料是在高温下工作的，工作条件很差。因此耐火材料应该具备下列三种性能。

(1) 熔化温度至少为 1 580℃。

(2) 在使用期间不发生体积变化。

(3) 在使用期间能抵抗化学侵蚀和物理损伤。

7.5　盆地地区建筑材料

7.5.1　道路工程

1. 路基

由于盆地地区特殊的自然环境，路基填筑宜采用水稳性好的材料，严格控制路基压实，使其能够满足强度和稳定性要求。路基强度、稳定性和压实度达不到要求的路段不得铺筑沥青或水泥路面。盆地地区农村公路土方路基一般采取就地取土的方式，满足规范要求的黏性土、砂性土等适于作为路基填料。强盐渍土、过盐渍土、淤泥、沼泽土、树根和含有腐朽物质的土，不能作为路基填料。

水泥混凝土的基层可以防止或减轻由于淤泥产生板底脱空和错台等病害；与垫层共同作用，可控制或减少路基不均匀冻胀或体积变形对混凝土面层产生的不利影响；为混凝土面层提供稳定而坚实的基础，并改善接缝的传荷能力。水泥混凝土路面基层材料的选用原则为根据道路交通和路基抗冲刷能力来选择基层材料。特重交通宜选用贫混凝土、辗压混凝土或沥青混凝土；重交通道路宜选用水泥稳定粒料或沥青稳定碎石；中、轻交通道路宜选择水泥或石灰粉煤灰稳定粒料或级配粒料。湿润和多雨地区，繁重交通路段宜采用排水基层。

沥青路面常用的基层材料及其特性如图 7.5 所示。

| 无机结合料稳定粒料 | 无机结合料稳定粒料基层属于半刚性基层，包括石灰稳定土类基层，强度高，整体性好，适用于交通量大、轴载重的道路。所用的工业废渣（粉煤灰、钢渣等）应性能稳定、无风化、无腐蚀 |
| 嵌锁型和级配砾石 | 嵌锁型和级配砾石基层属于柔性基层，为防止冻胀和湿软，天然砂砾应质地坚硬，含泥量不应大于砂质量（粒径小于5 mm）的10%，砾石颗粒中细长和扁平颗粒的含量不应超过20%。级配砾石用作次干路及其以下道路底基层时，级配中最大粒径不宜小于53 mm，作为基层时最大粒径不应大于37.5 mm |

图 7.5　常用基层材料及其特性

2. 路面

我国西部盆地地区属于亚热带季风气候区，年平均气温 15℃ 左右，雨量充沛，年降雨量 750～1 100 mm。西部盆地地区潮湿，地下水丰富，农村公路路面结构设计要考虑综合排水和路面结构的水稳定性等问题，做到如下两个方面。

(1)适当加大路面排水坡度，以使路面排水顺畅。

(2)地下水丰富、排水不良地段，应设置垫层，路面结构要重视水稳定性。

水泥是混凝土路面的胶结材料，混凝土路面质量的好坏很大程度上取决于所选择的水泥的质量，一般盆地地区农村公路可选择硅酸盐水泥、普通硅酸盐水泥、道路硅酸盐水泥和矿渣硅酸盐水泥，水泥的标号不应低于 42.5。其次粗集料的选择也要视当地的资源条件确定，所选粗集料应当满足压碎值指标和抗压强度的要求，同时要和矿料的组成有良好的级配，以获得密实、高强的混凝土。

7.5.2 桥涵工程

简支梁桥是目前我国农村公路建设中广泛使用的一种桥梁结构形式。简支桥梁构造简单，施工方便，由上部结构、支座系统、桥墩、桥台和墩台基础等组成。

盆地地区的桥涵工程的材料由于其部分处于水中需要使用耐水性、抗渗性较好的材料。混凝土、钢筋混凝土和石料是桥涵结构修筑的基本材料，其质量和性能直接影响桥涵结构物的质量和耐久性。在选用混凝土时应该根据抗压强度、轴心抗压强度、静力受压弹性模量、劈裂抗拉强度和抗折强度等进行材料选择。

7.5.3 给水工程

我国西部盆地地区天气潮湿多雨，给水管道系统带来直接影响。因此给水管道的材料也有较为特殊的要求。

首先金属管不用于给水管道的管材使用。可用于给水管道工程的塑料管材有 UPVC 管、PE 管、PB 管、PEX 管、PPC 管、PPR 管。这些管道材料性质不尽相同，生产工艺各有特点，主要应用范围也各有差异，但应用于给水管道工程，要求其具有质量轻、便于运输和安装、管道内壁光滑、阻力系数小、防腐性能良好、对水质不构成二次污染的性能。

复合管包括衬铅管、衬胶管、玻璃钢管。复合管大多由工作层(要求耐水腐蚀)、支承层、保护层(要求耐腐蚀)组成。应该说复合管材是管径 300 mm 以上给水管道最理想的管材。复合管一般由金属和非金属复合而成，质量轻、内壁光滑、阻力小、耐腐性，兼有金属管强度高、刚性好和非金属管耐腐蚀的优点，同时也摒弃了两类管材的缺点。复合管的优缺点如表 7.3 所示。

表7.3 复合管优缺点分析

优点	以高强软金属作支撑，具有管道内壁不会腐蚀结垢、保证水质等优势
	有的是金属管在内侧(如塑覆铜管)，其利用了塑料导热性差的特点，使得管材兼具绝热、保温和保护作用
缺点	价格偏高，由于它是将两种管材组合在一起，因而成本要高于单一管材
	质量稳定性不强，两种材质的热膨胀系数相差较大、易脱开、易留下质量隐患

7.5.4 排水工程

考虑我国盆地地区潮湿多雨的气候，因此多采用非金属管材。常用非金属排水管渠如下。
(1)混凝土管：适用于排除雨水、污水等，具有较高的强度。
(2)钢筋混凝土管：适用于排除雨水、污水，可在现场烧制，也可在专门的工厂预制，可以分为混凝土管、轻型钢筋混凝土管、重型钢筋混凝土管 3 种。

(3)陶土管：是低质黏土等烧成的多孔性陶瓷，可以排输污水、雨水、废水和灌溉用水等其他腐蚀性介质，其内壁光滑，水阻力小，适用于埋深较大处。

(4)塑料排水管：由于塑料管具有表面光滑、水力性能好、水力损失小、耐磨蚀、不易结垢、重量轻、加工接口搬运方便、漏水率低及价格低等优点，因此，在排水管道工程中已得到应用和普及。其中聚乙烯(PE)管、高密度聚乙烯(HDPE)管和硬聚氯乙烯(UPVC)管的应用较广。

7.5.5　垃圾处理工程

根据实地调研，我国西部盆地地区农村垃圾池多为钢筋混凝土材质。对于钢筋混凝土的防腐处理，现仅对混凝土涂料进行介绍。

(1)环氧树脂涂料。形态分为乳液型、溶剂型和无溶剂型，通常由环氧树脂和固化剂两种组分组成。溶剂型环氧树脂通常黏度较小(相对于无溶剂的环氧树脂)，可以有效地渗进基材。乳液型环氧树脂不具有渗透性。环氧树脂具有极优的耐化学、耐磨和抗碳化性能，但是环氧树脂在紫外线的照射下很容易粉化。

(2)氯化橡胶涂料。在混凝土的防护上已使用多年，具有良好的耐湿气、耐碱和抗碳化性能，也有一定的柔韧性，但耐紫外线性能较差、易变黄、易沾尘。

(3)聚氨酯涂料。分为单组分、双组分，可形成柔韧性好、抗碳化、极优耐紫外线性能和耐磨性、耐溶剂性优异的涂层。双组分体系的性能比单组分好。但聚氨酯的呼吸性能较差，因此易遭受冻融破坏，同时对混凝土表面湿气敏感。

7.5.6　生活用能工程

如今，沼气在我国西部盆地地区农村已经得到广泛的利用。沼气池设计要求经济合理地选用建筑材料。建筑材料的费用占建筑物造价的50%~60%，所以要尽可能地就地取材，能够使沼气构筑物取得较好的技术经济指标。目前，我国农村建池用材料有水泥、砖、混凝土、砂浆、块石等。这里对建池用的建筑材料之一的砖进行性质、配置和使用的简单介绍。

这里的砖指的是普通烧结黏土砖，它是以黏土为原料，经过焙烧而成的人造石材。砖的外形标准尺寸为 240 mm×115 mm×53 mm 的直角平行六面体，容重为 1 600~1 800 kg/m^3；外观尺寸应平整，没有过大翘曲，敲击声脆。普通黏土砖，按强度划分为MU5.0、MU7.5、MU10、MU15、MU20 五种。一般建造户用沼气池适合采用强度等级为MU7.5 号或 MU10 号的砖。

7.5.7　电力工程

我国盆地地区电力工程材料类似于其他地形材料。除了金属、涂料、塑料等材料，电力工程常用到的材料还包括橡胶制品。橡胶是一种高分子有机化合物，按来源不同分为天然橡胶和合成橡胶两大类。它们的共同特点是除了具有高度的弹性，还具有一定的强度、很好的耐磨性以及绝缘、不透水、不透气等优良性能。橡胶有这些特性，因此广泛用于各个方面。

第8章　西部农村基础设施绿色节能建设

8.1　概　　述

目前我国的农村能源形势十分严峻，主要体现在以下三点。

(1) 农村传统的能源利用方式影响了农村环境。全国广大农村地区居民生活用能仍然依靠秸秆、薪柴等生物质直接燃烧的传统利用方式提供，不仅造成污染，危害人体健康，影响生活质量，在一些生态脆弱地区，生活用能短缺，还往往导致过度的薪柴砍伐，造成森林等生态林草植被资源的破坏。

(2) 低效的利用方式也造成了农村能源的浪费。作物秸秆若经气化处理，其热效率可由直接燃烧的20%提高到60%以上。但是，受传统习惯、设施落后等方面影响，在农村利用的作物秸秆中，多数直接作为一次性生活燃料；农村畜禽粪便中，除了向周边水体直接排放造成污染，大部分未经加工或综合利用而直接作为农田肥料。

(3) 农村能源的缺乏。由于农村的居住布局和地域特点，大部分农村没有像城市一样的天然气、暖气管道等设施，能源公共品供给不足。农村生活能源短缺不仅制约农村经济发展，而且导致滥砍滥伐、植被破坏，对生态环境造成了一定的威胁。

总体来看，经过多年努力，我国农村能源建设取得了重大进展，农村用能条件得到了明显改善，但按照全面建设小康社会和加快农村发展的新要求，农村能源建设和管理仍然十分薄弱。

8.2　绿色节能建设内涵

8.2.1　绿色节能的定义

根据《中华人民共和国节约能源法》，能源的定义是指煤炭、石油、天然气、生物质能和电力、热力以及其他直接或者通过加工、转换而取得有用能的各种资源。绿色节能是指加强用能管理，采取技术上可行、经济上合理以及环境和社会可以承受的措施，从能源生产到消费的各个环节，降低消耗、减少损失和污染物排放、制止浪费，有效、合理地利用能源。绿色节能既要提高能源利用率和经济效益，还要注意保护环境和满足人民生活需要，一要加强用能管理，二要技术上可行，三要经济上合理，四要环境和社会可以承受。对于农村基础设施建设而言，节能就是指加强基础设施建设中的用能管理，运用合理可行的技术，在社会环境可容纳的基础上采取有效措施，尽量减少能源从生产到消费整套环节中的损失和浪费，以最优的价值来衡量资源的利用。这主要通过转变能源利用方式，提高能源的利用效率，减少不可再生能源使用，开发利用新型清洁能源等方法实现。

8.2.2　绿色节能建设的意义

(1)绿色节能问题是新形势下农村基础设施的研究方向。

做好新形势下推进农村绿色节能建设问题的研究，对于推动我国社会主义新农村建设的伟大实践，具有重要战略意义。在政府提出大力发展节能建设的今天，努力解决农村能源问题已经成为政府各级部门的重要任务。

(2)绿色节能建设是农村经济和社会发展的重要物质基础。

随着我国整体工业化、城镇化、市场化、国际化快速推进，农业、农村正在发生重大而深刻的变化，能源问题将会越来越突出，还需要继续投入大量能源以实现农业现代化并支持农村经济腾飞。因此发展农村能源对于满足农民生产生活用能需求、增加农民收入、优化农村环境、促进资源循环利用、提高农村文明程度都具有重要意义，是社会主义新农村建设的重要内容。

(3)农村能源建设是农村基础设施建设的关键环节。

农村能源问题是国家能源战略不可或缺的组成部分。当今世界正面临着人口与资源、社会发展与环境保护等多重压力的挑战，传统能源资源储量却越来越少。因此，开发新能源和可再生能源特别是把它们转化为高品位能源，以逐步减少化石能源的使用，是保护生态环境、走经济社会可持续发展的重大措施。

(4)绿色节能建设是农村基础设施建设发展的趋势。

绿色节能建设是一项系统的、复杂的、综合性的工程。加快农村基础设施绿色节能建设的发展，是关系老百姓的生活安康，缓解能源紧张，实现社会、经济、能源三者可持续发展，全面建设小康社会的重要环节之一。因此在基础建设中提高绿色节能意识，走可持续发展道路具有重要的现实意义。

8.3　绿色节能建设发展

(1)艰难起步。

早在 20 世纪 50 年代，我国政府就对农村能源问题十分关注，在农村基础设施建设的起步阶段就针对沼气、小水电等进行重点扶持。农村能源政策手段的选择主要围绕农村地区的资源赋存展开，能源政策更多地表现为导向功能而非分配功能，能源政策设计以单项技术经济政策为主，缺乏系统性、稳定性和连续性。受政府能源部门设置以及常规能源的制约，农村能源建设较为缓慢。

(2)飞速发展。

20 世纪 80 年代之后党和政府加大了农村能源建设，开展了小水电、沼气、太阳能、风能等技术推广和基础设施建设。"九五"开始，国家首先投资推行了三大计划或工程：用于推动风电场建设的"乘风计划"，用于支持新疆、甘肃、西藏等地无电区的"光明工程"和重点用于扶持中西部及长江中上游农村地区推广秸秆气化技术的秸秆气化工程，使我国农村地区可再生能源基础设施建设水平得到了很大的提高，并积累了宝贵的发展经验。

(3)走向正轨。

2000 年 8 月，原国家经济贸易委员会资源节约与综合利用司颁布的《2000～2015 年新能源和可再生能源产业发展规划》，系统分析了以新能源和可再生能源为基础的能源产业发展、市场发展、预期效益、制约因素和问题，首次提出了新能源利用，为农村基础设施的节能建设指引了方向。农村基础设施作为节能建设的重要载体，也开展了包括沼气、秸秆气化、太阳能、风能等在内的一系列技术推广来开发利用农村可再生能源，取得了一定的成效，农村能源状况大有改观。

(4)科学建设。

2007 年 6 月国务院常务会议通过的《可再生能源中长期发展规划》指出可再生能源包括水能、生物质能、风能、太阳能、地热能和海洋能等，资源潜力大、环境污染低、可永续利用，是有利于人与自然和谐发展的重要能源。在农村基础设施建设中鼓励生产和消费可再生能源，提高在一次能源消费中的比例，促进节能减排，积极应对气候变化，更好地满足经济和社会可持发展的需要。

(5)大力发展。

2013 年《能源发展"十二五"规划》指出，现阶段我国能源结构以煤为主，开发利用方式粗放，生态环境约束凸显，资源环境压力加大。我国区域经济和能源发展不平衡、不协调，能源供需逆向分布矛盾突出，基础设施建设相对薄弱，能源基础设施建设滞后。国内生态环境难以继续承载粗放式发展，国际上应对气候变化的压力日益增大，绿色发展迫在眉睫，协调发展任重道远。提出推进城镇能源供应设施和服务逐步向农村延伸，加强农村液化气供应站、型煤加工点以及生物质燃气站等基础设施建设，建立各类能源设施维修和技术服务站，培育农村能源专业化经营服务企业和人才，增强能源基本公共服务能力。

此外，规划过程中的《"十三五"能源规划》中，明确指出提高可再生能源比例、大力优化能源结构的方向，力图推进能源节约，增强能源科技创新能力。

8.4　绿色节能建设实施与推广

8.4.1　绿色节能建设的实施

1. 规划设计节能

规划设计是基础设施建设的重要环节，在规划设计之初，要根据工程建设特点和工艺流程，将节能建设的理念贯彻其中。整体布局时要合理规划，节约使用土地，合理安排物流和交通，避免交叉浪费的能源消耗，降低工程造价成本。在设计上，要采用国内外先进的、成熟的技术和工艺，在建设方案和设备选型上，力求先进、节能和实用。基础建设要重视环境保护，实施建设"三同时"的原则，即防治污染和其他公害与主体工程同时设计、同时施工、同时投产。

2. 施工技术节能

基础设施建设施工技术对于工程节能质量有着重要的影响。在满足建设要求、符合防火安全和环保卫生等要求的前提下，尽量做到合并相同类型的建设，避免重复施工。在满足建设工艺、交通运输、消防安全和环境卫生的前提下，总体设计要紧凑合理，物流组织顺畅，节约用地，减少建设过程中的返工项目。

3. 材料使用节能

基础设施建设材料质量的优劣、价格、供货时间等因素都会影响工程的施工周期、建设质量、建设成本等。节能建设中使用的材料要符合施工设计要求和国家相关标准的规定，严禁使用国家明令禁止或淘汰使用的材料。

4. 建设设备节能

工程建设所选的施工设备应满足节能、环保两方面的要求。设备选型、设备规格的确定需要兼顾投资与能源的消耗，要有较高的生产效率，选取投资少、能耗低的设备，既可以满足施工技术的要求，又可以降低劳动强度。建设设备选择的功率与负荷应与施工机械设备相匹配，高效节能的建设设备，不仅可以提高建设质量和效率，减少废品率和返工率，还可以节约资源，降低能耗，减小环境负荷。设备使用过程中要合理安排工序，提高设备的满载率，加强现场管理，避免能源浪费的现象，保证工程建设的设备节能。

5. 建设垃圾的处理

建设垃圾是指在工程建设中产生的固体废弃物。目前，我国的建设垃圾大多采用填埋的处理方法，过程中很容易发生化学反应污染环境，或坍塌或引起火灾等危害公共安全。基础设施建设也会产生大量的建设垃圾，不仅对人们的生活环境具有十分广泛的侵蚀作用，如果不能很好地回收再利用，会造成极大的资源和能源的浪费。因此，一方面控制工程建设垃圾的产生，另一方面还要做好后续相关的处理，要对建设垃圾合理分类，分别处理，加大垃圾分离和再利用。

6. 新能源的利用

1）太阳能

（1）太阳能热水器。

太阳能热水器是最基本的，并且是比较经济的太阳能利用装置，技术成熟，已经有多年的使用经验。目前主流使用的真空管太阳能热水器安全、节能、环保、经济。尤其是带辅助电加热功能的太阳能热水器，它以太阳能为主、电能为辅的能源利用方式使太阳能热水器全年全天候正常运行。

（2）太阳能发电。

照射在地球上的太阳能非常巨大，大约 40 min 照射在地球上的太阳能，足以供全球人类一年能量的消费。利用太阳能发电不存在枯竭危险，可以在用电处就近发电，且获取能源花费的时间短，可以有效减少电力能源的消耗。

(3) 太阳灶。

太阳灶是利用太阳能辐射，通过聚光获取热量烹饪食物。它不需要燃料，能满足基本生活饮食需求。经检测，太阳灶提供的有效热能是它接收的太阳能量的 50%。在日光条件好并缺乏燃料的农村，推广太阳灶有很大的现实意义。

2) 地源热泵的利用

西北农村有地热利用自然条件和经济基础的地方可以考虑地源热泵的利用，农村建筑总的体量少，热负荷不大，地域广阔，有利于地源热泵系统的采用。地源热泵作为国家推广的建筑新能源有如下四个特点。

(1) 属于可再生能源利用技术。

地源热泵是利用地球表面浅层地热资源作为冷热源，进行能量转换的供暖空调系统。这种储存于地表浅层近乎无限的可再生能源，使得地能也成为清洁的可再生能源一种形式。

(2) 属于经济有效的节能技术。

地能或地表浅层地热资源的温度一年四季相对稳定，冬季比环境空气温度高，夏季比环境空气温度低，是很好的热泵热源和空调冷源，这种温度特性使得地源热泵比传统空调系统运行效率要高 40%，因此可节能和节省运行费用 40%左右。据美国国家环境保护局 (EPA)估计，设计安装良好的地源热泵，平均来说可以节约用户 30%～40%的供热制冷运行费用。

(3) 环境效益显著。

地源热泵的污染物排放，与空气源热泵相比，相当于减少 40%以上，与电供暖相比，相当于减少 70%以上，如果结合其他节能措施，节能减排效果会更明显。该装置的运行没有任何污染，可以建造在农村，没有燃烧，没有排烟，也没有废弃物，不需要堆放燃料废物的场地，且不用远距离输送热量。

(4) 应用范围广，维护简单。

地源热泵系统可供暖、制冷，还可供生活热水，一机多用，一套系统可以替换原来的锅炉加空调的两套装置或系统。在同等条件下，采用地源热泵系统的维护费用更少，使用户的投资在 3 年左右即可收回。此外，机组使用寿命长，均在 15 年以上；机组紧凑、节省空间；自动控制程度高，可无人值守。

3) 风能

风是由太阳辐射热引起的，太阳照射到地球表面，地球表面各处受热不同，产生温差，从而引起大气的对流运动。风能就是空气动能，其储量巨大、可再生性强、分布极为广泛，作为一种无污染和可再生的新能源有着巨大的发展潜力，特别是对沿海岛屿，交通不便的边远山区，地广人稀的草原牧场，以及远离电网和近期内电网还难以达到的农村、边疆，作为解决生产和生活能源的 一种可靠途径，有着十分重要的意义。

4) 沼气的综合利用

人畜粪便、农作物秸秆等有机废弃物在沼气池中经微生物发酵、分解后能产生沼气及沼渣和沼液。沼气可用于炊事、照明、发电、为塑料大棚和畜禽舍增温和保温、为蔬菜大棚提供二氧化碳气肥、点灯诱蛾、贮粮、果蔬保鲜、孵鸡、沼气热水器、沼气喷灯等。2010年中央一号文件指出：加快推进农村户用沼气、大中型沼气和集中供气工程建设，加强沼气技术创新、维护管理和配套服务。支持农村开发利用新能源，推进农林废弃物资源化、清洁化利用。推广沼气利用，可改善农村居民生活卫生条件和村容村貌，节能减排，有着很多积极的影响。

5) 秸秆气化

秸秆气化集中供气技术是指农业生产中的稻秆、油菜秆、玉米秆等秸秆在缺氧状态下通过热化学反应，将秸秆中的碳转化成可燃气体通过管网送到农户家中，供炊事、采暖燃用。在农村地区，秸秆原料的来源十分广泛，价格低廉容易取得，然而秸秆直接燃烧，能量利用率低，而且烟尘污染严重。秸秆气化产生的能源属于绿色可再生能源，面大量广，可以提高能量利用效率，减轻环境污染。

8.4.2　绿色节能建设存在的问题

(1) 缺乏长远、系统且统一的能源战略。

在能源管理上，我国缺少统筹考虑，政出多门，责任部门缺失，这不可避免地对我国能源可持续发展的有效实施增加困难和障碍，导致我国能源战略不够清晰、变动频繁。各时期的能源战略仅着眼于平衡当时的能源格局，没有顾及未来，由此导致农村基础设施能源建设缺乏明确的长远发展的指导思想，具体的节能建设工作开展较为缓慢。

(2) 政策扶持及激励措施力度不足。

我国能源立法尚以调整某一能源行业关系的能源单行法为主，缺乏全面体现能源战略和政策导向、总体调整各能源行业关系的基础性法律，且法律条文操作性、实施性差。现有的政策、法规多是理论指导，体系还不完善，缺乏相关配套的实施细则和完善的财政扶持、补贴等优惠配套政策。实践经验证明，凡是可再生能源发展较好的国家，都无一例外地和政府强有力的法律政策导向有关。

(3) 核心技术匮乏。

新能源是一个新兴的高科技产业，也是多学科的技术密集型产业。目前，我国的新能源技术整体水平不高，缺乏核心技术，成为关键核心技术和加工零部件快速发展的巨大阻力，现有成果的推广效果也一般。生物质能源，除沼气之外的应用还处于产业发展的初期，产业化和商业化的程度较低，缺乏自我维持能力。新能源产品价格较高，对于农村地区来说难以承受，推广很难。

(4) 成本高与市场狭小。

农村可再生能源基础设施投资规模的扩大受市场需求和价格的影响。当前农村可再生能源产品成本偏高，除了小水电，大多数可再生能源开发利用成本很高，再加上农村可再生能源资源分散、规模小、生产不连续等特点，在现行市场规则下与常规能源相比缺乏竞争力，抑制了市场需求和消费。产品市场的狭小又反过来影响了农村可再生能源设施成本的降低，制约投资建设和推广应用。

(5) 轻配套，疏管理。

配套服务体系的相对滞后也影响了农村可再生能源设施的建设。部分农村地区可再生能源基础设施"重建设，轻管理"的现象较为严重，使得农村可再生能源设施的效益难以发挥，影响了农民对沼气池等可再生能源项目的认可度和需求，抑制了农民投资建设的积极性。

8.4.3　绿色节能建设的相关建议

(1)完善新能源发展的制度建设。

在新能源技术上，我国会受到基础工业和高精尖技术产业发展晚、相对薄弱的制约，但在政策体制的先进性上，我国可以先于技术，为新能源技术创新的实践过程提前打造优越的发展环境。建立一套能综合考虑能源、环境、经济三者之间协调关系的新能源发展制度，研究出台操作性强、实施性好，能全面体现能源战略和政策导向、总体调整各能源行业关系的基础性法律。研究制定相关扶持政策，制定各种保障与激励制度来保证新能源产业的发展与壮大。

(2)加大财力扶持力度，依靠科技推进重点工程建设。

首先，努力优化和组合现有技术，加快成熟技术的推广，促进技术规模化应用，并由专家制定技术规范，以确保各重点工程快速稳步发展。其次，对于新技术的使用，一方面要引进欧美发达国家先进可行的技术和经验，另一方面要加快本国技术研发，把一些农村节能减排关键性和共性技术的研发列入国家高技术发展、国家科技计划等科技专项计划中，鼓励高校建设高新技术研究团队和研发基地，突破技术研究瓶颈，强化技术研究开发与成果转化。

(3)加大宣传力度，提高节能思想认识。

政府需要进一步加强科普宣传工作，通过电视、网络、广播、宣传栏、报纸、传单等灵活多样的方式进行宣传。应大力宣传国家的节能减排重大决策、节能减排脱贫致富的典型，形成领导重视、农民参与的积极氛围。让各级部门明确节能减排的紧迫性，让农民认识到节能减排的经济、社会、生态效益，增强农民节能减排的主动意识，促使他们主动参与农村基础设施节能减排重点工程建设。

(4)完善后续管理服务体系，巩固建设成果。

在加强农村节能减排基础设施重点工程建设的同时，应注意加强建成后的管护工作，尽快建立起可持续发展的长效服务机制、运行机制和网络服务框架，做到专业化施工、规范化管理、系列化服务，充分发挥各基础设施建设的最大效益，切实解除农民的后顾之忧，进一步巩固农村节能减排建设成果。

第9章 西部农村基础设施生态建设

9.1 概　　述

西部地区是一个特殊的地理单元,自然因素和人类活动长期作用形成了独特而复杂的生态环境现状。这突出表现为西部地区生态环境的脆弱性,其中高、寒、干、荒、风、沙、陡的生态脆弱区占西部地区面积的2/3以上。西部地区存在区域生态背景较差、区域环境背景较好、区域抗逆水平很差的问题。

生态背景较差主要表现在西部地区土地沙质荒漠化趋势日益严重,水土流失严重且水土流失区域差异明显。其中内蒙古、甘肃、宁夏、陕北等地以风蚀为主;青藏高原等以冻融侵蚀为主;水蚀在整个西部各省都有广泛分布,其中以黄土高原和西南地区特别是长江中下游更为集中与严重。此外西部地区水资源时空分布也很不均匀。西北各省水资源分布少,严重缺水;西南各省水资源分布多,但是水资源可利用量少,且多分布在高山、峡谷中,难以开发和利用。

西部地区区域环境背景与我国目前其他地区对比情况相对较好。这是由于我国西部地区的废水排放量、化学耗氧量、二氧化碳排放总量、烟尘排放总量以及固体废弃物排放总量较低。综合来看西部地区空气、水体、土地受污染程度较轻。但与西部地区的自然环境相结合而言,这种情况良好的环境背景也十分脆弱。

9.2　生态建设内涵

9.2.1　生态建设的相关定义

生态,通常是指生物的生活状态,是生物在一定的自然环境下生存和发展的状态,也指生物的生理特性和生活习性。简而言之,生态就是指一切生物的生存状态,以及它们内部之间和它与环境之间环环相扣的关系。

生态建设是对受人为活动干扰和破坏的生态系统进行生态恢复和重建过程,根据生态学原理进行设计,充分利用现代科学技术,充分利用生态系统的自然规律,是自然和人工的结合,以达到高效和谐,实现环境、经济、社会效益的统一。

9.2.2　生态建设的意义

(1)生态环境是农村基础设施发展的基础。

目前随着新农村建设的推广,西部将迎来新一轮的农村基础设施建设高峰。基础设施在形成的过程中需要耗费大量的资源,对这些资源的开采、建材的加工无疑需要依托于自然环境。如果毫不顾忌生态现状,粗暴简单机械地进行基础设施建设与发展,将会对西部地区脆弱的自然环境带来毁灭性的打击。生态环境是区域可持续发展密不可分的组成部分,是农村基础设施存在和发展的基础,更是基础设施布局、规划、实施等一系列活动的前提。

(2)生态背景是农村基础设施布局的支撑。

在空间表现上,生态背景可以看作农村基础设施发展的各种资源要素的组合。区域内导致经济增长及农村基础设施的各种要素与区域生态环境的各种要素总是处于一个统一体内,相互作用,相互影响。区域生态环境作为发展的自然基础和基本框架,提供了农村基础设施发展的基本空间,支撑着农村基础设施运行。

(3)生态化是农村基础设施变革的方向。

至 2020 年农村建设发展的基本目标任务如下:明显改善农村人居和生态环境,增强可持续发展能力。可持续发展在农村基础设施建设中的重要表现形式就是生态化建设。基础设施建设是新农村建设的主要内容,是振兴农村经济、增加农民收入的基础动力。基础设施的生态建设是提升农村生态系统健康水平和农村人居环境的关键环节,是新农村赖以生存发展的基本物质条件。

9.3　生态建设发展

2005 年召开的人口资源环境工作座谈会上首次提出生态文明这一概念,会后将推进生态文明教育、制定我国生态保护规划、制定生态建设相关的法律法规作为今后我国生态环境工作的重要内容,为农村基础设施的生态化建设提供了规划方向以及法律支撑。党的十八大报告中,将"生态文明建设"独立成篇进行论述,纳入社会主义现代化建设总体布局,深化生态文明体制改革,加快建立生态文明制度、资源节约利用、生态环境保护的体制机制。

农村生态系统正常运行是城市生态系统正常运行的前提,它的可持续发展是城市生态系统可持续发展的基础。农村生态基础设施是村落生态系统及农村生态环境建设的重要内容,集中体现了维护健康、完整、持续的自然生态系统的重要意义。在十八届五中全会中,生态文明建设被写进五年规划目标任务。未来预计"十三五"规划期间环保投入将增加到每年 2 万亿元左右,"十三五"规划期间社会环保总投资有望超过 17 万亿元,农村基础设施建设的环保投入也有望加强。

9.4　生态建设实施与推广

9.4.1　生态建设的实施

1. 生态建筑材料

为避免出现城市基础设施建设所暴露出的能源消耗过高、环境破坏严重、经济成本高的问题，通过正确地选用建筑材料，在保证建筑材料具有足够技术性能前提下，降低材料的经济成本和环境成本，利用各种节能技术、节能材料等，提高农村建设，实现经济适宜性，充分结合农村本身的需求和资源特性、环境特性。在实际操作中，积极使用本地材料和天然材料的建造技术是减低建筑能耗、减轻环境压力、降低建设成本的重要举措，同时可以充分利用地方资源，开发设计建筑节能新型材料的可行性及方法等。

2. 污水处理设施

集中式农村生活污水处理设施采用的处理技术主要包括塔式蚯蚓生态滤池、集中式循环增氧型生态湿地处理技术、集中式多介质型生态湿地处理技术、集中式复合生物滤池人工湿地技术、微动力净化装置-人工湿地处理模式、A/O 法生化处理-生物稳定塘处理模式、生物滤池-人工湿地处理模式、土壤处理-稳定塘处理模式等一系列技术方法。相对而言，集中式生活污水处理设施的建设运行费用是比较高的。分散式乡村生活污水处理设施采用的处理技术主要包括固定微生物人工湿地处理技术、毛细渗滤人工湿地处理技术、毛细管渗滤沟土壤处理技术、复合 SBR 处理技术、复合无动力处理技术等一系列技术方法，其工艺原理全部运用生物技术。使用分散式处理技术可有效降低设施建设成本和管网成本。

3. 中水回用技术

中水回用技术是将小区居民生活废(污)水(沐浴、盥洗、洗衣、厨房、厕所)集中处理后，达到一定的标准回用于小区的绿化浇灌、车辆冲洗、道路冲洗、家庭坐便器冲洗等，从而达到节约用水的目的。目前，中水主要存在于城市，城市污水经过收集处理，以中水的形式供应于工业或居民生活中，提高了水资源的利用效率，又能减少污水排放对环境造成的污染，已经成为城市的行之有效的第二水源。在技术方面，再生水在城市中的利用技术目前已比较成熟，不存在任何技术难题，目前的水处理技术可以将污水处理到人们所需要的水质标准。西部地区水资源相对匮乏，而农村水资源的利用可以借鉴城市的相关经验，在众多中水处理方案中选择成熟、可靠、处理成本低廉、运行管理简单、对水质水量适应性强的技术方案。

4. 垃圾收集与处理

农村垃圾应及时收集、清运，保持整洁。可沿村庄内部道路设置固体废弃物收集点，建立垃圾分类和垃圾降解装置，推广垃圾收购项目，循环利用废物。工业废弃物、家庭有毒有害垃圾宜单独收集处置。塑料等不易腐烂的包装物应定期收集。生活垃圾宜就地分类回收利用，减少集中处理垃圾量，循环利用。目前存在一种"沼气池-村填埋-镇集中处理"垃圾分类处理模式，具体过程如下。

1) 垃圾处理模式

(1) 庭院的厨余垃圾，主要包括厨房剩余物等，尽可能将大部分厨余用于禽畜饲料，剩余部分通过沼气池转化和处理，再把堆肥或生产沼气能源后的废液、废渣返还农田，部分代替化肥；这样的循环型清洁农业(有机农业)生产技术，既可减少化肥与粪肥所造成的污染，又可为生产绿色食品提供有机肥料，还可以积极发展旱厕，减少抽水马桶对大量自来水的消耗。

(2)普通垃圾如煤渣、灰渣、卫生间废纸等，集中收集存放，统一填埋处理。

(3)有害垃圾，主要是废旧电池、灯泡、各种废弃农药瓶、废弃磁带光盘、发胶罐等，需要专门收集，由镇垃圾处理厂统一处理。一些公共场所、路边、河边等设置专门人员进行清扫，打捞河道漂浮垃圾。

(4)牲口圈结合沼气池和厕所改造建设，禽畜粪尿可直接排入沼气发酵池内。分散饲养的禽畜粪便应及时收集并用密闭容器送至沼气发酵池中。

2)环卫设施布置

(1)垃圾存放场。

利用村废弃坑或低洼地设立一处固定的垃圾存放场地，建筑垃圾、清扫垃圾及生活垃圾中的炉灰渣土等，在严格剔除有毒、有害废物的前提下，单独收集，由村委会负责安排填埋及卫生管理，防止垃圾外泄、渗漏，污染土地及地下水资源。

(2)垃圾收集点。

选择交通方便又较为隐蔽的位置设置垃圾收集点，避免正对住宅院落入口。农户的垃圾由专人定时收集、清运，农村宅前屋后的卫生，由各农户自己负责。

(3)柴草、秸秆处理。

柴草、秸秆等不能占道堆放。通过改善能源供给方式，逐步取消农村柴垛，使秸秆作为养分还田，使得土壤有机质含量提高，解决了村庄火灾的隐患。

5. 雨水收集利用系统

西部地区水资源相对匮乏，雨水收集及利用技术应积极推广使用，加强水资源的再利用。雨水收集系统是将收集的雨水进行处理达到符合设计使用标准的系统。现今多数由弃流过滤系统、蓄水系统、净化系统组成。

雨水收集系统根据雨水源不同，可粗略分为两类：一是屋顶雨水。屋顶雨水相对干净，杂质、泥沙及其他污染物少，可通过弃流和简单过滤后，直接排入蓄水系统，进行处理后使用。二是地面雨水。地面的雨水杂质多，污染物源复杂，在弃流和粗略过滤后，还必须进行沉淀才能排入蓄水系统。雨水收集后可以用来供应卫生间、洗衣房、淋浴和花园，还可把雨水放入渗水池补充地下水，经过进一步处理后还可作为饮用水，在一定程度上减轻了农村给水设施的负担。为了节约用水，农村住宅的屋檐下可安装半圆形的檐沟和雨落管，用来收集屋面的雨水。

6. 生态庭院模式

村庄脏、乱、差的面貌从根本上来说是能源结构的不合理和垃圾的无序处理形成的。以沼气为纽带，采用"人居-种植-养殖-沼气"四位一体的生态家园模式，使不可再生资源科学利用，让可再生资源重复利用，从根本上改变村庄脏、乱、差的面貌，达到村容整洁目的。"四位一体"生态温室种养模式及配套技术，将自然调控与人工调控相结合，通过生物转换技术，在庭院的土地上将沼气池、猪台、温室、蔬菜有机结合在一起，形成了以土地资源为基础，以太阳能为动力，以秸秆粪便为原料，以沼气为纽带，种养结合的新型生态温室种养模式。

9.4.2　生态建设存在的问题

(1)乡镇企业排污加重农村污水处理设施负担。

随着城市环保力度加大，重污染企业的强制性关停，部分中小企业将产能转移嫁接到农村地区，同时农村个体生产作坊也在逐步发展壮大。这些都带动了农村经济的发展，但随之而来的乡镇中小企业的能耗污染却带来了农村生态环境的恶化。农村生态保护意识相对淡薄，基础设施建设水平较低，污水处理设施也不完善。高能耗、高污染、高排放的中小企业多数科技含量低，工艺落后，分布较分散，投产时少有采取环保措施，污染物直接排入土壤、水体和大气中，成为农村环境的主要污染源，由于多数企业分布在自然村落，难以集中开展污染治理。

(2)能源利用不充分。

在农村地区，能源利用主要是燃烧农作物秸秆、煤炭，液化气、沼气、太阳能等清洁能源利用率不是很高。特别是秋收季节，农村居民田间焚烧农作物秸秆现象比较普遍，农作物秸秆得不到充分利用，大量自然能源浪费，在集中生成温室气体的同时，也排放大量的烟尘，不仅白白浪费了资源，而且对空气环境造成污染。在农村地区，许多村庄农户没有沼气系统，不能将人畜粪便、农作物秸秆等有效转化为燃料、照明能源。

(3)农村环保资金来源渠道窄，投资面小。

做好农村生态环境保护和防治工作需要投入大量资金，而大部分农村的集体经济收入来源渠道少、数量小，真正投入农村生态环境保护的资金寥寥无几，使得农村的生态环境保护资金不足，导致目前村庄内环保基础设施的缺失和人力投入的有限，制约了农村生态环境保护工作开展。关于生活垃圾、废弃物处理设施和污水处理设施投入相对不足，对农村的生态环境造成了极大的破坏。

(4)农村环保法律制度的缺失。

对农村生态保护来说，有一部具有详细性、明确性、可操作性的法律法规作为指导是必不可少的。完善良好的法律制度对于生态环境保护发挥着重要的作用。我国对于生态环境保护的法律大多是针对城市环境问题而制定的，而专注农村生态环境的法律在我国的法律中很少见，即使提及但是所占篇幅非常有限，散落在各部法律法规中零碎而不成整体，缺乏职权划分和责任认定，也没有说明处理措施。这些都直接导致对农村生态化建设缺乏有力的法律保障。

(5)农民的环保意识淡薄，非政府力量参与不足。

农民的生态环保意识影响农村生态环境的维护和治理。为了追求过高的农业产量，忽略了农业资源承受能力，缺乏可持续发展的战略意识。在利用化肥、农药时过量过重，只顾眼前自身利益，忽视了长远利益，造成了对周围环境的污染。农民的生态保护意识不够，对环境污染问题认识不深刻，存在侥幸心理，构成了农村生态环境污染的潜在威胁。从国外的生态环境保护经验来看，非政府力量作为生态环境保护能发挥有力的效果，但中国农村收入普遍不高、村民意识不强，自发参与生态环境保护的宣传积极性不高。

9.4.3　生态建设的相关建议

(1)加强农村基础设施生态建设。

政府应加大对农村基础设施建设的投资力度,以城市辐射农村、工业技术处理"三废"的方式,统筹城乡环境保护,以农村 "三废"为工业企业原料,促进资源循环利用。根据各地实际情况,建设能满足各地农村生态环境保护所需要的基础设施,如在干旱或水土流失严重的地区建设抗旱排涝的沟渠等。完善环境保护基础设施建设,合理分布生活垃圾处理设施,无论是已经改造的新农村居住区还是偏远的农村都应设立合理的生活垃圾及污水处理设施。

(2)推动基础设施生态建设专业化。

国家在生态文明建设之后提出了全新的农业现代化的发展理念,是生态文明的延续。农村基础设施的建设水平是衡量农业现代化的关键指标,提高生态建设水平、建设现代农业、发展循环经济是生态文明的科学手段,在生态建设的契机中,在农村应推广绿色、清洁生产,在基础设施建设中需增加绿色科技的应用。

(3)加大生态基础设施宣传力度。

基础设施的生态化建设是新时代发展的要求,基础设施的生态建设以环境保护为基础。政府可以通过不同渠道加大保护农村生态环境的宣教力度,提高农民对农村生态环境的保护意识和认知水平。一方面可以使用于保护农村生态环境的基础设施充分发挥其应有的作用,另一方面有利于农民从行为源头上认识到恰当地处理农村生活污水和生活垃圾对保护农村生态环境的重要性,从而在根本上激发群众参与基础设施生态建设,切实保护生态环境。

(4)完善环保制度建设。

首先是农村环保法律制度方面,国家关于农村环保法律制度方面的不完善使得很多污染环境行为的治理无法可依。法律条例中缺乏关于农村环保的有利依据及环保职权划分不明确。因此国家及政府部门在关注城市环保的同时应考虑农村环保的重要性,为农村环保提供法律依据。其次,完善农村及政府部门的信息获取渠道,政府要理清环保的权责,在明确环保部门对环境实行垂直管理后,环保部门作为环境保护的行政主管部门在环境保护中拥有绝对权力,其他环保相关部门都有法定的义务配合环保部门解决环境问题。

(5)动员各方参与基础设施生态建设。

农村基础设施建设的最终目的是真正改善农民的生产生活,因此,在生态建设中应时刻以农村人民群众为主体,政府作为引导者,通过资金的扶持保证农民的基本生活需求,激发他们在基础设施生态建设中的积极性。可以挑选各方面基础工作做得比较好、群众热情度高的行政村作为示范点,召开村民大会,研究分析生态建设的成功经验,并商讨制订实施建设的计划,让农村群众有当家做主的成就感和自豪感。

第10章　西部农村基础设施建设评价

10.1　经济性评价

10.1.1　评价指标的选取

明确评价目标是进行评价的第一步，有针对地选取评价对象，然后选择评价指标，建立评价指标体系。分析评价影响因素，对评价目标进行分解，每个指标都是从不同侧面刻画被评价对象所具有某种特征或属性大小的度量。评价指标体系的建立要视具体评价问题而定，在经济评价指标选取时，除了遵循一般的原则，还要注意考虑指标的动态性与静态性，评价系统所研究的系统是具有时间属性的，对于此类系统的研究，不仅要强调动态审视，也需要静态评价，唯有如此，才能保证评价在时间维度上的全面。

1. 财务评价

评价内容与指标如表 10.1 所示。

表 10.1　财务评价指标

评价内容	基本报表	静态指标	动态指标
盈利能力分析	流量表（全部投资）	静态投资回收期	财务净现值 内部收益率 动态投资回收期
	流量表（权益资金）		
	损益表	利润率	
		利税率	
		资本金利润率	
偿债能力分析	资金来源、运用表	借款偿还期	
	资产负债表	资产负债率	
	贷款偿还分析表	流动比率	
外汇平衡能力分析	财务外汇平衡表	财务外汇平衡表	

2. 国民经济评价

1)经济效益成本比指标(EBCR)

经济效益成本比是同时间、同折现率、同单位按照一定的年限计算出的相关效益现值和相关成本现值之比，若 EBCR≥1，则项目可行，可以接受；否则说明该项目获利能力达不到相关要求，项目不可行。

2) 经济净现值指标(ENPV)

经济净现值是反映拟建项目对国民经济净贡献的绝对指标，是通过合适的社会折现率将计算期内各个年份的净效益折算到建设期初的净现值总和。若 ENPV>0，则表示项目可以得到额外的社会经济效益，若 ENPV=0，则表示成本刚好满足社会折现率的要求，若 ENPV<0，则表示项目达不到折现率要求的回报。

3) 经济内部收益率指标(EIRR)

经济内部收益率指当经济现值为零时的折现率。在国民经济分析中广泛应用，表示项目所占资源对国民经济的净贡献能力，是相对的指标。若 $EIRR>i_s$(社会折现率)，则项目占用资源对国民经济的贡献达到要求，反之则未达到要求。

10.1.2　经济评价方法

1. 财务评价

常用的财务评价方法如表 10.2 所示。

表 10.2　财务评价方法

名称	方法	特点
现金流量分析法	现金流量分析法以项目作为独立系统，反映项目在各个年份现金流入和流出活动	在项目评价前，必须准确估计各年现金流入流出量，是财务评价的基础和起点
获利性分析法	静态获利指数法	不计算资金时间价值，采用资金流量值，非折现值； 只选择某一年份的现金流量，非整个寿命期现金流量
	动态获利指数法	考虑资金时间价值； 计算整个寿命期内现金流量
财务报表分析法	财务报表分析法	根据具体财税制度和国家规定，把建设期内全部投资和投产后的费用和效益逐年计算和平衡，用报表格式反映

现金流量分析法是财务评价的基本方法之一。其内涵在于估计项目在寿命期内的现金流，再通过折现计算相关评价参数，使不同时期的效益发生额和费用发生额具有时间上的可比性，因此可在任何时点上对项目进行评价。

2. 国民经济评价

以农村交通基础设施项目为例的国民经济评价具体步骤如下。

(1) 收集、整理一系列基础数据及相关资料，如地区经济、社会发展情况等。

(2) 区别交通项目的效益和费用，并进行调整。

(3) 选择相关参数，建立评价指标体系。

(4) 选择评价方法并计算指标，编制国民经济评价相关基本报表。

在国民经济评价中常用费用效益分析法，关键在于费用与效益的识别。识别过程中判断农村交通基础设施项目是否可行的基本途径就是将项目的效益和费用比较，计算项目对国民经济的净贡献值。其中效益是项目为国民经济所作的全部贡献，费用是国民经济为获得效益而支付的代价。效益与费用不仅仅包含直接效益和直接费用，也包含间接的效益和费用，只有在全面、综合考虑效益、费用后，评价结果才具有可信性。项目评价中一些费用和收入，没有资源投入和产出，不影响社会最终产品的增减，因而不反映国民经济变化，在项目的国民经济评价中必须进行剔除或调整，如税金、补贴、国内外贷款及其还本付息等。

相关参数的选取中，主要评价参数是影子汇率、社会折现率和换算系数。影子汇率是经济换汇和节汇成本的依据。社会折现率是建设项目经济评价中普遍使用的参数，代表社会资金被占用应获得的最低收费率，是社会对资金时间价值的一种估计。社会折现率用于在进行国民经济评价时计算净现值，并作为经济内部收益率评价的基准值，是拟建项目是否可行的主要判别依据。在国民经济评价中应注意国家公布的资源换算系数、影子汇率换算系数及社会折现率来计算项目的经济成本及效益，对于占比例较大资源的市场价格严重背离价值时，应当估算其影子价格；其他资源则可直接根据国家公布标准直接确定。

10.1.3　费用效益分析评价法

财务评价理论及方法已经运用得很成熟，在此重点介绍国民经济评价的费用效益分析法。费用效益分析法基本思想是以最低的费用实现预期目标。费用就是实施某项措施或方案所消耗的全部资源，包括个人支付和社会支付。效益指满足人们需要的产出，以交通项目为例具体分析如下。

1. 农村交通基础设施项目效益量化

主要从以下八点考虑其带来的可量化的效益，其他不可量化或部分可量化的归至综合效果中进行评价，具体分析如下。

1) 农民增收的效益 R_1

$$R_1 = (P_1 - P_2) \times (Q_1 - Q_2)$$

式中，R_1——农民增收的效益；

　　　P_1、P_2——交通改善前后的农产品价格；

　　　Q_1、Q_2——交通改善前后的销售量。

2) 扩大销售区域带来的收益 R_2

$$R_2 = P \times \Delta Q$$

式中，R_2——销售区域扩大带来的收益；

　　　P——销售单价；

　　　ΔQ——销售增量。

3) 避免货物在途损失带来的收益 R_3

一般由降低的货物损坏引起的效益 R_{31} 和减少退换货带来的效益 R_{32} 组成：

$$R_{31} = a \times P_{\mathrm{g}} \times Q$$

$$R_{32} = a \times Q \times P \times L$$

式中，a——降低的农产品损失率；

P——农产品运输价格，元/(t·km)；

Q——年均农产品运送量；

L——农产品平均运距；

P_{g}——影子价格。

$$R_3 = R_{31} + R_{32}$$

4) 时间节省的效益

农村时间节省的效益应该以增产的幅度为评估的上限，而且，只有节省的是工作时间才应该定值。增加的空闲时间在农村有富余劳动力，且与产量无关时是无价值的，尽管可能具有个人或社会价值。因此农村交通基础设施项目，时间节省的效益定为 0。

5) 减少事故的效益

农村基础设施不足，道路狭窄、两侧沟渠多；线路不规则且有大量行人、牲畜、马车等易造成拥挤；场站占用，导致车辆通行不顺；农村交通工具简单且安全性低，复杂的路况容易酿成交通事故。减少事故属于一种经济效益，通过事故减少的数量及每次事故带来的损失来衡量减少事故的效益。

6) 改变交通环境的效益

农村交通基础设施的规划建设，使原本分散、无序的客流量相对集中起来，统一运送，提高了车辆运送率，同时，由于运输车辆的有组织性加强而缓解了无序的客运对交通带来的压力。特别是对农民依靠摩托车出行的单一方式得到改善，最大限度地提高客运输送能力，节约经济运行所需要的资金，由此得到的效益可以进行定性估算。

7) 增加就业的效益

农村交通基础设施得到改善后，大量的客商上门收购农产品，由此引发物流服务，务工人员需求量大大增加，带动餐饮、娱乐等消费增加，从而增加当地农民就业率，促进消费，活跃经济。由此可以估算其效益。

8) 节约其他效益

包括基础设施维修费用的节约与燃料费用的节约及其他费用的节省。随着"村村通"项目建设，越来越多的公共交通取代摩托车及三轮车，其碳排放减少，燃料节省明显。交通基础设施完善后相比原来落后、破败的基础设施，其维修养护费大大减少。由此而增加的效益为总效益。

2. 农村交通基础设施项目费用分析

1) 职工工资及保险

农村交通基础设施中的职工工资及保险包含职工工资、福利、五险一金等费用，按照当地平均工资水平及职工人数确定。

2) 固定资产折旧及摊销

固定资产折旧的计算方法主要有平均年限法、加速折旧法等，通常采用平均年限法。

但是考虑农村交通基础设施具有一定的季节性，农忙时运输效益极差，农闲或赶集时运输效益暴增，在具体计算时应结合实际确定。

3）设施设备维护费

设施设备维护费按照年营业收入或总费用的一定比例取值。

4）管理费

按照年营业收入或总费用的一定比例取值。

5）噪声、水污染、废物垃圾治理费用

按照国家及地区相关标准收取。

6）土地利用影响

低密度导向型发展模式引起的经济、社会和环境影响费用。

7）其他费用

主要包括基础设施建设运营期间所应缴纳的各种费用及税金，如营业税、城市维护建设税、教育费附加等。

总费用是在计算出效益与费用值后，计算国民经济评价指标，并结合指标评判标准来分析项目建设方案是否合理。

10.2　技术性评价

10.2.1　评价指标选取

1. 评价指标

建立评价指标体系是技术综合评价从定性走向定量的关键环节，在选取指标时要充分认识和反映农村建设技术的技术含量、技术状态、技术能力及推广前景等方面，还要注意影响农村基础设施建设技术效果方面有很多，技术的参数及技术的影响因素也很多，所以对农村基础设施建设技术的评价不能也不可能用单一的指标评价，要综合择重，建立评价指标体系一方面要全面反映各指标，另一方面评价指标要有明确的代表性、重要性；同时要注意建立的指标体系应该符合实际，具有较强的实用性和现实意义，重要的是指标值在实际中可以取得，指标体系要尽可能利用现有的统计数据和便于收集到的资料。

在主导因素限制的前提下，指标设置应少而精，简洁直观，不过分追求理论上的理想和完善，而是便于操作应用。另外，对于农村基础设施进行技术评价常常考虑的是技术的适用性，适用技术的含义是一个动态的概念，不同时期、不同地域，关注的重点不同，其评价指标的选择及指标权重也是不同的，随着时间和地域的变化，评价指标体系的使用要能够根据具体情况进行调整，具体见表 10.3。

表 10.3　基础设施建设技术评价指标

基础设施建设技术评价指标	技术先进性(A)	技术水平(A1)
		工艺成熟及技术配套程度(A2)
		施工主体设备的使用寿命(A3)
	经济合理性(B)	购买施工设备的投资(B1)
		节约资源的程度(B2)
		新型建材的使用(B3)
		节约建设的成本(B4)
		施工设备的运行费用(B5)
	运行管理(C)	运行操作的难易程度(C1)
		操作的工作环境和劳动强度(C2)
		施工设备的维修管理(C3)
		建设产品的寿命及维修(C4)
	推广前景(D)	技术使用情况(D1)
		技术依托单位的技术推广能力(D2)
	实用可行性(E)	掌握新技术所需要的时间(E1)
		技术的投资回收期(E2)
		技术对工程进度的影响(E3)
		技术的环境效益(E4)

2. 评价指标内涵

技术水平(A1)：指技术成果水平的高低，体现了技术的先进程度。

工艺成熟及技术配套程度(A2)：技术是否成熟，是否需要特殊的配套技术及配套技术是否完善。

施工主体设备的使用寿命(A3)：制约该技术使用的主体设备的使用年限。

购买施工设备的投资(B1)：购买施工设备所需要的费用。

节约资源的程度(B2)：应用该项技术进行建设对于土地、材料等资源的节省程度。

新型建材的使用(B3)：该技术对新型建筑材料的使用。

节约建设的成本(B4)：该项新技术的使用比使用其他同类技术节约的建设成本。

施工设备的运行费用(B5)：操作人员工资、燃料材料消耗费、能源消耗费、维护费用及辅助材料消耗费用等。

运行操作的难易程度(C1)：日常操作的繁简，对操作人员素质要求的高低。

操作的工作环境和劳动强度(C2)：操作人员的工作环境的好坏及操作时劳动强度的高低。

施工设备的维修管理(C3)：施工主体设备维修的难易及维修的量。

建设产品的寿命及维修(C4)：建设产品的使用年限及使用过程中维修的次数及难易程度。

技术使用情况(D1)：指已应用该技术的实际运行情况、已使用时间的长短及用户评价的好坏。

技术依托单位的技术推广能力(D2)：技术依托单位对推广应用后继续提供各类技术服务的能力。

掌握新技术所需要的时间(E1)：在建设的过程中管理、施工及设备操作人员掌握技术所需要的时间。

技术的投资回收期(E2)：投资该技术的资金的回收年限。

技术对工程进度的影响(E3)：对减轻建筑物重量、缩短工期、改善结构的耐久性、提高施工质量等方面的改进。

技术的环境效益(E4)：施工过程中产生的建筑垃圾、污水及噪声等。

10.2.2　农村基础设施技术评价模型

定性指标的量化一直是一个难以克服的问题，目前，没有一种能够彻底解决定性指标量化的有效方法，但在量化模型中定性指标是必须用量化的形式表现的，在实践中为实现定性指标的量化，通常是先给定性指标以明确定义，再给指标评分作为该指标的值，所用到的方法有很多，如专家打分法、模糊方法、AHP 法等，也经常将这些方法综合使用。由于所选技术评价指标大部分是软指标，在此，采用专家打分法对各指标进行量化，具体见表 10.4。

表 10.4　基础设施打分标准

准则指标	评价指标	指标分级			
		一级 (90～100 分)	二级 (75～90 分)	三级 (60～75 分)	四级 (45～60 分)
技术先进性	技术水平	先进水平	领先水平	一般水平	落后水平
	工艺成熟及技术配套程度	工艺成熟,配套技术完善或不需配套技术	工艺成熟,配套技术基本完善	工艺成熟,配套技术尚不完善	配套技术不完善或需要特殊配套技术
	主体设备的使用寿命	10 年以上	7～10 年	4～7 年	4 年以下
经济合理性	购买施工设备的投资	投资很少	适度,投资较少	一般	投资较大
	节约资源的程度	节省很多土地或材料	稍微节省土地或建筑材料	一般	不节省
	新型建材的使用	使用多种新型的建材	采用几种新建材	采用一两种新建材	没有采用新建材
	节约的成本建设	很多	较多	一般	不节约
	施工设备的运行费用	很低	较低	一般	较高

准则指标	评价指标	指标分级			
		一级 (90~100分)	二级 (75~90分)	三级 (60~75分)	四级 (45~60分)
运行管理	运行操作的难易程度	操作容易,对操作人员技术要求不高	操作容易,对操作人员有一定的技术要求	操作稍难,需要对操作人员进行培训	操作难度较大,需要专业人员操作
	操作的工作环境和劳动强度	环境很好,劳动强度小	环境好,劳动强度较小	环境一般,劳动强度一般	环境差或劳动强度大
	施工设备的维修管理	维修容易,维修量非常小	维修容易,维修量较小	需要专门人员维修,维修量一般	需要专门人员维修,维修量大
	建设产品的寿命及维修	使用寿命长,维修量小	使用寿命较长,维修量小	一般	使用期短,需要维修
推广前景	技术使用的情况	技术使用数量多	技术使用相当数量	技术使用数量较少	几乎没有技术使用实例
	技术依托单位的技术推广能力	推广能力很强	推广能力稍强	推广能力一般	推广能力差
实用可行性	掌握新技术所需要的时间	小于1年	1~1.5年	1.5~2年	2年以上
	技术的投资回收期	小于3年	3~5年	5~6年	6年以上
	技术对工程进度的影响	显著缩短工期	明显缩短工期	缩短一定工期	对工期无影响
	技术的环境效益	建筑垃圾、污水少,噪声小	建筑垃圾、污水较少,噪声较小	一般	建筑垃圾、污水较多,噪声大

　　一般在进行技术评价的过程中,先将上述指标按成本型和效益型分类,将每个专家对该指标的打分,按照公式进行无量化处理,并按总评价计算模型进行计算综合评价得分。在具体的评价过程中,指标的得分,对于硬指标可以在标准的分值区间内,采用内插或者其他的函数法来确定;对于软指标,可根据对技术的了解,需要专家根据经验确定出一个合理的分值。

　　在指标的打分及指标权重确定之后,根据评价的模型计算评价结果,站在应用的角度对技术进行综合的评价,希望该技术整体是适用的,因此选择线性评价模型作为技术的评价模型常用的评价模型:

$$y = \sum_{j=1}^{m} w_j x_j$$

10.3 生态性评价

10.3.1 评价指标的选取

　　建立基础设施系统生态化程度评价体系的目的是为基础设施系统生态化服务,包括为制定理想状态的基础设施技术标准提供依据;为衡量地区的基础设施系统生态化的现状水平提供准绳；为分析现状水平与理想状态的差距、判断基础设施系统生态化发展到何种阶段提供标尺；运用得出的数据结果为未来的基础设施系统建设或生态规划作出指导。这里为了以更客观、全面、发展的眼光来考察基础设施的生态化程度，采取三维评价体系，包括以下三个维度。

（1）系统状态维：评价一个系统各个层面的当前水平，包括总体水平、各子系统水平及各子系统要素水平等。这部分评价主要考察系统状态的"达标性"，即系统与理想值的差距，是一种以"数"为衡量值的、较为客观的评价。

（2）区域水平维：评价一个系统在区域中所处的地位，用生态学的术语来说即"区域生态维"。观察系统对所处区域的作用，是引领还是制约作用。

（3）发展轨迹维：评价系统的演替方向和发展程度，观察系统的变化情况，即系统处于退化还是进化。该评价对调整系统的发展方向、改进政策措施非常有意义。既是一种基于时间轴的持续性评价，也是一种对人为干预的影响效果评价。

具体评价指标如表 10.5 所示。

表 10.5　评价指标

总体层	维度层	系统层	目标层	指标层	单位
基础设施生态性程度	基础设施系统状态（A）	能源供应系统（A1）	能源供应充足（C1）	燃气民用普及率（C11）	%
				人均居民生活用电量（C12）	kW·h/(人×a)
			能源利用高效（C2）	单位 GDP 能耗（C21）	t 标煤/万元
			能源结构先进（C3）	清洁能源比例（C31）	%
		给水排水系统（A2）	饮用水质提高（D1）	集中式饮用水水源水质达标率（D11）	%
			水利用率提高（D2）	单位 GDP 水耗（D21）	m³/万元
				工业用水重复率（D22）	%
			污水处理完全（D3）	污水处理达标率（D31）	%
		交通运输系统（A3）	交通网络完善（E1）	人均道路面积（E11）	m²/人
			物流运转高效（E2）	主干道平均车速（E21）	km/h
			交通设施优化（E3）	道路绿地率（E31）	%
		电力通信系统（A4）	电信设施普及（F1）	电话普及率（F11）	部/百人
			运作效益提高（F2）	电信用户平均电信业务量（F21）	元/户
			信息传递发达（F3）	千人国际互联网用户（F31）	户/千人
		环境卫生系统（A5）	环境卫生清洁（G1）	大气环境质量（G11）	
				水环境质量达标率（G12）	%
				噪声达标区覆盖率（G13）	%
				农村生活垃圾无害化处理率（G14）	%
			回收利用增加（G2）	固体废弃物处理利用率（G21）	%

总体层	维度层	系统层	目标层	指标层	单位
基础设施生态性程度	基础设施系统区域水平（B）	区域平级系统（B1）	地位作用先进（H1）	系统状态（A）评价得分在区域中的排名（H11）	
				清洁能源向区外输出比例（H12）	%
		区域相关系统（B2）	发展能力协调（H2）	环保产业比例（H21）	%
				生态意识普及率（H22）	%
				农村基础设施投资占GDP比例（H23）	%
				基础设施从业人员比例（H24）	%
	基础设施系统发展轨迹（C）	发展轨迹系统（C1）	系统整体进化（I1）	系统状态（A）评价得分的时间变化率（I11）	%

10.3.2　模型的建立

三维评价体系从"状态点、区域面、时间轴"三方面评价农村基础设施生态化程度。将这三方面综合在三维立体坐标系中，如图 10.1 所示。

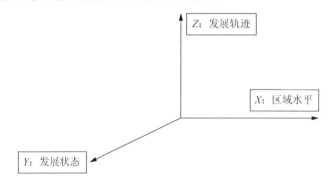

图 10.1　三维立体坐标体系

三维评价体系总体评价结果是三个维度评价值的立体叠合。"X""Y""Z"值同为正值，即区域水平领先、发展状态良好、发展轨迹进化时，基础设施系统生态化程度为"优"，各正值越大，本系统的生态化程度越好。以上的三维评价体系转换成平面结构如表 10.6 所示。

表 10.6　三维评价体系平面结构

基础设施生态化程度评价	评价维度	权重
	区域水平（X）	i_1
	发展状态（Y）	i_2
	发展轨迹（Z）	i_3
综合评价结果	$P=X\times i_1+Y\times i_2+Z\times i_3$	

其中 X 为基准评价值，Y、Z 为附加评价值，总评价值为各自取权重后的叠加。在对指标进行评价时，应参考相应标准进行打分，符合标准的相应加分，不合格的根据指定方法进行扣分，最终得出综合得分。

10.4　社会效益评价

10.4.1　评价指标选取

农村基础设施项目的建设涉及许多因素，根据上述评价原则和特点，以及项目建设过程中产生的影响，按照逐层分解的设计方法，构建农村基础设施项目社会评价指标体系，分为 5 大类 25 个指标。

(1)政策因素。这是社会评论的基础因素，基础设施项目的建设要符合国家、农村的发展需要，与经济发展程度相协调。只有符合宏观的经济政策才能保证项目与农村的协调发展及项目经济效益、社会效益的发挥。用以下三个指标来反映：符合国家政策方针程度、符合农村发展需求程度、符合地区经济发展程度。

(2)社会经济影响。农村基础设施项目的建设对农村的社会经济产生各种有利或不利的影响，主要通过以下三个指标来体现。

① 就业效果。基础设施建设后，对就业产生的影响，用直接就业效益和间接就业效益来表示。

② 收入分配效果。指项目建成后对收入分配的影响，检验项目收益分配在国家、地方、个人间的收益分配比例是否合理。

③ 促进地区经济发展。农村基础设施项目的建设将对所在地区的经济产生影响，这种影响是多方面的，有的可以定量计算，按有无项目对比分析，有的只能定性描述。

(3)社会环境影响。项目建成时对农村社会环境产生的影响，主要表现在以下六个方面：对农村人口的影响；对农村居住条件的影响；交通运输条件的改善；文化教育发展系数；生活质量提高系数；对农村减灾的影响。

(4)自然资源影响。项目对自然资源的影响用下列指标表示：美化自然环境程度；对农村自然气候的影响；土地占用系数；节约资源程度。

(5)其他因素。除了以上各方面的影响，还有对提高国家国际威望的影响，地方政府对项目的支持程度。

评价指标体系如表 10.7。

表 10.7　评价指标体系

目标层	影响因素	指标	分指标
农村基础设施社会评价指标体系	政策因素(A)	符合国家政策方针程度(A1)	
		符合农村发展需求程度(A2)	
		符合地区经济发展程度(A3)	

续表

目标层	影响因素	指标	分指标
农村基础设施社会评价指标体系	社会经济(B)	就业效果(B1)	直接就业效益(B11)
			间接就业效益(B12)
		收入分配效果(B2)	国家收入分配比例(B21)
			地方收益分配比例(B22)
			个人收益分配比例(B23)
		促进地区经济发展(B3)	产业结构合理程度(B31)
			社会经济发展系数(B32)
			财政收入增长系数(B33)
			农民收入增长系数(B34)
	社会环境(C)	对农村人口的影响(C1)	对控制人口的影响(C11)
			人口迁移率(C12)
		对农村居住条件的影响(C2)	
		交通运输条件的改善(C3)	
		文化教育发展系数(C4)	
		生活质量提高系数(C5)	
		对农村减灾的影响(C6)	
	自然资源(D)	美化自然环境程度(D1)	
		对农村自然气候的影响(D2)	
		土地占用系数(D3)	
		节约资源程度(D4)	
	其他(E)	对提高国家国际威望的影响(E1)	
		地方政府对项目的支持程度(E2)	

10.4.2　模型的建立

1. 社会评价模型特点

(1)重在人文分析。项目的财务、经济评价以研究项目的财务经济状况为目的，以项目为中心进行分析，而农村基础设施建设是为人类的生产生活提供服务的，因而其社会评价以人为中心，研究项目全过程与有关群体的协调关系，从而促进项目的持续性及社会经济协调、人类的不断进步。

(2)多层次性。社会评价研究项目对社会产生的影响，这种影响是针对国家、地区、当地社区各层次的社会发展目标以及各层次的社会政策为基础展开的。各个层次的发展目标是各不相同的，因此社会评价有国家层次的宏观分析、地区发展目标的中观层次，以及农村社区发展的微观层面的特点。

(3)多指标性。财务评价主要分析项目的财务状况，经济评价主要分析项目对国民经济的增长贡献。社会评价涉及国家、地区、社区各个层次不同的发展目标，以及对社会各方面的影响，故属于多指标评价。

(4) 难以量化。影响项目的社会因素多种多样，有的可以计量，有的不能计量，如对社会稳定的影响、对社会环境的影响等，相对于财务、经济评价来说，社会评价多数指标难以量化。

2. 综合社会评价指标计算

综合社会评价的以上特点，社会评价常采用定性与定量评价相结合的方法，各评价指标计算方法如下。

(1) 政策因素，包含的三个指标都是定性指标，指标值可通过社会和统计分析调查和统计分析得到。

(2) 社会经济。

直接就业效益=项目新增就业人数/项目总投资；

间接就业效益=相关项目间接就业人数/相关项目总投资；

国家收入分配比例=项目上缴国家的收益/项目的总收益；

地方收益分配比例=项目上缴地方的收益/项目的总收益；

个人收益分配比例=个人收益/项目的总收益。

收入分配效果这三个指标之和等于 1，表示项目收益在国家、地方、个人之间的分配比例。

社会经济发展系数=有项目时农业总产值/无项目时农业总产值；

财政收入增长系数=有项目时财政收入增长速度/无项目时财政收入增长速度；

农民收入增长系数=有项目时农民收入增长速度/无项目时农民收入增长速度；

科技进步增长系数=有项目时科技进步速度/无项目时科技进步速度。

(3) 社会环境。

人口迁移率=迁移人数/项目总投资；

文化教育发展系数=有项目时在校学生占人口比例/无项目时在校学生占人口比例；

生活质量提高系数=有项目时农民生活消费额增长速度/无项目时农民生活消费额增长速度；

对农村减灾的影响等定量指标可根据含义计算，定性指标可通过调查得到。

(4) 自然资源。

土地占用系数=项目土地占用量/项目总投资；

节约资源程度=(计划占用资源数量 − 实际占用资源数量)/计划占用资源数量。

对指标进行化简时可以通过 Delphi 法，也可以通过定量方法化简，如主成分分析法。指标权重反映了各指标在指标体系中的相对重要性，一般常用方法有 Delphi 法、层次分析法等。采用线性评价模型对各项指标进行综合，得到评价结果。

10.5　可持续发展潜力评价

10.5.1　评价指标的选取

评价体系中，环境类因子(A)包括生态污染(A1)、废弃物污染(A2)、水污染(A3)、空气污染(A4)和噪声污染(A5)5个分项指标；资源类因子(B)包括能源(B1)、水资源(B2)、土地资源(B3)和建筑材料(B4)4个分项指标；经济类因子(C)包括前期费用(C1)、中期费用(C2)及后期费用(C3)3个分项指标，各分项指标下包含若干子项，具体指标如表10.8所示。

表 10.8　评价指标

目标	影响因素	一级子因素	二级子因素
农村基础设施可持续建设	环境(A)	生态污染(A1)	场地土壤环境影响(A11)
			对周边区域生态安全影响(A12)
		废弃物污染(A2)	分类收集(A21)
			资源化利用(A22)
			无害化处理(A23)
			低污染运输(A24)
		水污染(A3)	再生利用(A31)
			污水处理(A32)
			有组织排放(A33)
		空气污染(A4)	粉尘及颗粒(A41)
			有害气体(A42)
			异味气体(A43)
		噪声污染(A5)	噪声强度(A51)
			噪声持续性(A52)
			降噪措施(A53)
	资源(B)	能源(B1)	能源优化(B11)
			能源利用率(B12)
			清洁和再生能源使用比例(B13)
		水资源(B2)	用水规划及控制(B21)
			雨水合理利用(B22)
			中水处理(B23)
			节水意识(B24)
		土地资源(B3)	土地生态承载能力(B31)
			土地使用效率(B32)

续表

目标	影响因素	一级子因素	二级子因素
农村基础设施可持续建设	资源(B)	建筑材料(B4)	建材 CO_2 排放量(B41)
			建材回收利用率(B42)
			建材减量使用(B43)
			有害建材使用比例(B44)
			建材技术性能(B45)
	经济(C)	前期费用(C1)	建造费用(C11)
		中期费用(C2)	运转费用(C21)
			维护费用(C22)
			环境污染治理费用(C23)
		后期费用(C3)	回收费用(C31)

10.5.2 模型的建立

该模型的建立基础为效益理论和平衡理论，综合考虑两者，得到复合效益。目标是根据前述评价体系，采用协调发展模型进行系统内环境、资源和经济三因素间协调性的描述与评价。具体评价过程如下。

(1) AHP 法确定权重。

采用 AHP 法确定的各分项指标相对权重值。

(2) 各因素特征向量的确定。

根据农村基础设施建设的调研情况，确定环境、资源和经济等各因素特征向量。各因素状态等级均为优秀、良好、中等和差，对应估值分别为 1.00、0.75、0.50 和 0.25。

(3) 各因素发展水平值的计算。

运用综合评价函数，计算各因素发展水平值。各因素综合评价函数如下：

$$f(q) = \sum_{i=1}^{m} a_i q_i$$

式中，$f(q)$ 为当 q 取值为 x、y、z 时，分别指环境、资源及经济发展水平函数；q_i 为当 q 取值为 x、y、z 时，分别指环境、资源及经济特征向量值；a_i 为各个特征指标中分项指标间权重。

(4) 协调度的计算。

考虑环境、资源在农村基础设施建设过程中存在变化的同向性，因此将两者进行整合，得到关于环境-资源、经济的协调度模型如下：

$$C = \left\{ \frac{\left[m \cdot f(x) + n \cdot f(y) \right] \times f(z)}{\left[\dfrac{\left[m \cdot f(x) + n \cdot f(y) \right] \times f(z)}{2} \right]^2} \right\}^K$$

式中，C 为协调度；m、n 为环境与资源间的相对权重，其中 $m = 0.35$，$n = 0.65$；K 为调节系数，此处 $K = 2$。

(5)环境-资源、经济综合评价指数的计算。

$$T = \alpha \cdot \left[m \cdot f(x) + n \cdot f(y) \right] + \beta \cdot f(z)$$

式中，T 为环境-资源、经济综合评价指数，反映环境-资源-经济整体效益；α、β 为环境-资源复合发展水平与经济发展水平间的相对权重，其中 $\alpha = 0.6$，$\beta = 0.4$。

(6)协调发展度的计算。

协调发展度计算式如下：

$$D = \sqrt{C \cdot T}$$

式中，D 为协调发展度；C 为协调度；T 为综合评价指数。

(7)协调度及协调发展度的评价。

协调度 C、协调发展度 D 评定的依据见表 10.9。

表 10.9　协调度等级

得分	0.00～0.39	0.40～0.49	0.50～0.59	0.60～0.69	0.70～0.79	0.80～0.89	0.90～1.00
C	失调	濒临失调	勉强协调	初级协调	中等协调	良好协调	优质协调
D	不协调		勉强协调	初级协调	中等协调	良好协调	优质协调

根据以上步骤计算出协调度以及协调发展度，将协调发展模型引入农村基础设施可持续建设的评价中，通过评定建设过程中环境、资源和经济等三因素间的协调度、协调发展度，分析农村基础设施建设的协调状态以及协调发展的潜力，为建设者提供建设行为对环境、资源影响的借鉴，最终实现农村基础设施建设的可持续发展。

第三篇 建设实施部分

第11章 道路工程

11.1 概 述

11.1.1 西部农村道路作用

(1)增加农民收入。随着近几年农村道路的逐渐改善,农民群众的出行越来越便利和灵活,促进了信息的交流与传播,打破了农村地区的自然封闭状态,使农村的自然产物和农副产品进入流通领域,增加了农民收入。

(2)转变农村现代生活方式。农村道路的发展,改善了农村的运输条件及投资环境,促进了农村的生产发展,加快了农村信息的传播和对外的交流,改变了传统生活方式及观念,改善农村的居住环境,促使乡村生活向现代城镇生活转变。

(3)调整农村产业结构。便利的农村交通条件,缩短了城乡距离,打破了农村传统的流通模式,促使不同地区间的信息及物资交流,推动传统农业向生态农业、绿色旅游农业、农副产品加工业的转变及发展,深入地挖掘农村市场,有效促进农村经济产业结构的调整。

(4)完善我国交通运输体系。农村道路作为运输方式的基础网格,是便捷、畅通、高效、安全的交通运输体系的重要组成部分,西部农村路网和运输服务体系起点较低,高速公路及国省干线公路规模效益的发挥也依赖于农村道路的协调配置,所以农村道路的规划及建设是建立城乡协调、结构合理、质量稳固、功能完善的道路网及运输服务体系的重点。

11.1.2 西部农村道路特点

(1)不能充分满足村民出行需要。近几年经过各级政府及农村群众的努力,西部地区的农村道路有了较快发展,但整体而言,其发展仍处于初级阶段。由于地区发展的不平衡,部分地区农村道路的交通服务水平还较低,在一定程度上制约了农民群众的生产和消费,限制了农村市场的开拓。

(2)道路级别较低。由于大部分农村道路的交通运输量较小,行驶车辆多为体积及载重较小的机动车,对于村庄的接外道路和村内主干道路,目前多为沥青路面及水泥硬化路面,这些路面的等级通常在三级或三级以下标准,达到二级或二级以上的较少。

(3)道路的使用周期较短。道路作为出行交通工具的载体,由于早期修筑标准的制约,外加经济增长造成村民出行频率的提高,农村道路所受到的破坏程度越来越严重,而且各地农村道路管理养护体制缺失,"有路必养,养必到位"的目标仍不能落实到位,造成道路使用周期的缩减。

(4)道路的发展受资金及相关政策的约束。农村道路是实现村落之间相互联系的纽带，同时农村道路分布广、数量多、通达程度广泛，在村民的日常生活中占据重要的作用，由于资金及相关政策的制约，道路网的发展受到很大程度的制约，给农民群众的出行造成一定的困扰。

11.2　路　基　工　程

11.2.1　路基分类

按路基横断面的形式对路基进行分类，常见的路基类型有三种，即路堤、路堑和半填半挖路基。

1. 路堤

路堤是指高于原地面且全部用岩土填筑而成的填方路基，常见的有矮路堤、高路堤、一般路堤、浸水路堤、护脚路堤、挖沟填筑路堤，如图 11.1 所示。

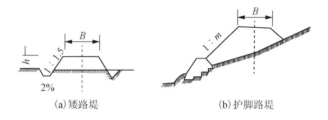

(a)矮路堤　　　　　　　　　　(b)护脚路堤

图 11.1　常见的路堤断面形式

2. 路堑

路堑是指低于原地面且全部在原地面开挖而成的填方路基，常见的有全挖式路基、台口式路基、半山洞式路基，如图 11.2 所示。

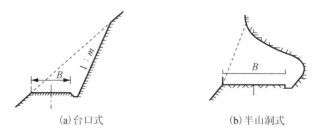

(a)台口式　　　　　　　　　　(b)半山洞式

图 11.2　路堑常见的断面形式

3. 半挖半填路基

当原地面横坡大，且路基较宽，需要一侧开挖另一侧填筑时，为半填半挖路基。在丘陵或山区公路上，半填半挖路基是路基横断面的主要形式，如图 11.3 所示。

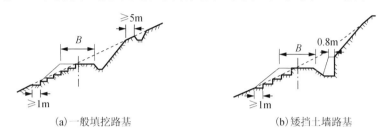

（a）一般填挖路基　　　　　　　　　　　　　（b）矮挡土墙路基

图 11.3　半填半挖路基常见的横断面形式

路基高度的设计，要考虑地下水、毛细水的作用，不致影响路基的强度和稳定性，一般应使路肩边缘高出路基两侧地面积水高度。路基边坡坡率一般应取 1∶1.5。

11.2.2　路基施工

1. 路基施工特点

1）施工难度较大

在修筑农村道路时一般采用就地取材的方式，所用机械设备的体积及载重较小，基本操作多是挖、运、填，采用的施工条件较简单，涉及的施工方法难度较低，同时由于路基的施工常需要将各种复杂多变的地质、地形条件考虑在内，施工技术的选择受到较多因素的影响，相对于其他工程，路基施工中出现的难题多且施工难度大。

2）路基施工工作量大

在路基工程的施工中，开挖土石方、场地清理、布土摊平、冬季及雨季施工等工程项目种类繁多，各项目对路基最终质量影响较大，在施工中应注意各项目施工指标的检测及控制。此外，在施工现场需要多个工种的协调配合，施工管理难度大。尤其在山区及丘陵地带，工程量增加显著。

3）路基影响因素多

路基施工处于露天作业，受自然条件影响大，设计变更较多，质量进度较难控制；在工程施工区域内的专业类型多，结构物多，各专业管线纵横交错；专业之间配合工作多，干扰性多，导致施工变化多。例如，因为地形的因素，施工中设计很容易发生变化，或受气候等条件的影响，施工的质量很难控制，再加上路基的缺陷很难修复，使得路基施工变数大。

4）施工质量要求高

路基质量关系着整体质量以及使用寿命，并且质量缺陷修复难、时间长，损失严重，不良影响大。为保证路基质量，避免路基结构在荷载以及自然作用下整体失稳，发生变形或破坏，必须采取相应的措施来保护路基整体结构稳定性；为防止路基在地下水或地面水作用下强度降低，必须保证路基具有水温稳定性。

2. 路基施工流程及施工要点

1)路基施工流程

路基施工的一般工艺流程图如图 11.4 所示。

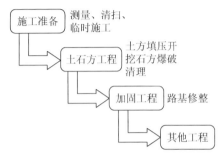

图 11.4　路基施工的工艺流程图

2)路基施工要点

(1)合理处理路堤基底。清除路基基底的树根、草皮及其他杂物，清除后对基地进行压实，压实度应在规定的范围内。对于深耕地段的路基基底，应将土翻松、打碎、整平、压实。经过水田池塘、洼地时，根据具体情况采用排水疏干、换填、抛石挤淤等处理措施，确保路堤的基底具有足够的稳定性。

(2)土方路基填筑。

① 填土路基。

当原地面标高低于设计路基标高时，需要填筑土方。其施工主要注意：排除原地面积水，清除树根、杂草、淤泥等，妥善处理坟坑、井穴、树根坑坑槽，分层填实至原地面高；填方段内应找平，当地面坡度陡于 1∶5 时，需要修成台阶形式，每层台阶高度不宜大于 300 mm，宽度不应小于 1.0 m；根据测量中心线桩和下坡脚桩，分层填土、压实；碾压前检查表铺筑土层的宽度和厚度，合格后即可碾压，碾压"先重后轻"，最后碾压应采用不小于 12t 级的压路机；填方高度内的管涵顶面填土 500 mm 以上才能用压路机碾压；路基填方高度应按设计标高增加预沉量值。填土至最后一层时，应按设计断面、高程控制填土厚度并及时碾压修整。

② 挖土路基。

当路基设计标高低于原地面标高时，需要挖土成型。其施工主要注意：路基施工前，应将现况地面上积水排除，进行技术处理；根据中线和边桩自上而下分层开挖，严禁掏洞开挖。机械开挖时，必须避开构筑物、管线，在距管道边 1 m 范围内应采用人工开挖；在距直埋缆线 2 m 范围内必须采用人工开挖。挖方段不得超挖；压路机不小于 12 t 级，碾压应自路两边向路中心进行，直至表面无明显痕迹；碾压时，应视土的干湿程度而采取洒水或换土、晾晒等措施；过街雨水支管沟槽及检查井周围应用石灰土或石灰粉煤灰砂砾填实。

③ 石方路基。

石方路基施工需要注意：修筑填实路堤应清理地表，先码砌边部，逐层水平填筑石料，确保边坡稳定；先修筑试验段，以确保松铺厚度、压实机具组合、压实遍数及沉降差等施工参数；填实路堤宜选用 12 t 以上的振动压路机、25 t 以上轮胎压路机或 2.5 t 的夯锤压实；路基范围内管线、构筑物四周的沟槽宜回填土料。

(3)路堤压实。

① 土方路堤的压实。施工时每填料做一次重型击实试验，准确掌握最佳含水量及最大干容重等控制参数。施工现场必须配备洒水车控制含水量。采用灌砂法检测压实度，压实度检测合格并经监理工程师验收后，方可进行下一层的填筑。

② 石方及土石混填路堤的压实。石方及土方混合料填筑时，必须严格控制石料的最大粒径及松铺厚度，用推土机和平地机整出一个较密实平整工作面。填石孔隙要用小石料和石屑人工填满铺平，填料不得离析。碾压过程中，用小石料或石屑填隙，直到重轮下石料不出现松动，表面均匀平整，一般需要碾压一遍。

11.2.3　路基图例

路基图例如表 11.1 所示。

表 11.1　路基图例一览表

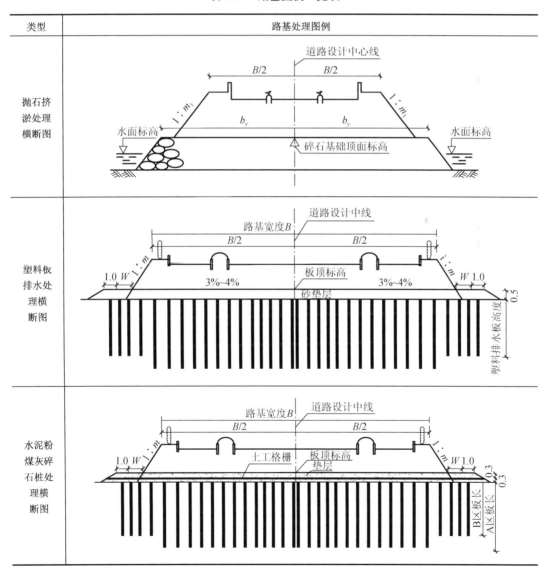

续表

类型	路基处理图例
料粒桩处理横断图	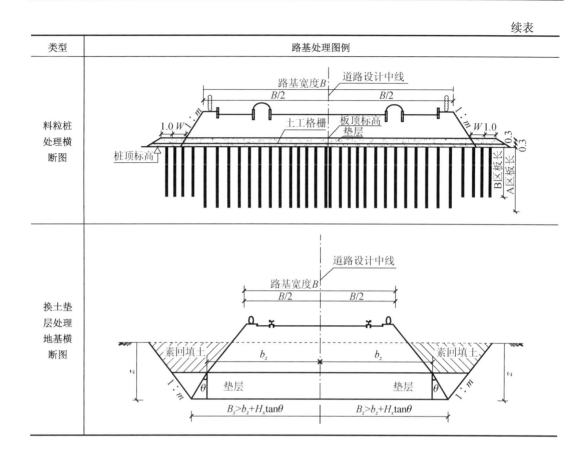
换土垫层处理地基横断图	

11.3　路 面 工 程

11.3.1　路面分类

1. 沥青路面

沥青路面在外荷载的作用下弯沉变形较大、抗弯强度较小，在反复荷载作用下产生累积变形，故又称柔性路面。沥青路面与其他路面相比具有施工方便、工期短、路面平整无接缝、行车方便、噪声小等优点，故广泛适应于各级公路。

2. 水泥混凝土路面

与其他材料相比，水泥混凝土路面在行车荷载作用下产生板体作用，抗弯拉强度大，弯沉变形小，呈现较大的刚性，所以又称刚性路面。根据需求和道路重要性，水泥混凝土路面可以分为素混凝土、一般配筋混凝土、预应力混凝土和纤维混凝土路面。水泥混凝土道路一旦建成，具有维护费用少、寿命长、耐久性好、承载能力大等优点，故水泥混凝土道路可以应用于交通要道和重型车辆通道，但与沥青路面相比具有噪声大、排水不便、行车舒适度不佳等缺点。

3. 碎石路面

通过机械碾压把碎石按照挤嵌原理铺压而成的路面称为碎石路面。碎石路面整齐度差,易扬尘,雨雪天路面湿滑;但其初期投资不高,易于取材,施工技术要求不高,常用于西部农村道路的铺设。其结构强度依靠石料颗粒锁结作用以及灌浆材料的黏结作用。碎石路面的主要施工方法分为灌浆法、拌和法等。

11.3.2 路面施工

在西部农村中,较常见的是沥青路面、普通水泥混凝土路面和级配碎(砾)石路面,见图 11.5~图 11.7。

图 11.5 沥青路面　　　　图 11.6 普通水泥混凝土路面　　　　图 11.7 碎(砾)石路面

路面工程施工包括路面底基层施工和路面面层施工两个部分,主要采用的机械有推土机、铲运机、单斗挖掘机、压路机和装载机。根据路面形式不同,会有不同的施工方法,下面将进行分类介绍。

1. 路面基层施工技术

1)路面基层分类

根据路面基层所采用的材料不同,可以分为级配碎石类基层、工业废渣基层、水泥稳定土基层、石灰稳定土基层和综合稳定土基层。路面基层的厚度应>150 mm。路面基层的主要施工方法分为路拌法和中心站集中拌和法。路拌法指的是采用人工或利用拖拉机(带铧犁)或稳定土拌和机在路上(路槽中)或沿线就地拌和混合料的施工方法。路拌法施工仅适用于二级及二级以下的公路,其中二级公路应采用稳定土拌和机制备混合料。

2)路面基层的主要施工顺序

路面基层的主要施工顺序见图 11.8。

3)施工质量控制及注意事项

路面基层应该在一年内铺筑完成,以保证路面的质量。路面基层应该平整,无泌水现象。如果是在旧路基基础上改造的路面,应该对旧路基修补清扫以确保路面的质量。如果路面是柔性路面,路面基层应采用半刚性基层。

2. 水泥混凝土路面施工

水泥混凝土路面是指以水泥混凝土为主要材料作为面层的路面，简称混凝土路面，也称刚性路面，俗称白色路面，它是一种高级路面。通过抗弯作用将车辆荷载传递到路基上。水泥混凝土路面具有很多优点，如刚性大、承载能力强；维护费用少；耐久性能优越；较强的耐水性，适合降雨量较大的地区，如盆地地区和山地地区。但在行车舒适度和噪声控制方面应得到加强。

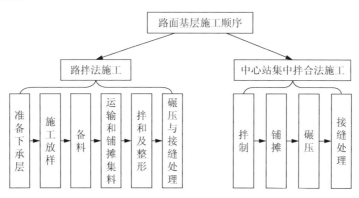

图 11.8　路面基层施工顺序

1）施工准备

（1）根据道路的等级和施工条件确定相应的施工机械和施工工艺，并作出施工组织计划。目前的摊铺机械主要有滑膜机械铺筑、三辊轴机组铺筑和小型机具铺筑。根据工期、施工人员和施工机械的现场情况作出施工组织计划。

（2）准备施工材料并对其质量进行现场检测记录，检测施工机械。

（3）检测路面基层的强度、密度和尺寸，并进行校对和修整。

（4）施工放样。施工放样是施工准备中非常重要的一步，它影响甚至决定施工质量是否符合设计要求。

（5）确定混凝土的配合比并根据施工环境确定添加剂和掺合料。

2）水泥路面施工要点

水泥路面施工时按照所选用的铺筑机械不同大致分为滑膜机械铺筑、三辊轴机组铺筑和小型机具铺筑。滑膜机械铺筑是施工质量最高、速度最快的现代化成熟施工技术，适合一级和高速混凝土路面施工；三辊轴机组铺筑机械化程度低、投入较少、技术较易掌握，非常适合县、村级公路的铺筑；小型机具铺筑是最传统的水泥路面施工方法，施工技术简单成熟，但需要大量的人力投入，且施工质量不易控制，所以逐渐被三辊轴机组铺筑技术代替。因此，本书将着重介绍三辊轴机组铺筑法，如图 11.9 和图 11.10 所示。

三辊轴机组铺筑的配套机械有三辊轴整平机、振捣机、拉杆插入机、辅助设备和搅拌机。其施工步骤主要是布料、卸料→密排振实→拉杆安装→补料→三辊轴整平→平面精饰→沟缝处理。

图 11.9　三辊轴机组整平机工作图

图 11.10　三辊轴机组工作画面

3. 沥青路面施工

沥青路面作为柔性路面，是通过各种方式将沥青材料作为矿料的结合料，经铺筑后形成路面面层，并与其他各类基层和垫层共同组成的路面结构的统称。在西部农村，沥青路面主要用于县道、交通量较大的乡道和部分村庄的主干道，具有表面平整、无接缝、行车舒适、耐磨、噪声低等优点。但沥青路面受热易软化，防水性能不稳定，所以处于盆地的农村道路不宜采用沥青路面。沥青路面的施工办法主要有拌铺法、下喷上拌法和层铺法，可根据实际情况选择施工方法。

1) 材料要求

(1) 沥青。

沥青可采用道路石油沥青、液体石油沥青、改性沥青等，使用时应考虑交通量、气候条件、施工方法、沥青面层类型等，根据当地施工经验确定。

(2) 粗集料。

沥青面层常用粗集料包括碎石、破碎砾石、筛选砾石、钢渣、矿渣等，要求洁净、干燥、无风化、无杂质，具有足够的强度、耐磨耗性，其压碎值不大于 30%，针片状颗粒含量不大于 20%，软石含量不大于 5%，并应具良好黏附能力。

(3) 细集料。

沥青路面所用细集料应洁净、干燥、无风化、无杂质，有适当颗粒级配。

(4) 填料。

沥青混合料的矿粉通常采用石灰岩或岩浆岩等憎水性石料经磨细得到的矿粉；拌和机的粉尘可作为矿粉的一部分使用，但每盘用量不得超过填料总量的 25%，粉煤灰作为填料使用时，用量不得超过填料总量的 50%。矿粉应干燥、无结团、不含泥沙，并符合质量要求。

2) 施工准备

(1) 路面基层的检查。

路面施工和路面基层施工两个施工段之间可能有一定的间隔，所以在路面施工前一定要对路面基层的平整度、干燥度、路基高度、压实度进行检查并修复。

(2) 原材料及拌和质量的检查。

检查分为以下两个方面：沥青的标号和性能测定。沥青的性能检测包括针入度、软化度、含蜡量、密度和延度的检测；矿料的等级、保水抗压度、硬度、压碎值、磨光值和杂质含量的测定；填料的性能和质量的检测。

（3）施工机械的选择。

根据施工条件、工期和质量要求选择相应配套的机械。主要的施工机械有摊铺机、压路机、自卸车、混合料运输车辆等。

（4）场地规划。

应该合理利用地形，确定原料的堆放场地、运输车辆的进出场地、熬油和拌和场地、生活区场地和施工机械的停放场地。

（5）施工安全措施和劳动保护用品的准备。

由于沥青铺筑时的温度很高并且有一定的毒性，所以一定要做好保护措施，以防工人烫伤或者中毒。在施工前进行安全生产教育。

3）沥青混凝土路面施工要点

（1）沥青混合料的拌制和运输。

沥青混合料拌制应根据沥青标号、铺装层厚度、施工时实测温度、低温、风速等情况拟定。拌制好的沥青混合料运输应考虑拌和能力、运距、道路情况、车辆吨位等因素，合理确定车辆类型和数量，尽量采用大吨位的运料车运输。

（2）沥青混合料的摊铺。

农村公路路面宽度普遍较窄，应采用整幅摊铺，摊铺机开工前应提前预热，按工程要求选定熨平板宽度、设定摊铺厚度和拱度。摊铺前应进行施工放样，并喷洒透层油（或粘层油）。摊铺时松铺系数及摊铺温度如表 11.2 和表 11.3 所示。

表 11.2　沥青混合料的松铺系数

种类	机械摊铺	人工摊铺
沥青混凝土	1.15～1.35	1.25～1.50

表 11.3　热拌沥青混合料的摊铺温度　　　　　　　　　　　　（单位：℃）

沥青种类	石油沥青	煤沥青
常温施工	不低于 110～130	不低于 80
	不超过 165	不超过 120
低温施工	不低于 120～140	不低于 100
	不超过 175	不超过 140

（3）沥青混合料的碾压。

碾压分为初压、复压和终压三个阶段，三阶段碾压速度、遍数均应符合规范要求。碾压时，压路机驱动轮应面向摊铺机，开行方向基本平行于路中线，从外侧向中心碾压，超高路段则由低向高碾压，坡道上应将驱动轮从低处向高处碾压。影响沥青混合料压实的因素主要有以下三个：碾压时的温度，温度较高时较易压平，摊铺完成后应及时进行碾压；碾压速度，碾压机应以缓慢而均匀的速度进行碾压；压实遍数，压实应分为初压、复压，最后再进行胶轮压路机压实 2～4 遍。

(4)接缝处理。

沥青路面的施工必须保证路面平整、连接平顺且没有明显的离析现象。纵缝宜采用热接缝；横向接缝有斜接缝、梯形接缝和平接缝三种方式。

4. 级配碎(砾)石路面施工

级配碎(砾)石路面是粒径大小不同的粗细碎(砾)石集料和砾(或石屑)各占一定比例的混合料,路面厚一般为 8～16 cm,厚度大于 16 cm 时应分两层进行铺筑,且下层厚度要求为总厚度的 3/5。其颗粒组成符合密实级配的要求。

1)材料要求

级配碎(砾)石路面所用材料主要为天然砾石或软石,石料强度不应低于Ⅳ级。

2)施工准备

(1)水准点和导线点应进行严格复测,满足设计及施工方案的要求。

(2)进行试验,确定碎石的级配比,以满足设计要求。

(3)对施工人员及机械操作人员进行岗前培训教育,有效保证安全文明施工。

3)级配碎(砾)石路面施工要点

一般级配碎(砾)石路面的施工工艺流程图如图 11.11 所示。

图 11.11　级配碎(砾)石路面的施工工艺流程图

(1)开挖路槽。

可采用机械或人工的方式进行路槽开挖,开挖整修后用重型机滚压数遍,直到达到会顶的压实度。

(2)备料运料。

结合施工路段的长度分段运备材料。碎(砾)石可直接堆放在路槽内,砂及黏土可堆放在路肩上。

(3)铺料。

先铺砾石,再铺黏土,最后铺砂。

(4)拌和与整形。

拌和与整形可采用平地机与拖拉机牵引进行。拌和时应边洒水边拌,使混合料的均匀适度,避免大小颗粒分离。混合料的含水率宜为 5%～9%。混合料拌和均匀后按松厚(压实系数 1.3～1.4)摊平,并整理成规定的路拱横坡度。

(5)碾压。

选用轻型压路机压 2～3 遍,继而用中型压路机碾压成型。碾压工作应注意在最佳含水率下进行,可适当洒水,每层压实厚度不超过 16 cm,超压应分层碾压。

(6)铺封层。

撒过嵌缝料之后应及时用中型碾压机进行碾压,并随时注意用扫帚将石屑扫匀。表面过干时应稍微洒水碾压,表面过湿时应待干后再压。最终碾压阶段,需要使碎石缝隙内泥浆能翻到路面上与所撒碎石屑黏成坚实整体。

5. 路面排水施工

公路排水的目的是将公路结构范围内的湿度降低到一定范围，让公路保持常年的干燥，以延长公路的使用寿命，并且保证道路的通畅。

1) 路表面排水

(1) 分散漫流式路表排水。

该排水方式是利用路面和路肩的坡度将水排除路面。这种方式简单易施工且成本低，主要适用于西部平原降水量较少且道路等级较低的地区。

(2) 集中截流式路面排水。

为避免高路堤被雨水冲刷损坏，在路肩设置拦水带或者路肩排水沟，将表面水集中，再通过有一定间隔的泄水口将水有组织地排出路面。

2) 路面结构内部排水

大部分降水通过路表排水排出了路面，但还有相当一部分水通过裂缝、路面孔隙和无铺面的路肩进入路面结构内部，如果不及时排出会侵蚀各结构层材料和路基土，使其路面变形、承载能力降低，影响正常使用。西部农村大部分道路的等级较低，但是年降水>600 mm的湿润多雨地区、西北部严重冰冻地区、路基两侧有滞水带的道路宜设内部排水系统。

(1) 路面边缘排水系统。

排水设施主要有集水沟、纵向排水管、横向出水管和过滤织物。这种排水方式适用于基层干、透水性小的水泥混凝土路面。

(2) 排水层排水系统。

这种排水方法的主要原理如下：在路面内部设置透水性排水层，水渗透到路面结构后，先通过渗流进入透水层，再通过横向渗流排出路基边坡，或者先通过纵向集水管再经由横向出水管引出路基。

11.3.3　路面图例

路面图例如表 11.4 所示。

表 11.4　路面图例一览表

交通量	图例	适用范围	交通量	图例	适用范围
400 104 104	沥青混凝土(3~4cm) 沥青贯入式(3~4cm) 二灰(水泥)稳定集料(18~25cm) 石灰土/水泥土(20~30cm) 土基	交通量大路段	200 104 104	水泥混凝土(不小于22cm) 水泥石灰土(15~25cm) 石灰土(20~30cm) 土基	缺乏石料且干燥
30 104 104	细粒式沥青混凝土(3~4cm) 中粒式沥青混凝土(4~7cm) 二灰(水泥)稳定集料(18~25cm) 级配碎石(砂砾)(20~30cm) 土基	交通量大、砂砾丰富	15 104 104	水泥混凝土(18~23cm) 二灰(水泥)稳定集料(18~25cm) 旧路设调平层1：6灰土(10~15cm) 土基	交通量中等且干燥
3 104 104	水泥混凝土(18~23cm) 砂砾/碎石(18~22cm) 旧路设调平层1：6灰土(10~23cm) 土基	经济较发达	1300 104	水泥混凝土(18~23cm) 砂砾/碎石(18~22cm) 旧路设调平层1：6灰土(10~20cm) 土基	经济欠发达

交通量	图例	适用范围	交通量	图例	适用范围
1500	沥青碎石(3~5cm) 下封层(0.5~1cm) 设调平层1:6　灰土(10~15cm) 土基	交通量 较小	40	沥青上拌下贯(4.5~8cm) 下封层(0.5~1cm) 泥结碎石(10~20cm) 设调平层1:6　灰土(10~15cm) 土基	交通量较 小且干燥
1700	沥青表面处治(2~3.5cm) 石灰、级配碎石(18~22cm) 土基	经济欠 发达	2	水泥混凝土(16~20cm) 旧路设调平层 1:6 灰土 (10~20cm) 土基	适用于经 济欠发达 地区且旧 路做路基
5	石砌路面(10~15cm) 天然砂砾/碎石(20~30cm) 土基	小交通量	1	水泥混凝土（14~18cm) 土基	片石或碎 石路等作 为路基

第12章 桥涵工程

12.1 概　　述

12.1.1 西部农村桥涵作用

桥涵主要起到跨越作用，跨越不利的地形如河流、沟谷、街道，从而保证交通的通畅，其主要意义如下。

(1)提高农村道路的通行能力和服务水平。

由于桥涵是公路上的主要交通构筑物，是公路交通生命线的咽喉，桥涵修筑的完善与否直接关系交通通畅度和行车安全，也直接影响公路交通的经济效益与社会效益，同时也影响社会主义新农村的基础设施建设。

(2)促进区域经济发展，展现地区经济水平。

一座现代化的桥涵是一个地区一个民族的传统文化特点、社会文明进步程度和科学技术水平的反映，同时也是促进经济发展的关键。因为桥梁是公路工程的一部分，对公路工程的质量起着举足轻重的影响。公路桥梁是与外界沟通的载体，也是当地经济发展的生命带，促进西部农村的经济文化设施建设。

12.1.2 西部农村桥涵特点

(1)高原地区桥涵跨径小。

西部高原地区以陕北地区为例，陕北地区气候干燥，降雨少，河水流量小，河道狭窄，所以大多数桥梁均为小跨径，且人、车流量较少，现基本能满足使用要求。修建的桥梁以石拱桥为主。

(2)山地地区桥涵数量多。

以陕南地区为代表的山地地区，地形较复杂，雨水较多，所以大多数村内有桥涵工程。村内的桥梁以石拱桥和吊桥、木桥为主。桥梁的长度较长，30 m 左右的桥梁并不鲜见。有较为简易的木板吊桥，其用钢索连接木板而成，只用两根钢索作为栏杆，较为危险。常见的石拱桥是水泥路面，旁边设有人行道与水泥护栏。

(3)平原地区农村桥涵设计简单。

以关中平原为代表的西部平原地区地势平缓且常年干旱少雨，河流较少，桥梁也少。部分村子架有 5～8 m 的简支桥，施工简单，建造速度快，技术及经济合理，基本上可以满足村民的要求。

(4)盆地地区农村桥涵宽度较小。

以陕西汉中盆地为代表的盆地地区，地势较平坦，河流较多，但通村河流宽度小，所以桥梁的宽度较小,一般为 5～6 m。20 世纪 90 年代以前多以石拱桥、木桥为主,新修的桥梁大多数是以混凝土为材料的板桥,桥长 8 m,宽度为 4 m 左右。

12.2 桥梁工程

12.2.1 桥梁分类

按受力不同可将桥梁分为梁式桥、拱式桥、悬索桥、斜拉桥和刚架桥五种。各桥梁的特点和适用范围描述如表 12.1 所示。

表 12.1 各种桥梁的特点及适用范围

桥梁类型 / 内容	桥梁定义	桥梁特点	适用范围
梁式桥	用梁或桁架梁作主要承重结构的桥梁。上部在铅垂向荷载作用下支点只产生竖向反力	优点是取材方便、理论成熟简单、施工方便、可工业化施工、耐久性好; 缺点是自重大、跨径小	梁式桥的跨径一般在 20m 左右,适用于中小跨度的地区
拱式桥	在竖直平面内以拱作为上部结构主要承重构件的桥梁	优点是跨越能力较大、外形美观、构造简单、养护维修费用少、技术简单成熟; 缺点是由于拱桥会对地基产生推力,所以对地基的要求较高	由于拱桥的基础会产生较大的推力,所以适用于地基较好的山地地区,不适用于平原地区
刚架桥	介于梁与拱之间的一种结构体系,由受弯上部梁(或板)结构与承压的下部柱(或墩)整体结合在一起的桥	优点是外形尺寸小、桥下净空间大且视野开阔、混凝土用量少; 缺点是基础造价高、钢筋用量大,是超静定结构,会产生次内力	主要材料为钢筋混凝土,适用于需要较大桥下净空间和建筑高度受限制的情况(立交桥、高架桥)
斜拉桥	斜拉桥又称斜张桥,是将主梁用许多拉索直接拉在桥塔上的一种桥梁,是由承压的塔、受拉的索和承弯的梁体组合起来的一种结构体系	优点是桥体尺寸小、跨越能力大、抗风稳定性好、便于无支架施工; 缺点是计算困难、搭接处理较复杂、高空作业多、施工技术要求严格	主要适合跨越峡谷、海湾、大江、大河等不适合修筑桥墩的地区
悬索桥	悬索桥,又名吊桥,指的是以通过索塔悬挂并锚固于两岸(或桥两端)的缆索(或钢链)作为上部结构主要承重构件的桥梁	优点是跨越能力大、材料消耗量少; 缺点是整体刚度小、抗风能力不佳、需要极大的两端锚定、施工难度大	适合于水流较深、切流速较大的水上建筑

由于西部农村干旱少雨,村内很少有河流通过,根据各种桥梁的适应范围和施工难度等综合考虑,西部农村的桥梁以拱式桥和简支梁式桥为主,以下就针对这两种桥的施工进行介绍。拱式桥和简支梁式桥如图 12.1 和图 12.2 所示。

图 12.1 拱式桥

图 12.2 简支梁式桥

12.2.2 桥梁施工

桥梁的施工分为下部结构施工和上部施工。上部施工通常有现浇法和预制装配法,具体根据桥位的地形地貌、墩台的高度及施工条件来确定。西部农村地区的桥一般选用预制装配式施工方法。下部结构一般采用就地现浇式。桥梁施工一般具有流动性、地域性、固定性和施工周期长等特性。桥梁的施工程序如图 12.3 所示。

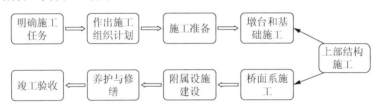

图 12.3 桥梁的施工程序图

1. 材料与主要施工机具设备

桥梁的类型不同所采用的材料也不同,西部农村大多数是简支桥,所以主要材料有木料、石料、混凝土、钢筋等。

常用的施工机具有钢管脚手架、模板(钢模板、木模板和组合模板)、扒杆(简单的起重吊装工具)、龙门架(垂直起吊装备)、浮吊。

脚手架:是施工现场为工人解决垂直和水平运输而搭设的架子。按材料不同可以分为木脚手架、竹脚手架和钢管脚手架,木脚手架和竹脚手架的安全度小,逐渐被钢管脚手架所代替。钢管脚手架主要分为门式钢管脚手架、碗扣式脚手架两种。在搭设脚手架的时候一定要确保构件连接的牢靠性,以保证施工现场的安全。

模板:是为了保证混凝土形状的构造设施,包括面板体系和支撑体系两部分。模板设计安装时应符合以下要求:①模板要保证构件形状尺寸和相互位置正确,且结构简单,支拆方便,表面平整,接缝严密不漏浆;②要有足够强度、刚度和稳定性,保证施工中不变形,不破坏,不倒塌;③在确保工期质量安全的前提下,尽量减少一次性投入,增加模板周转,减少支拆用工。

扒杆、龙门架:这两种设备都是起重设备,如图 12.4 和图 12.5 所示。扒杆是最简单的起重设备，是人工土法吊装工艺的一种，具有制作简单、装拆方便，起重量大，受施工场地限制小等优点，常用于一些机械化程度较低的地区。龙门架是垂直吊装的主要设备，龙门架的最大的优点是可全方位移动，可快速拆卸安装，占地面积小，用微型汽车就可转移到另一个场地安装使用。宽度、高度可分级调节，钢架构设计合理，能承受重量 100～5 000 kg。

图 12.4　龙门架

图 12.5　扒杆

浮吊：载有起重机的浮动平台，主要用于水上起吊重物，分为固定式扒杆浮吊、全回转式浮吊两种。

2. 施工组织

施工组织包括人员组织、建筑材料组织、施工机械组织，具体包括：①工程特点；②主要施工方法；③施工现场总平面图布置；④施工进度计划；⑤施工预算；⑥工程可能出现的问题和应对方案。一个工程无论工程量大小，都应该在施工前作出合理施工组织计划，以保证施工能顺利进行。

3. 施工准备

具体准备工作主要由施工现场五通一平；原材料验收堆放；施工机械检查调试；搭建临时设施；施工放样；安全措施及冬雨季施工措施准备六部分组成。

12.2.3　桥梁图例

桥梁图例如表 12.2 所示。

表 12.2　桥梁图例一览表

图名	图例
装配式混凝土箱形连续梁桥上部构造	第一步　第一步　第二步　第一步　第三步　第一步　第二步　第一步　第一步 8 30m一联 永久支座　临时支座　永久支座　临时支座　永久支座

图名	图例
装配式混凝土预应力连续梁桥上部构造	
装配式混凝土预应力连续梁桥支点横断面	
整体式钢筋混凝土连续板桥上部构造	
整体式钢筋混凝土连续板桥钢筋构造平面图	
整体式钢筋混凝土连续板桥钢筋构造立面图	

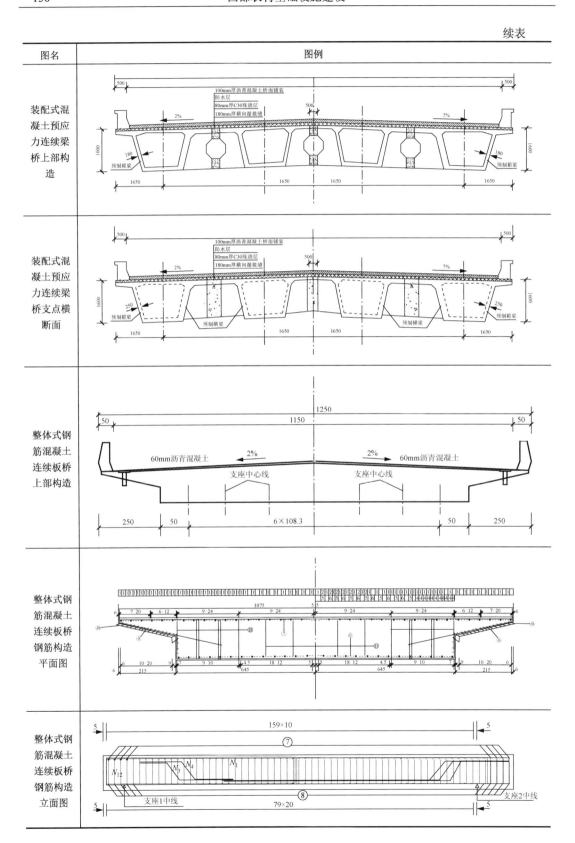

12.3 涵 洞 工 程

涵洞是由洞身、基础、端和冀墙等组成的。涵洞是根据连通器的原理，常用砖、石、混凝土和钢筋混凝土等材料筑成。一般孔径较小，形状有管形、箱形及拱形等。

12.3.1 涵洞分类

涵洞按其构造不同主要分为圆管涵、盖板涵、拱涵等。

圆管涵：圆管涵由洞身及洞口两部分组成。洞身是过水孔道的主体，主要由管身、基础、接缝组成。洞口是洞身、路基和水流三者的连接部位，主要有八字墙和一字墙两种洞口形式。圆管涵主要由钢筋混凝土制成，如图 12.6 所示。

盖板涵：盖板涵是涵洞的一种形式，主要由盖板、涵台及基础等部分组成，如图 12.7 所示。盖板涵与单跨简支板梁式桥的结构形式基本相同，具有受力明确、构造简单、施工方便等优点，但是盖板涵的跨径较小、泄洪能力差，不适合含沙石量较大的河流泄洪。

图 12.6 圆管涵

图 12.7 盖板涵

拱涵：拱涵是指洞身顶部呈拱形的涵洞，由洞身、出入口端墙、翼墙和出入口的铺砌组成，如图 12.8 所示。一般承载能力较大，砌筑技术容易掌握，便于群众修建，是一种普遍的涵洞形式。拱涵的出入口均设有端墙和翼墙，作用是保证水流顺畅流入洞内，防冲、防渗及维护路堤的稳定。

涵洞的形式应根据路线等级及性质、地形、水文和水力条件、材料、造价、施工条件综合考虑，以确保选择最好的涵洞形式。

图 12.8 砖拱涵

12.3.2　涵洞施工

涵洞是水利工程和交通运输工程中较小的构造物，虽然在总造价中所占比例很小，但影响整个工程的质量及其使用功能，另外还影响周围农田的灌溉问题，所以对涵洞的施工问题不容忽视。

1. 施工准备

涵洞的施工准备包括计划施工组织、准备施工材料和准备施工机具等。施工组织主要包括确定施工方案、计划施工进度、计划材料与设备的供应、确保施工质量的应急措施等。施工材料及机具的准备应符合下列要求。

1) 原材料

(1) 水泥。同一个小型构筑物的水泥必须采用统一厂家生产的，且经过监理工程师的签字确认。

(2) 砂。砂的含泥量和细度模数应符合设计要求。在堆积的时候必须立标识牌，牌上标明砂的产地、含泥量、细度模数等。

(3) 碎石。碎石的级配良好，且针片状颗粒、含泥量应符合设计要求。

(4) 钢筋。钢筋的直径、各种强度应进行现场抽样检查，合格后方可进场使用。

2) 施工机具的准备

施工机具主要有搅拌机、钢筋加工机器、吊装机具、挖掘机等，在确定机具前要考虑周全，选择合适施工机种，根据施工量、工期确定辅助机械，以保证主要施工机械、辅助机械和运输机械的工作能力保持平衡，机组得到最大化利用。

3) 涵洞基础定位和轴线测量

涵洞的基础测量主要包括测设涵洞的中心桩位和涵洞轴线方向的测量。中心桩位的测量可以利用已测好的中桩位置推算涵洞中心到前后中桩的距离，采用直接测量的方法测设，也可以利用路线附近的导线。根据涵洞的轴线与路线方向是否垂直，涵洞分为正交涵洞和斜交涵洞两种。

2. 主体施工

涵洞包括洞身、基础、端和冀墙等部分，基础的坚固、稳定和耐久是建筑物坚固耐久的必要条件。涵洞的基础必须坚固、耐久。涵洞基础对材料的强度没有太大要求，但在选材时应从材料耐久性(抗水、抗冻)、材料价格、取材是否方便等方面综合考虑。一般有石料基础、砖基础、混凝土基础等。石料基础的水泥用量较少，耐久性强，但整体性较差；砖基础的强度和耐久性均较差；混凝土基础的整体性好，便于机械施工，是一种较为广泛的基础做法。基础的埋置深度因地基不同也有所不同，一般深度在冰冻线以下 0.25 m，在岩石上设置基础前应将风化层清除后再施工，在软弱地基上施工时，应将基础设置在好土上，必要时要进行人工加固地基。混凝土基础的施工工艺如图 12.9 所示。

基坑开挖采用人工配合挖掘机作业，当挖至高于设计 0.3~0.4 m 时，用人工配合继续开挖修整成型；根据放样点弹出立模内边线；绑扎钢筋是要控制钢筋间距，并对钢筋的标号性能进行检测记录；模板应采用钢模板，以保证浇筑时稳定、不漏浆；混凝土浇筑时应连续分层对称浇筑，避免不对称浇筑对模板造成挤压。

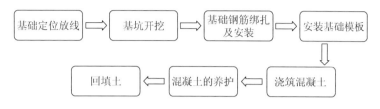

图 12.9　混凝土基础工程施工工艺

砖基础和石基础工艺类似，分为基础开挖、基础砌筑、基础土回填等。砖基础的耐久性差，在基础周围表面砌一层用沥青浸透的砖会大大加强其耐久性，抗冰冻、碱盐侵蚀能力。石基础整体性差，在砌筑时应采取措施提高整体性。

洞身：涵洞墙身混凝土用料要求同基础混凝土。涵洞墙身采用搭支架、支模板现浇施工。支模时，必须严格检查其位置的准确性和垂直度各部尺寸规格，支撑牢固，方可浇筑混凝土，每隔 4～6 m 或地基土质变化处或填挖交界处必须在板接缝处设一道沉降缝，缝宽 1～2 cm，沉降缝平行路中线布设，在每浇筑一层之后用符合设计要求的材料填塞。

涵背两侧的填筑：在涵洞防水层作好且盖板混凝土强度达到要求后即安排涵洞台背回填，涵洞两侧不少于 2 倍孔径范围内对称进行，涵台背后 1.0 m 范围内采用轻型夯实机械施工，当顶部填筑厚度大于 1.0 m 后允许使用重型施工机械，涵洞台背回填必须分层填筑、压实，并检测每一层压实度，符合规范要求后再进行下一层填筑，分层填筑厚度为 20～30 cm。

12.3.3　涵洞图例

涵洞图例如表 12.3 所示。

表 12.3　涵洞图例一览表

图名	图例
单孔钢筋混凝土箱涵断面图	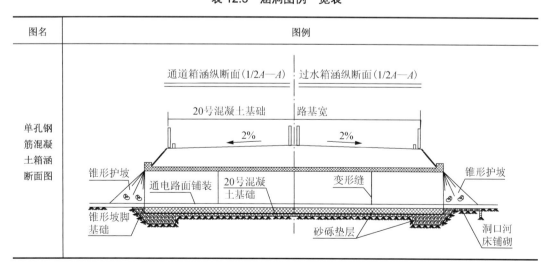

图名	图例
单孔钢筋混凝土箱涵基础图	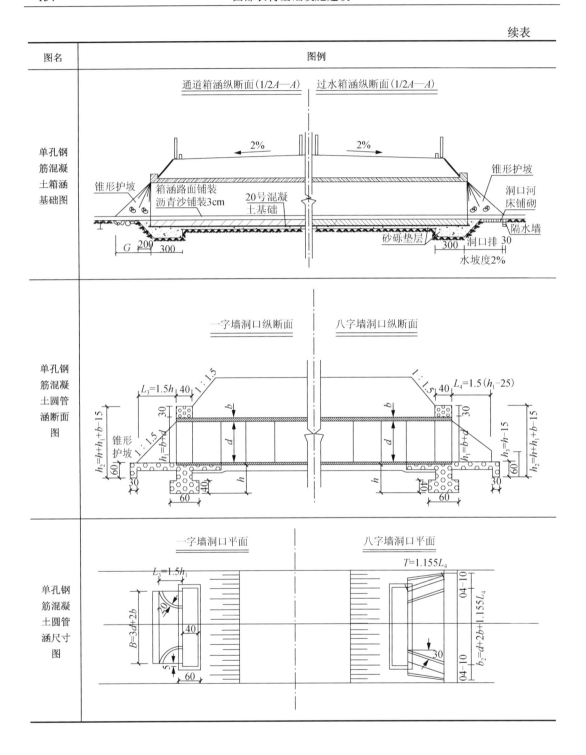
单孔钢筋混凝土圆管涵断面图	
单孔钢筋混凝土圆管涵尺寸图	

图名	图例
钢筋混凝土盖板涵剖面图	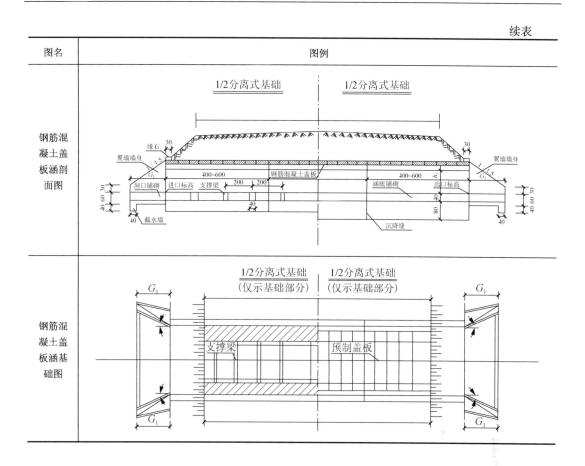
钢筋混凝土盖板涵基础图	

第13章 给水工程

13.1 概 述

13.1.1 西部农村给水设施作用

(1)加快城镇化建设，缩小城乡差距。

给水工程完善了农村生活性基础设施，使人们生活更加便利，是进行城镇化建设的重要组成部分，完善的供水系统使更多的家用电器进入农村市场，促进消费，带动经济发展，改善人们的生活质量，逐步缩小城市与农村的差距。

(2)改善农民生活条件，提高农民生活水平。

农村供水工程的发展使农村人民能够方便快捷地饮用安全、卫生的自来水，对提高农民群众身体健康水平，改善卫生条件，降低因水质问题引起的各种肠道疾病发病率有明显的作用。

(3)促进农村经济发展，提高农民收入水平。

实行农村集中供水，能促进农村产业结构的调整，为农村工业、副业的发展提供便利。良好的供水条件，也能极大改善本地的投资环境，有效拉动农村经济发展，促进产业多样化发展，提高农民收入水平。

13.1.2 西部农村给水设施特点

(1)高原地区供水无法满足需求。

高原地区干旱缺水，地下水埋深大。虽然有设置集水场、水库或传统的水窖、深井等基础设施解决用水问题，但高原地区常年干旱，雨水量不足以缓解水资源的供需矛盾。目前高原地区亟须具有较强节水与取水能力的给水设施。

(2)山地地区水资源相对丰富，覆盖面不足。

山地地区水资源相对丰富，给水设施主要有水井、集水池、水塔以及输配水管网。但因资金不足，部分山地地区供水设施简陋，工程建设标准低，没有完善的净水设施对水进行净化。由于农村地区地域广阔，村民居住十分分散，还有很多偏远山区没配备供水设施，给农民的生活造成了很大的困扰。

(3)平原地区水量水压不足。

平原地区供水形式多种多样，靠近城镇的村庄一般采用城镇管网延伸供水，远离城镇则视情况选择集中供水或分散供水。但农村基础设施建设的资金有限，用水高峰期时，无论是水量还是水压都无法满足村民的要求，有时甚至会出现断水的情况。一些农村给水设施建设时工艺简单落后，工程质量不高，而且后期使用时管理养护体制缺失，无人管理维护，使其实际使用年限远低于设计服务年限。

(4)盆地地区季节性缺水，水质无法保证。

盆地地区水资源较丰富，集中供水水源多选用地表水，旺季时水资源丰富，可以满足村民的使用需求，旱季时地表水明显减少，出现供不应求的局面，有时甚至会间接性断水，也缺乏监测措施。尤其是分散供水普遍存在着水质保证率低的问题，村民使用的井水或山泉未经任何监测处理，存在安全隐患。

13.2 净水构筑物工程

13.2.1 净水构筑物分类

1. 絮凝池

絮凝池是创造合适的水力条件使天然水中的悬浮物质及胶体物质等具有絮凝性能的颗粒在相互接触中聚集，以形成较大的絮凝体，达到净水的目的。常见的有隔板絮凝池、折板絮凝池、机械搅拌絮凝池、微涡流絮凝池，见表 13.1。

表 13.1 絮凝池类型

絮凝池类型		定义	优点	缺点	适用条件
隔板絮凝池	往复式	水流以一定流速在隔板之间通过而完成絮凝过程的构筑物	效果较好；构造简单；施工管理方便	絮凝时间长；水头损失大	水量大于 3万 m³/d 的水厂；水量变化小
	回转式		效果好；水头损失小；构造简单；施工管理方便	出水流量不易分配均匀	
折板絮凝池		水流在折板之间通过而完成絮凝过程的构筑物	絮凝效果较好；絮凝时间短	构造复杂；效果受水量影响	水量变化不大的水厂
机械搅拌絮凝池		水流通过转动的机械而完成絮凝过程的构筑物	絮凝效果好；水头损失小；可适应水质水量的变化	需要机械设备和经常维修	水量变化较大的水厂
微涡流絮凝池		通过多孔空心球状结构涡流反应器絮凝	效果好；絮凝时间短；操作简单方便	—	适用范围较广

絮凝池类型剖面图如图 13.1 所示。

2. 沉淀池

沉淀池是应用沉淀作用去除水中悬浮物的一种构筑物，按池内水流方向可分为平流式、竖流式、辐流式和斜管式等。

1)平流式

平流式沉淀池由进出水口、水流部分和污泥斗三个部分组成。平流式沉淀池多用混凝土筑造，也可用砖石坞工结构，或用砖石衬砌的土池。平流式沉淀池构造简单，沉淀效果好，工作性能稳定，使用广泛，但占地面积较大。若加设刮泥机或对比例较大沉渣采用机械排除，可提高沉淀池工作效率。其作用形式如图 13.2 所示。

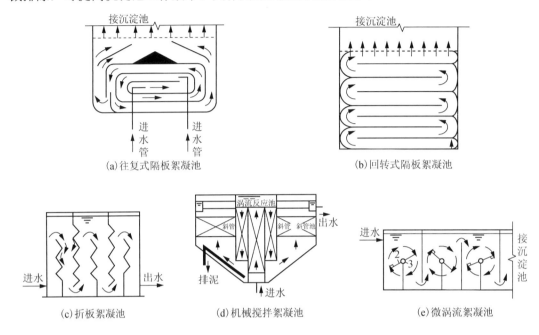

图 13.1　常见絮凝池剖面图

2) 竖流式

池体平面为圆形或方形。原水由设在沉淀池中心的进水管自上而下排入池中，进水的出口下设伞形挡板，使原水在池中均匀分布，然后沿池的整个断面缓慢上升。悬浮物在重力作用下沉降入池底锥形污泥斗中，澄清水从池上端周围的溢流堰中排出。溢流堰前也可设浮渣槽和挡板，保证出水水质。这种池占地面积小，但深度大，池底为锥形，施工较困难。其作用形式如图 13.3 所示。

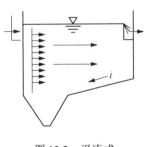

图 13.2　平流式

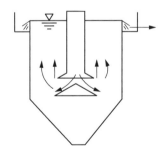

图 13.3　竖流式

3) 辐流式

池体平面多为圆形，也有方形的。直径较大而深度较小，直径为 20～100 m，池中心水深不大于 4 m，周边水深不小于 1.5 m。原水自池中心进水管入池，沿半径方向向池周缓慢流动。悬浮物在流动中沉降，并沿池底坡度进入污泥斗，澄清水从池周溢流入出水渠。

其作用形式如图 13.4 所示。

　　4）斜管式

　　斜管沉淀池是指在沉淀区内设有斜管的沉淀池。组装形式有斜管和支管两种。在平流式或竖流式沉淀池沉淀区内利用倾斜的平行管或平行管道分割成一系列浅层沉淀层，被处理的和沉降的沉泥在各沉淀浅层中相互运动并分离。斜管沉淀池较其他形式具有更高的处理能力和处理效率。其作用形式如图 13.5 所示。

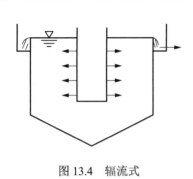

图 13.4　辐流式　　　　　　　　　　图 13.5　斜管式

　　3. 滤池

　　滤池是净水构筑物中的一个组成部分，用以除去水中的悬浮物和部分细菌的池子，按进出水及反冲洗水的供给和排出方式分为普通快滤池、虹吸滤池和无阀滤池，如图 13.6 所示。

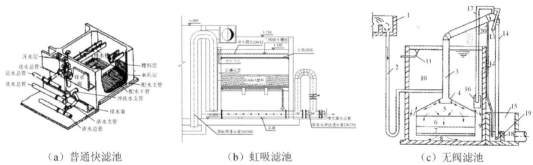

（a）普通快滤池　　　　　（b）虹吸滤池　　　　　（c）无阀滤池

1-配水槽；2-进水管；3-虹吸上升管；4-顶盖；
5-布水挡板；6-滤料层；7-配水系统；8-集水区；
9-连通渠；10-冲洗水；11-出水管；12-虹吸辅助管；
13-抽气管；14-虹吸下降管；15-排水井；
16-虹吸破坏斗；17-虹吸破坏管；18-水封堰；
19-反冲洗强度调节器；20-虹吸辅助管管口

图 13.6　滤池示意图

　　1）普通快滤池

　　应用石英砂或白煤、矿石等粒状滤料对自来水进行快速过滤而达到截留水中悬浮固体和部分细菌、微生物等目的的池子。普通快滤池具有运行管理可靠、有成熟的运行经验、池深较浅等优点；阀门比较多，大阻力冲洗，需要设冲洗设备。

　　2）虹吸滤池

　　以虹吸管代替进水和排水阀门的快滤池形式之一。滤池各格出水互相连通，反冲洗水由其他滤水补给。每个滤格均在等滤速变水位条件下运行。虹吸滤池适用于中小型给水处理。虹吸滤池具有操作管理方便、易于自动化控制、运转费用低等优点，但与普通快滤池相比，池深较大，池体构造复杂。

3）无阀滤池

一种没有阀门的快滤池，在运行过程中，出水水位保持恒定，进水水位则随滤层的水头损失增加而不断在吸管内上升，当水位上升到虹吸管管顶，并形成虹吸时，即自动开始滤层反冲洗，冲洗废水沿虹吸管排出池外。无阀滤池管理维护较简单，能自动冲洗，但清砂不方便。

13.2.2 净水构筑物施工

1. 净水构筑物施工特点

（1）防水施工难度大。

净水构筑物施工时体积较大，还要保证其抗渗性能，因此与其他工程相比，施工时混凝土的浇筑难度明显增大。此外，净水构筑物里有较多的管道系统，为保证这些复杂的管道在精准的位置，再次增大了施工难度。还有净水构筑物较其他工程，具有更高的防水要求，其伸缩缝、施工缝的留设、处理也是施工中的难点。

（2）抗裂施工质量要求高。

净水构筑物的质量直接影响着其使用寿命，以及人们的生命财产安全。若构筑物存在质量缺陷，则修复难度大，整体性不好，还存在安全隐患。因此为使净水构筑物满足其使用功能，必须达到以下质量标准：具有良好的抗渗性，裂缝最大宽度限制要求高，严格控制不均匀沉降范围，确保各预埋构件、管道位置精准无误，若构筑物建在北方，还应作保温处理，防止混凝土冻裂。

（3）后期养护要求高。

构筑物要具有良好的抗渗性及足够的强度、刚度、稳定性，使其能适应在蓄水与不蓄水时池壁承受的不同压力状态。为防止混凝土早期失水产生干缩裂缝，从而导致混凝土强度降低，其养护工作至关重要，因此混凝土浇筑后 12 h 内必须覆盖浇水养护，保持养护期间始终处于湿润状态，养护时间不少于 14 d。

2. 净水构筑物施工流程

净水构筑物施工主要指池体的施工工程，按池体类型分为砌筑水池、浇钢筋混凝土水池、装配式预应力钢筋混凝土水池三类。施工工程首先是施工前的准备工作，包括场地清理、测量放线、材料准备等工作；接着是土石方工程，即沟槽、基坑开挖、地基处理等；然后是主体施工工程，主体施工按其水池类型分为砌筑工程，钢筋工程、模板工程，预制梁、柱、壁板的吊装校正；最后是抹灰、防水处理等工作，其一般工艺流程图如图 13.7 所示。

3. 施工质量控制要点

1）材料质量控制

钢筋应具有质量合格证书，使用前应检查其型号和外观质量，钢筋应平直、无损伤、表面不得有裂纹、油污、颗粒状或片状老锈；模板应具有足够的强度、刚度和稳定性，可靠的承受混凝土的重量和侧压力，以及在施工过程中产生的荷载。搭设前应对脚手架杆、配件进行严格检查，严禁使用规格和质量不合格的架杆、配件。应尽量缩短混凝土运输时间，控制混凝土搅拌好以后，直到浇筑完毕的延续时间，不超过混凝土的初凝时间。每车混凝土都应制作试块，验证其强度。

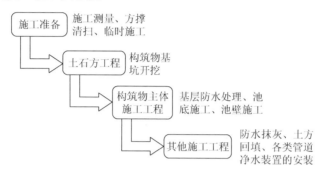

图 13.7　净水构筑物施工的工艺流程图

2）施工工艺控制要点

（1）钢筋绑扎。

绑扎钢筋时钢筋要横平竖直，间距均匀，位置准确，绑扎牢固，钢筋锚固及搭接长度按图纸要求及抗震规范执行，绑丝要弯向里侧，各种钢筋不得接触模板，以减少渗水途径，水池预埋件按照图纸要求预埋，不得遗漏，不得偏移。

（2）模板安装。

模板安装完毕后，应对其平面位置、顶部标高、节点联系及纵横向稳定性进行检查，签认后方可浇筑混凝土。浇筑时，发现模板有超过允许偏差变形值的可能时，应及时纠正。

（3）混凝土浇筑。

严格控制砼配合比，防水砼外加剂的掺量必须由试验确定，且不得超过规范要求。混凝土浇筑前，模板内杂物清理干净，浇水湿润，然后开始浇筑。浇混凝土时要防止预埋板、预埋止水板位置偏移；接槎处混凝土表面散石子应清除干净，用水冲洗干净，先铺一层相应强度的素水泥浆。

（4）混凝土振捣。

混凝土应振捣密实，不应露筋和有蜂窝麻面。混凝土振捣采用插入法，振动棒使用时要快插慢拔，振点排列均匀有序，移动间距不能大于 500 mm，并避免碰撞钢筋及模板，严禁漏振、欠振和超振。振捣器在每一位置上的振捣时间，以混凝土表面呈水平状效果为好，并以不再出现气泡和显著沉降为宜。

3）外观质量鉴定

混凝土池壁池底表面光滑平整，无裂缝、印痕、石子外露和缺边掉角等病害现象。各预埋件，预留孔洞尺寸位置无误，与混凝土连接紧密，无缝隙。

13.2.3　净水构筑物图例

净水构筑物如表 13.2 所示。

表 13.2　净水构筑物图例一览表

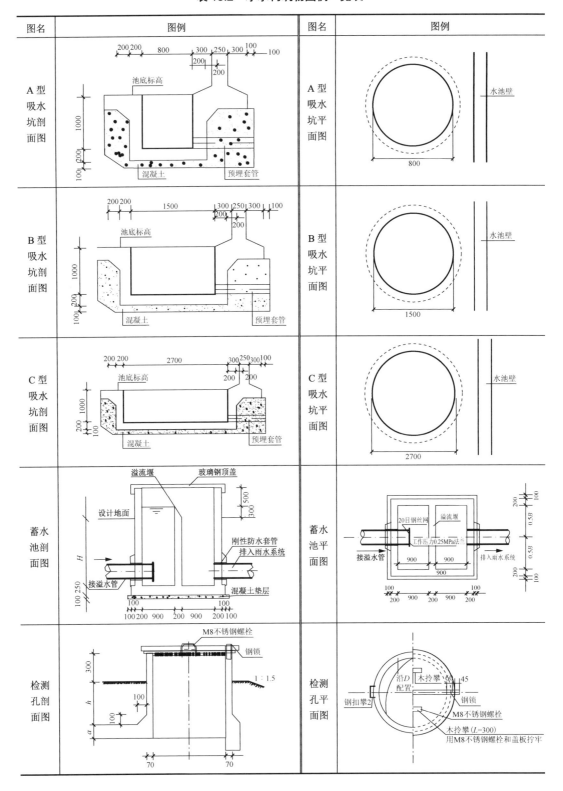

图名	图例	图名	图例
A型吸水坑剖面图		A型吸水坑平面图	
B型吸水坑剖面图		B型吸水坑平面图	
C型吸水坑剖面图		C型吸水坑平面图	
蓄水池剖面图		蓄水池平面图	
检测孔剖面图		检测孔平面图	

13.3　给水管道工程

13.3.1　给水管道组成

给水管道起着输配水的重要作用，主要包括以下五部分：干管、分支管道、入户管道、给水管道附件（计量表、阀门、水锤消除设备）、配件。

1. 管道

干管是输送水的主要管道，一般指从净水构筑物或调节构筑物到接近用户群的管段，分支管指将干管中的水分散配送到各用户处的管段，入户管指由室外给水管引入建筑物的管段。给水管道在给水系统中有着至关重要的作用，是连接水源与用户的纽带，合适的管道是保证优质高效供水的前提。

给水管材可分为金属管材、非金属管材、复合管材三类。干管、分支管一般采用金属管，常用的有钢管、镀锌管、铸铁管、铜管，入户管采用塑料管，常用硬聚氯乙烯管（UPVC管）、聚乙烯管（PE 管）、聚氯乙烯管（PVC 管）等，见图 13.8。

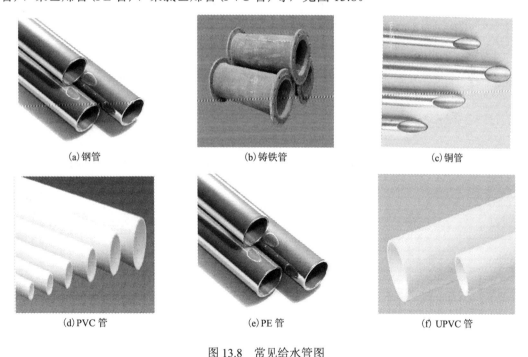

(a) 钢管	(b) 铸铁管	(c) 铜管
(d) PVC 管	(e) PE 管	(f) UPVC 管

图 13.8　常见给水管图

2. 给水管道附件

1）阀门

阀门是控制管道内水流、水量、水压的重要设备，并具有紧急抢修中迅速隔离故障管段的作用。阀门主要有截止阀、节流阀、止回阀、安全阀、排气阀、泄水阀等。各阀门在给水系统中起着不同的作用，常见类型如表 13.3 所示。

表 13.3　常见阀门类型

序号	阀门类型	阀门作用
1	止回阀	用来限制水流朝一个方向流动，一般安装于对管道有防回水要求的给水管道上，如泵站出水管道
2	安全阀	安装于给水管道上，防止管道压力太大爆管的出现，当管道中压力大于管道设计的容许压力时，安全阀自动开启泄水，减小了管内压力
3	排气阀	安装在管线的隆起部分，使管线投产时或检修后通水时，管内空气可经此阀排出
4	泄水阀	安装在管线的最低点，它和排水管连接，以排除水管中的沉淀物以及检修时放空管内的存水

2）计量表

计量表一般安装在入户管处，是用来测量管路中在某一时间间隔内水流流过的总量（积累量）的仪表。按其测量原理可分为速度式水表和容积式水表。

（1）速度式水表：安装在封闭管道中，由一个运动元件组成，并由水流运动速度直接使其获得动力速度的水表。典型的速度式水表有旋翼式水表、螺翼式水表。旋翼式水表中又有单流束水表和多流束水表。

（2）容积式水表：安装在管道中，由一些被逐次充满和排放流体的已知容积的容室和凭借流体驱动的机构组成的水表，或简称定量排放式水表。

3）水锤消除器

在有压力管路中，由于某种外界因素（如阀门突然关闭、水泵机组突然停车）使水的流速突然发生变化，从而引起压强急剧升高和降低的交替变化称为水锤。

13.3.2　给水管道施工

在西部农村地区人群居住分散，供水管线较长，供水区域相对较大，供水规模较小，所有农村供水管网管径一般较小，并多用铸铁管和塑料管。不仅施工、养护维修方便，而且造价低。给水管道的施工分地上给水管道施工，地下给水管道开槽施工、不开槽施工等。其工艺流程一般包括 8 个部分，如图 13.9 所示。

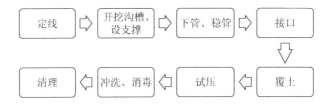

图 13.9　给水管道施工流程图

1. 材料要求

1）管道

输配水管道可选择金属管、塑料管、复合管等，在管道的选取上应综合考虑地理环境、水压、外部荷载、施工维护、安全、经济合理等因素,选取合适的管道材料及管道尺寸。
若采用塑料管,其材质必须符合相应规范要求,具有足够的强度,以承受设计水压,且对
水质无污染,对人体无害。若采用金属管道,应做好管道内外的防腐处理。管材的选取可
参考表 13.4。

表 13.4　常见管材分类及特点

管材种类	常见类型	优点	缺点	接口方式	适用条件
钢管	无缝钢管、焊接钢管	强度高、材质轻、抗震性能好、易加工安装	耐腐蚀性能差、造价高	焊接、法兰接口	无腐蚀性土壤
铸铁管	球墨铸铁管	强度大、抗腐蚀性强、重量轻、寿命长	韧性较差、抗拉强度低	法兰接口、承插式柔性接口	适用范围广
	灰铸铁管	价格便宜、耐腐蚀	性脆、重量大、不耐振动和弯折	承插式柔性接口	小口径管道
塑料管	UPVC 管、PE管、ABS 管	质量轻、耐腐蚀、易加工成型、价格低、抗震、水密性好	强度低、刚性差、热胀冷缩性大、易老化	黏结、热熔连接、法兰连接、承插式柔性接口	中小口径管道
预应力钢筒混凝土管	PCCP-L 内衬式、PCCP-E 埋置式	抗爆、抗渗、耐腐蚀、寿命长、价低	自重大、不便运输	承插式接口	适用范围广
新型管材	玻璃钢管	耐腐蚀、强度高、重量轻、抗老化	造价高	承插式接口	强腐蚀性土壤
自应力混凝土管		价格低、防腐性能好	质量大、质脆	承插式接口	农村、小镇长距离管道

2）阀门

阀门种类繁多,功能各异,有闸阀、蝶阀、球阀、止回阀等,因此要根据其所处位置、
使用功能等选取合适的规格、型号、材质的阀门。使用的阀门必须配有生产厂家的产品合
格证、产品使用说明书,以及装箱单,并且其强度、严密性也应满足要求。

3）配件

管道连接中配件功能各异,有改向管件、分支管件、堵口管件、碰头管件等,管道连
接方式也多种多样,有螺纹连接、卡箍连接、法兰连接等,因此所选取的配件应具有足够
的强度,合适的材质、型号,并能满足其使用功能。

2. 给水管道施工准备

(1)施工前做好定点测量放线工作,确定好每条管线走向、标高、坐标等,临时水准
点和管道轴线控制桩应设置牢固。搞清沿线管道路径的地下管线和障碍物情况,完成地上
障碍物的清理工作,施工机具准备齐全,并按施工总平面图布置的要求,综合考虑安全、
便于施工、节省成本等因素,在合适的位置搭建临时设施,摆放施工机具,堆放材料。

(2)施工前进行原材料、半成品的检测,各管道、管件、阀门应具有产品合格证书,
并进行外观检测,还应检测与设计规格、型号、材质是否相符。阀门还应进行抽查,对其
强度和严密性进行测试,若材料不满足设计要求或相应规范应及时更换。

13.3.3　给水管道图例

给水管道图例如表 13.5 所示。

表 13.5　给水管道图例一览表

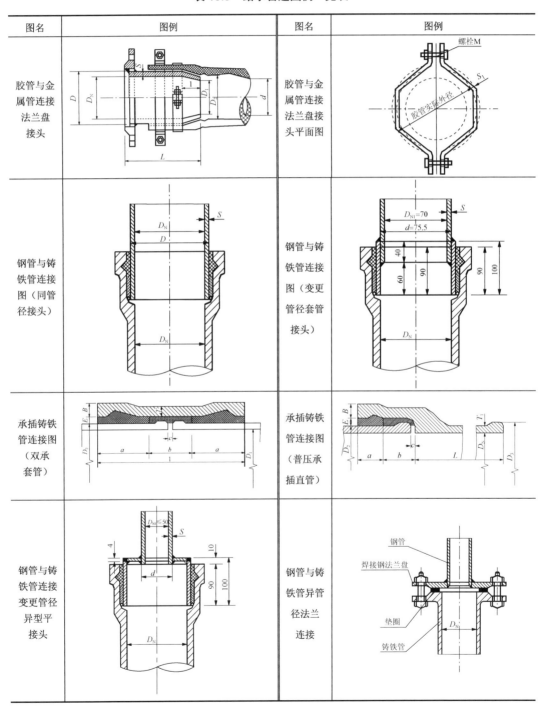

第 14 章 排 水 工 程

14.1 概　　述

　　排水工程，是收集、输送、处理各种生活污水、生产废水、多余地面水的工程，通过管道收集污水，输送至污水处理系统，通过净化达到相应卫生标准，最终排入江河、湖泊。排水方式主要有分流制和合流制两种。

　　西部农村地区的排水工程发展缓慢，各地状况参差不齐。大部分偏远落后的地区无任何排水设施，或其排水设施不完善，年久失修，严重滞后于生产发展所需。一部分农村地区有排污管道，但实行雨污合流，污水不经处理直接排入河道，造成当地水资源严重污染。极少数城镇周边或经济发展较好的农村地区有完整的排水系统，建有排污管道和污水处理设施等对污水进行集中处理。

14.1.1　西部农村排水设施作用

　　(1)防治水污染，改善土壤状态。

　　通过排水设施进行集中排水，将污水净化使其达到相应标准再排入江河、湖泊，可以有效控制我国农村地区水污染现状，保护好珍贵的水资源，使人们生产生活用水得到保障，同时有序的排水能调节土壤水分，改善土壤状态，使其满足农作物生长需要，生产出安全健康的食品，促进农业的发展。

　　(2)改善人居环境，提高居民生活质量。

　　完善农村排水设施，村民不再乱排乱放，很大程度上解决了农村脏乱差的问题，改善农村生态环境，促进人与自然和谐相处，同时提高居民生活品质，缩小城乡差距，干净整洁的环境能有效抑制传染病的发生，提高居民身体健康水平。

　　(3)促进农村经济多元发展，提高农民收入水平。

　　随着农村排水设施的完善，农村生态环境变好，将吸引更多人对农村进行投资，促进农村旅游业、服务业、农业的发展，促进农村产业结构的调整，使其向多元化发展，解决农村剩余劳动力的问题，提高农民收入水平，改善生活质量。

　　(4)减少汛期洪水的危害。

　　合理的排水设施能解除由于降雨和地下径流补给过多而形成的土壤渍水给农业生产所造成的影响，同时完善的排水系统能及时排除由于降雨形成的大量地表径流，减少汛期洪水的危害，保障人们的生命财产安全，减少对农作物的破坏。

14.1.2　西部农村排水设施特点

(1)高原地区排水设施发展意识落后。

排水设施的建设影响着农村地区的生态环境,但当前的资金投入远不能满足农村排水设施建设、运营、管理的费用,尤其是西部农村高原地区排水设施建设缓慢。目前仍有部分高原地区无排水设施,村民直接将污水倒到自家院子或附近,任其蒸发或渗入地下。由于农民环保意识淡薄,对污水处理缺乏了解和重视,多数农民认为污水处理没有可视的经济效益,因此参与农村污水处理的积极性不高,没有村民的配合,排水工程的建设变得难以执行。

(2)山地地区排水设施建设难度大。

山地地区排水设施建设难度相对较大,因为山地地区地势高低起伏,施工难度大,村民居住分散,管网铺设量大,造价高,同时农村地区排水具有排量少、分时段间歇排放的特点,因此对生活污水进行统一处理难度较大。多数山地地区无排水管网或只有一条排水管道,现行管道系统不能满足排水需求,造成污水遍地,影响人们生活。另外雨污合流使受污染的水量剧增,不利于污水的处理。

(3)平原地区缺乏合适的污水处理设施。

随着经济的发展,村民生活水平不断提高,污水排放量也相应增加,平原地区排水管网相对完善,但污水处理设施的建造不完善、不合理,多数排水沟渠断面尺寸小,不能满足新增加的污染量的排放需求。此外,由于农村污水排放具有排放量少且分散等特点,城市使用的大型污水集中处理设施在农村并不适用,现今农村几乎没有专门的污水处理设施,污水直接排放到水体中,严重影响生态环境。

(4)盆地地区排水设施管理较差。

目前盆地地区农村排水工程缺乏长期有效的管理机制,以及相应规范、标准等。农村污水处理方法、处理设施都相对落后,一般只进行简单的沉淀、消毒等处理。一些地区排水设施落后,多为小型排水明沟,一些管段被垃圾堵塞,却无人管理,丧失排水功能,导致污水横流等现象屡见不鲜。

14.2　排水管道工程

排水管道工程是指收集、输送和排放工业废水、生活污水和雨水的管道系统工程。排水管道工程在排水系统中起着连接污水源头与净水设施的重要作用,它包括管(渠)道系统本身及管(渠)道系统上的各种构筑物工程(如泵站、污水池、闸门井、污水检查井、雨水口等)。

14.2.1　排水管道的组成

1. 管道

排水管道指汇集、排放废水、污水、雨水的管道，包括干管、支管及通往污水处理厂的管道。不同类型的管道具有不同的特点，因此选取排水管道时应结合实际情况，综合考虑污水性质、污水排放量、设计使用年限、管道成本等因素，选取合适的管道。常用的排水管道的类型和各自特点如表 14.1 所示。

表 14.1　常见排水管

序号	管材类型	特点	图片
1	钢筋混凝土管	耐酸、耐碱、抗腐蚀、抗渗、自重大、使用寿命长	
2	铸铁管	强度大、抗挤压、无噪声、使用寿命长、价格低	
3	PVC 管	内壁光滑、重量轻、安装维修方便、使用寿命长、价格低、水密性好	
4	高密度聚乙烯缠绕管(PE 管)	耐腐蚀、质量轻、安装简便、通流量大、寿命长(50 年)、水密性好	

2. 管渠

管渠主要指断面为矩形、拱形等异型(非圆形)的输水通道，一般是采用砖、石、混凝土砌块砌筑，钢筋混凝土现场浇注或采用钢筋混凝土预制构件装配而成，如图 14.1 所示。

(a)石砌管渠　　　　　　　　(b)现浇混凝土管渠　　　　　　　(c)混凝土砌块管渠

图 14.1　常见管渠

3. 阀门井

阀门井是地下排水管道的阀门为了在需要进行开启和关闭部分管网操作或者检修作业时方便，就设置类似小房间的一个坑（或井），将阀门等安装布置在这个坑里，便于定期检查、清洁和疏通管道，是防止管道堵塞的枢纽。

4. 雨水口

雨水口指管道排水系统汇集地表水的设施，在雨水管渠或合流管渠上收集雨水的构筑物，由进水箅、井身及支管等组成。道路、广场草地，甚至一些建筑的屋面雨水首先通过箅子汇入雨水口，再经过连接管道流入河流或湖泊。雨水口是收集地面雨水的重要设施，把天降的雨水直接送往河湖水系的通道，如图 14.2 所示。

(a)草地雨水口　　　　　　　　　　　　　　　(b)道路雨水口

图 14.2　常见雨水口

14.2.2　排水管道施工

排水管道相对于其他管道施工具有埋置深、施工质量要求严格、施工难度大等特点。排水管道施工分为施工准备、管道施工、竣工验收三个阶段，其中施工准备包括材料准备、现场准备和施工机具准备；管道施工包括基槽开挖、安装管道、回填土等施工工艺。

1）施工准备

（1）材料准备。

管道施工的主要材料有砂石、混凝土、混凝土管道、密封橡胶圈、防腐材料、回填土。

砂石的级配必须符合设计要求，入场时必须经过检验；混凝土在施工前必须预留试块进行检测，检测强度不合格者不得使用；混凝土管材使用前必须进行逐个检测鉴定，管道表面裂缝不应该超过设计规定值，且管道表面的凸起不得影响使用；用来处理接口的密封橡胶圈必须有出厂合格证明，并进行现场复测鉴定。

(2)施工机具准备。

管道施工使用的机具有装载机、吊车、自卸汽车、蛙式夯机、挖掘机、全站仪、水平仪等。在施工前应确定各机械的配备数量，并对机械进行检修复查。

(3)现场准备。

施工现场应"三通一平"。材料应分类堆放，且标注明确，混凝土管材堆放不应该超过三层，以避免堆积过多造成管材破碎。橡胶圈应保存在阴凉、通风、干燥处，避免阳光直射，防止橡胶圈老化。

2)管道施工

排水管道施工的施工流程图如图 14.3 所示。

图 14.3　排水管道施工流程图

(1)测量放线。

施工测量是将所设计的构筑物形状、尺寸、位置准确地测量描绘在施工现场以便施工。测量工作贯穿整个工程。

(2)开槽。

基槽开挖之前要对该地的地基基础进行考察，看是否需要做坑壁支护工作，如果地下水位较浅，需要做出相应的排水措施。组织好人力、机械以保证能快速完成一个阶段的施工。当沟槽挖好时及时进行槽底和槽壁处理。

① 确定基槽的类型。

因为基槽开挖的工程量很大，占整个工程量的 60%，所以选择合理的基槽类型将会降低工程量，加快施工进度。选择施工断面形式时应根据土壤质地、地下水深度、支撑条件、管径大小、管节的长度等。常用的断面形式有梯形、矩形和混合型基槽，如图 14.4 所示。

(a) 矩形基槽　　　　(b) 梯形基槽　　　　(c) 混合型基槽

图 14.4　基槽断面形式

② 基槽开挖。

基槽的开挖有人工和机械两种，根据施工条件和地质条件选择合适的开挖方式。当管径<500 mm 时，非金属管道为 400 mm，金属管道直径为 300 mm 时，管道坡度如表 14.2 所示。

表 14.2　管沟坡度比值

土质种类	沟深小于 3 m	沟深为 3~5 m
黏土	1：0.25	1：0.33
亚黏土	1：0.33	1：0.50
亚砂土	1：0.50	1：0.75
砂卵石	1：0.75	1：1.00

人工开挖基槽时，坡边土体堆积高度不得大于 1.5 m，且距边坡的距离不应小于 0.8 m。槽底高程差的绝对值不应大于 20 mm。当图纸较松软时应及时进行坡壁支护。

(3)基础处理。

良好的管道基础是保证管道均匀沉降、正常工作的前提。根据管道的性质、埋深、土壤性质、荷载情况来选择合理的基础形式。

(4)安装管道和接口处理。

管道的安装应在沟槽基础验收合格后进行，保证槽壁支撑牢靠，槽底无杂物且排水通畅，并对管道中心线进行复测，以保证安装的精确性。

下管：根据现场情况安排好排水管道场地。采用履带吊车与人工配合的方法下管，并派专人进行安全指导工作。下管时所采用的吊车的起吊能力应留有一定的富余度，以保证起吊工作的安全性。

安管：安装之前，应对管道的插接口环进行逐个清理，并用润滑剂对工作面进行润滑，再将橡胶圈套入承接口环内，安装橡胶圈时必须保证橡胶圈平直顺滑，然后在橡胶圈外安装两侧倒链和卡口钢丝绳，拉动两侧倒链使插口平稳地进入承口中，并调整左右上下的间隙，保证接口密闭，并符合设计要求。

(5)井室砌筑。

排水管道检查井是检查排水情况并进行检修的构筑物，通常设在管道的交汇处、转弯、坡度及高程变化处。砌筑材料通常为砖、页岩等块状材料。检查井基础应和管道基础一起砌筑，检查井的流槽应和井壁一同砌筑，流槽表面用砂浆逐层抹平，流槽与上下游管道顺接。砌筑圆形检查井时应随时把握井的直径，在收口时应逐层进行收口，切不可收口太快。

(6)闭水试验。

在管道安装完成并且养护到位以后，为检查排水管道的密闭性，试验管道距离应小于 1 km，带井试验。将检验段的全部预留孔封闭，不得渗水。闭水试验段装满水后密闭 24 h。对管道的外观进行检测，即外观不得有渗水、漏水现象，且水头不得降低超过规定值，试验水头应以上游检查井井口高度为准。

(7)回填土。

无压力试验检查合格后，应及时余土回填。回填前应对管道周围进行清理，保证无渗水和腐殖质，且回填土不应含有有机物、大块土和砖石等。回填土时为避免管线位移和损坏，应用人工对管道周围的土质进行夯实，并应两侧同时进行填土以保证回填土压力相当。

在检查井 0.5 m 范围内，采用碎石级配进行处理。在接近管顶时可用蛙夯进行压实，但应保证管道的安全。

14.2.3　排水管道图例

排水管道图例如表 14.3 所示。

表 14.3　排水管道图例一览表

图名	图例	图名	图例
排水沟格栅平面图		排水沟格栅剖面图	
钢筋混凝土砖砌盖板暗渠平面图		钢筋混凝土砖砌盖板暗渠配筋图	
混凝土管与金属管连接图（抹带连接）		混凝土管与金属管连接图（套管连接）	

图名	图例	图名	图例
排水沟与排水管连接平面图		排水沟与排水管连接剖面图	
偏沟单雨水口混凝土井圈平面图		偏沟单雨水口混凝土井圈剖面图	
雨水连接暗井平面图		雨水连接暗井剖面图	

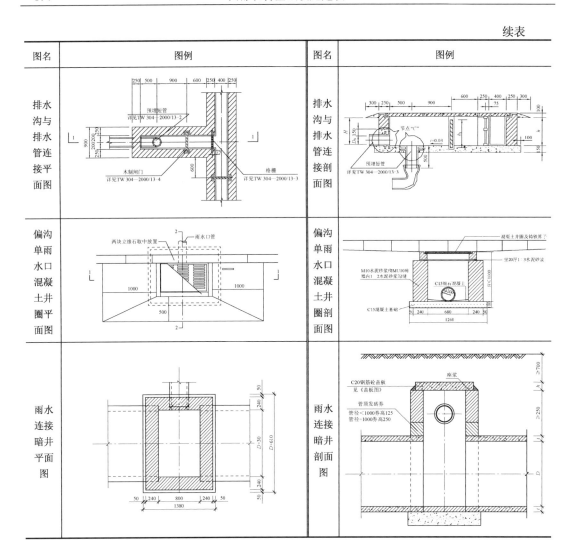

14.3　排水检查井工程

14.3.1　排水检查井组成

排水检查井是由井座、井筒、井盖和相关配件等组成，用以清通、检查井的井状构筑物，如图 14.5 所示。

图 14.5 常见排水检查井图

14.3.2 排水检查井施工

1. 排水检查井施工特点

1）施工难度较大

在西部农村地区，由于地形比较复杂，地势不平坦，在进行排水时没有系统的排水设施，在进行检查井的施工时由于复杂的地理条件，需要根据地形地势不断地尝试和探索，需要采用特殊的方案和技术，施工难度明显增大。

2）工作量较大

在西部农村地区，由于地形的影响需要在施工中注意各个施工指标的检测及控制采用特殊的技术，采取特殊的处理方案。与此同时，在施工现场需要施工、技术、监理等多个工种和单位协调配合，使得工作量增加。

3）养护要求高

排水检查井作为排水设施的一部分，长期会有水流经过，要具有良好的抗渗性，以及足够的强度、刚度、稳定性，使其能适应在蓄水与不蓄水时池壁承受的不同的强大的压力状态。为防止混凝土早期失水产生干缩裂缝，从而导致混凝土强大降低，其养护工作至关重要。

2. 排水检查井施工流程

排水检查井施工的一般工艺流程图如图 14.6 所示。

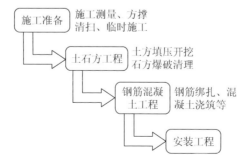

图 14.6 排水检查井施工的工艺流程图

3. 排水检查井施工要点

1)钢筋工程

进场钢筋符合设计和规范要求。用于工程的钢筋无节疤,不弯曲和没有其他破损。钢筋保持清洁,无任何可能影响混凝土与钢筋间结合的其他材料。堆放钢筋的场地上方要遮盖,钢筋放在木板和支墩上,离地净距大于 15 cm。

2)混凝土工程

浇筑前,对支架、模板、钢筋和预埋件进行检查,混凝土应按一定厚度、顺序和方向分层浇筑,应在下层混凝土初凝或能重塑前浇筑上层混凝土。

3)安装工程施工

(1)对井周进行加固。具体做法如下:沿井筒周围放加固钢筋箍;放置预制钢筋砼井圈,注意要将预制砼井圈平面位置及标高调整好;井周浇筑无砂大孔混合料或低标号混凝土进行加固;用临时盖板将井口盖好。

(2)对检查井井盖标高的调整。具体做法如下:露出预制钢筋砼井圈;确定检查井的井盖标高;将检查井盖放置在预制钢筋砼井圈上,井盖底沿井周用 4~6 个铁制楔形塞,将井盖顶面调至放线标高位置;井盖底与预制钢筋砼井圈间用高标号砂浆进行填充;每调好一座井后,用围护进行隔离,直至砂浆达到强度后方可撤去围护;井周用砼进行补填,并用冲击夯具进行夯实。

14.3.3 排水检查井图例

排水检查井图例见表14.4。

表 14.4 排水检查井图例一览表

图名	图例	图名	图例
分流井一平面图	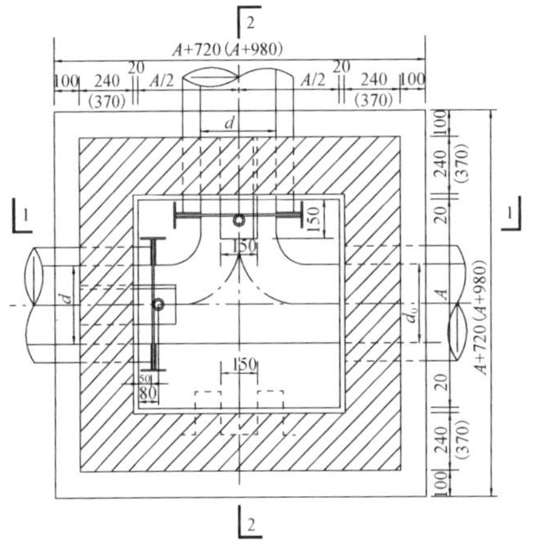	分流井一剖面图	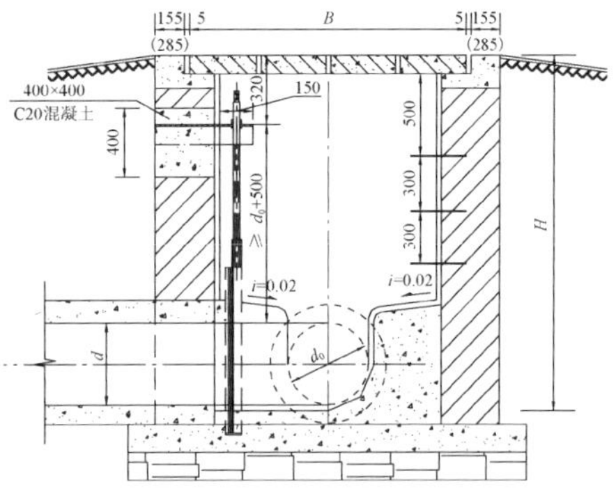

图名	图例	图名	图例
分流井二平面图		分流井二剖面图	
矩形一侧交汇污水检查井平面图		矩形一侧交汇污水检查井剖面图	
矩形两侧交汇污水检查井平面图		矩形两侧交汇污水检查井剖面图	

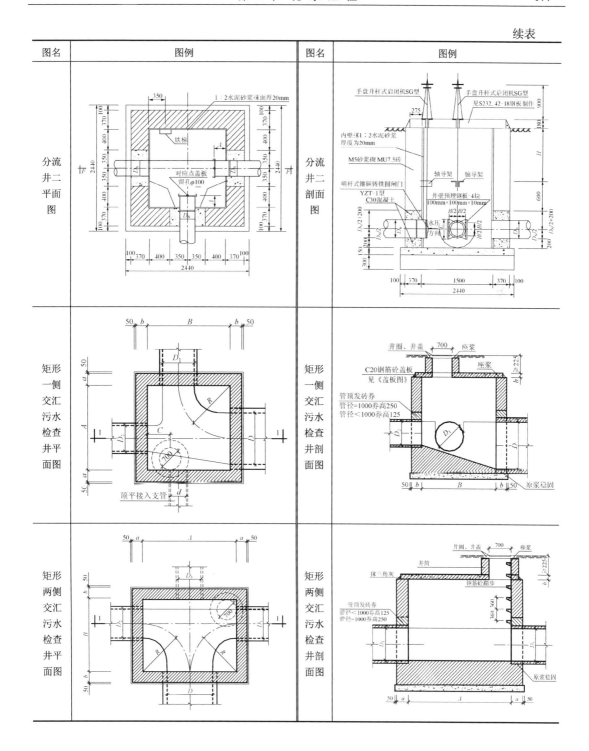

图名	图例	图名	图例
矩形直线污水检查井平面图		矩形直线污水检查井剖面图	
矩形直线雨水检查井平面图		矩形直线雨水检查井剖面图	

第 15 章　垃圾处理工程

15.1　概　　述

15.1.1　西部农村垃圾处理作用

(1)减少垃圾产量，减轻垃圾污染。

随着西部农村经济的发展和人口增长，农民的物质文化生活日渐丰富，生活和生产垃圾的产量随之日益增大。针对西部农村基础建设中垃圾的有效处理，能够使得垃圾量极大减少，有助于垃圾占地面积的降低，同时减少农村垃圾中的有毒有害物质对生态环境的破坏，确保农民的生产生活能够健康有序地开展。

(2)确保垃圾妥善处理，实现垃圾效益增值。

农村垃圾进行分散收集或统一收集，对垃圾进行分类分拣以及无害化处理后，进行填埋、焚烧或者堆肥处理，确保垃圾不会对村民生活环境造成二次污染。此外，利用相应的绿色技术手段对垃圾进行改造，变废为宝，使之成为有机肥料或者产热产能，作用于其他生产生活，实现资源利用最大化。

(3)促进农村循环经济的发展。

西部农村垃圾工程处理设施的管理和运营能够为村民提供一定的工作岗位，可用废品的变卖也可提高农民的经济收入，再加上垃圾处理后形成的新型能源或有机肥料，也能够为农村畜牧业和养殖业以及其他日常生活用能提供有力支撑，从而促进经济的循环和发展。

15.1.2　西部农村垃圾处理特点

(1)高原地区垃圾收集处理能力弱。

由于实际条件限制，西部高原地区垃圾转运和处理能力十分有限，村民处理垃圾的随意性太强。少数村落垃圾收集工作处理不当，没有进行统一收集，村民无组织丢弃。垃圾收集后也常常不做处理，最多就地焚烧或就地填埋，达不到无害化要求。设有垃圾箱的村落，垃圾清理频率也比较低，常有垃圾堆积现象发生。

(2)山地地区垃圾处理成本较高。

西部山地农村基础设施建设过程中，为改善农村人居环境，实现村容村貌整洁卫生，很多农村建造垃圾填埋场和秸秆气化站等，但有的地方效果不是很理想。因为山地地区特有的地理形势，致其交通运输极为不便。垃圾从收集到分拣再到处理，都涉及运输问题，因此垃圾治理的成本较高，也成为西部山地地区垃圾处理的特点之一。

(3)平原地区垃圾处理设施陈旧，技术滞后。

西部平原地区的农村因垃圾工程建设投入资金不足，管理机制松懈倦怠，无法跟进先进的技术设备，如填埋技术不成熟、无害化程度还有待提高；相对先进的堆肥技术也未曾引进使用；垃圾焚烧过程中大多数仍然沿用旧的流化床燃烧技术，对于新兴的炉排炉式燃烧技术，关注度较低，使用情况更是少之又少。

(4)盆地地区垃圾处理意识淡薄。

由于地理位置的限制以及传统老旧观念的保留，针对农民卫生意识的培养和卫生理念的宣传教育还远未达到基层，因此农民的卫生意识仍然较为淡薄。加上西部农村盆地地区的公共卫生基础设施建设本身比较薄弱，即使设有《村规民约》等类似文件，但约束力度却不理想，没有落到实处，执行力度不够或是只罚不管，垃圾仍随意倾倒，污染环境，垃圾处理问题依然不能得到有力解决。

15.2 垃圾处理设施

15.2.1 垃圾处理设施分类

1. 垃圾焚烧

垃圾焚烧是将收集的生活垃圾中的可燃成分经过烘干、引燃、焚烧三个阶段后将其转化为残渣和气体。这一处理方式能够有效实现垃圾减量化，焚烧过程中生活垃圾的体积和重量显著减少，有害有毒物质在高温下氧化和热解。焚烧垃圾能产生大量热能，用于发电或供暖，实现废物利用，绿色环保，节约能源。焚烧技术在实际应用中也受到限制。垃圾焚烧技术要求处理垃圾含水量不能太高，可燃成分应较多，同时生活垃圾的低位热值不低于 5 000 kJ/kg。但生活垃圾中成分复杂，稳定性差，不利于焚烧。焚烧生活垃圾会产生有毒有害气体，如果不进行技术处理，易产生二次污染。焚烧技术的设备费用和运行费用较高，需要投入大量的资金。

2. 垃圾卫生填埋

垃圾卫生填埋的原理是采取防渗、铺平、压实、覆盖等措施将生活垃圾埋入地下，经过长期的物理、化学和生物作用使其达到稳定状态，并对气体、蝇虫等进行处理，最终对填埋场封场覆盖，从而将垃圾产生的危害降到最低。垃圾卫生填埋技术工艺简单，管理方便，建设费用和处理成本较低，但同时也具有一定的局限性。垃圾填埋技术需要占用大量的土地，并且填埋场的建设要求必须保证有充分的填埋容量和较长的使用期。

3. 堆肥处理技术

堆肥技术是在一定的工艺条件下，利用自然界广泛分布的细菌、真菌等微生物对垃圾中的有机物进行发酵、降解，使之变成稳定的有机质，并利用发酵过程中产生的热量处理有害微生物，达到无害化处理的生物化学过程的目的。当垃圾中有机物含量大于 15%时，就可使垃圾达到无害化、减量化的目的。垃圾堆肥处理，可以将其中的易腐有机物转化为土壤容易接受的有机营养土，同时产生一定的堆肥物。堆肥处理技术经济投入少，操作简单，技术要求低，污染压力小。

15.2.2　垃圾处理设施施工

1. 垃圾焚烧技术

1) 垃圾焚烧技术施工的工艺流程

垃圾焚烧技术施工的工艺流程图见图 15.1。

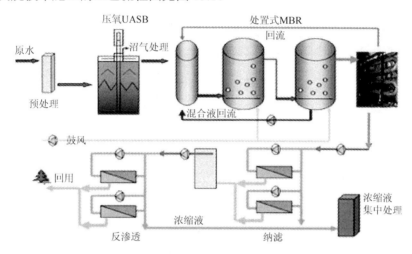

图 15.1　垃圾焚烧技术施工的工艺流程图

2) 垃圾焚烧技术施工要点

炉排炉焚烧技术是生活垃圾焚烧最适宜的焚烧技术。技术特点在于全部焚烧生活垃圾，启动时可以用少量油作为辅助燃料，不掺烧煤，进料垃圾不需要预处理，依靠炉排的机械运动实现垃圾的搅动与混合，促进垃圾完全燃烧。焚烧炉内垃圾燃烧稳定且较为安全，飞灰量少，炉渣热酌减率低，技术成熟，设备年运行时间可达 8 000 h 以上，垃圾能连续焚烧，不需要经常起炉和停炉。

流化床焚烧炉主要以国产化技术为主，建设投资相对较低。流化床焚烧炉在运营时可以添加部分煤助燃，对垃圾的适应性较好，具有较好的经济效益。需要石英砂作为辅料，需要掺煤才能燃烧垃圾；可混烧多种废物，一般需要有垃圾分选和破碎工序；炉内垃圾处于悬浮流化状态，为瞬时燃烧，燃烧不完全，对焚烧炉的冲刷和磨损较严重，因此使用年限较短；流化床焚烧炉检修相对较多，运行时间较短，通常只有 6 000 h，起炉和停炉较为方便。

2. 垃圾卫生填埋技术

1) 垃圾卫生填埋的工艺流程

垃圾卫生填埋的工艺流程图见图 15.2。

2) 垃圾卫生填埋的施工要点

垃圾卫生填埋技术采用机械化作业，主要作业机械有环卫型推土机、垃圾压实机、挖掘机、自卸汽车以及装载机、洒水车、喷药车等。垃圾卫生填埋工艺分为垃圾运输车卸料、推土机推运布料、垃圾压实机碾压、覆盖土层并压实平整。

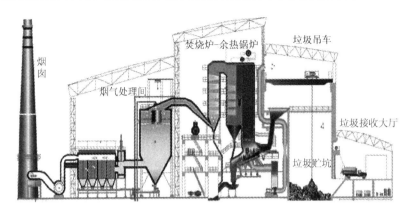

图 15.2　垃圾卫生填埋的工艺流程图

3. 垃圾堆肥技术

1)垃圾堆肥技术的工艺流程

垃圾堆肥技术的工艺流程图见图 15.3。

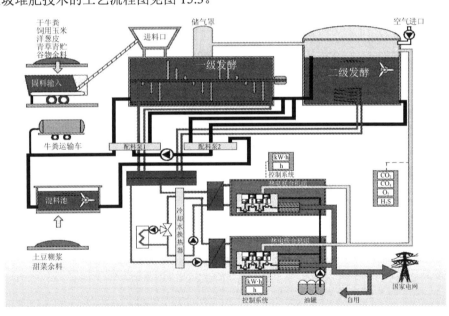

图 15.3　垃圾堆肥技术的工艺流程图

2)垃圾堆肥技术的施工要点

生活垃圾堆肥技术作为处理有机垃圾的一种不可替代的方法，有无害化程度高、减量化效果好、能够最大限度实现生活垃圾资源化处理的特点。堆肥技术按照堆肥的基本原理分为好氧堆肥和厌氧堆肥。目前好氧堆肥应用较为广泛。

15.2.3　垃圾处理设施图例

垃圾处理设施图例如表 15.1 所示。

表 15.1　垃圾处理设施图例一览表

图名	图例	图名	图例
坡形阶地淋滤液收集系统	淋滤液收集管　倾斜的填埋单元基底　淋滤液收集系统　衬层系统	复合衬层系统	渗滤液收集系统　HDPE　黏土层
卫生填埋场剖面图	表土　保护层　排水层　土工膜　气体排放层(最终覆盖基础层)　压实土隔离层　固体废弃物　淋滤液收集输送系统　土工膜　压实黏土衬层	双复合衬层系统	渗滤液收集系统　黏土层　检测层　HDPE　黏土层
柔性膜单层衬层系统	渗滤液收集系统　HDPE	淋滤液集水槽简图	反滤层　4cm洁净砾石　排水层　淋滤液收集管　衬垫　300　600　150　600
双层衬系统	渗滤收集系统　HDPE　检测层　HDPE	土工膜淋滤液集水槽	附加的土工膜片　排水层　土工膜衬垫　洁净棱角砾　土工织物/反滤层　淋滤液收集管　3m　3m
黏土单层衬层系统	渗滤液收集系统　黏土层	复合双衬层系统	渗滤液收集系统　HDPE　检测层　HDPE　黏土层

第16章 卫生厕所工程

16.1 概 述

16.1.1 西部农村卫生厕所作用

(1)改善农村生态环境。

西部农村卫生厕所的建设，能够切实考虑村民的生存需求和生活环境，从根本上改善农村生态环境，提高村民的生活水平，做到惠民、便民和利民，有利于建设绿色宜居村庄，为丰富西部农村农民的物质文化生活提供便利和基础。

(2)发展农村循环经济。

西部农村卫生厕所的建设能够将排出的粪便结合现代科学技术和绿色生态的理念，处理为沼气或者生产为有机肥料，以用于其他生产生活活动，如天然气沼气生活取暖，解决村民日常生活和畜牧养殖业发展带来的粪便污染问题，有利于农村循环经济的发展。

(3)提高村民生态环保意识。

建设西部农村卫生厕所，能够提高生活硬件设施，对村民的生态环保意识能够起到一定的教育意义，革除不良的卫生习惯，从根本上重视生活卫生问题，培育村民关心环境卫生的良好风尚，促进西部农村地区人与自然的和谐发展。

(4)实现粪便处理系统一体化。

卫生厕所的建设将粪便收集和粪便处理系统集成一体化，实现卫生厕所的规范化和高效化，避免造成二次污染，充分利用农村废物资源，方便实施农村生态生产工程，实现西部农村基础设施装备化和组织化，粪便和资源的无缝对接。

16.1.2 西部农村卫生厕所特点

(1)高原地区卫生厕所较为简单。

高原地区卫生厕所形式多为室外旱厕。村内每家每户的旱厕单独位于住房旁。水厕的普及率较低，只在少数村镇，能与市政管网方便连接的旅店、饭馆、单位用房等设置水厕。卫生厕所建设有待进一步发展。

(2)山地地区粪便基本不做处理。

山地地区只有部分村民使用水厕，少数村民家中设有沼气池或简单的化粪池，对粪便进行简单的沉淀过滤处理。大多数村民家中的粪便冲入田里，用于耕地的施肥，还有住户直接将其排放到河道，不仅污染生态环境，还易导致传染病。

(3)平原地区卫生厕所以旱厕为主。

目前部分平原地区村民将雨水收集起来用于卫生厕所，厕所便池下接化粪池，用水将粪便冲入化粪池内，化粪池满后取出作为农家肥撒入田地。大部分村民的厕所采用土块建成旱厕，挖一小沟槽作为粪便容器。使用前一般先放入些沙土，使用后将其铲出厕所，自然晾晒后直接作为粪肥使用。

(4)盆地地区水厕普及率高。

目前盆地地区农村大部分农户都采用水冲式厕所，还有一小部分是旱厕，产生的污水经过自家的污水池的简单沉淀，通过排水管道进入道路两边的暗渠，与生活污水合流，最终进入村外的河流，化粪池里的粪便则作为自然肥料施用到农田。粪便的统一处理使得卫生厕所工程更为高效和清洁。粪便的处理已经比较完善。

16.2 卫生厕所设施

16.2.1 卫生厕所分类

根据当地农村的经济发展状况、人文地理环境和农业生产方式等因素，可选用的卫生厕所类型包括水冲式厕所、三格化粪池厕所、三连通沼气池式厕所、粪尿分集式厕所及双瓮漏斗式厕所等。厕所地下部分宜建于房屋或围墙之外，应满足坚固耐用、经济方便的使用要求，在特殊地质条件地区，应当由当地建筑设计部门提出建造的质量安全要求。

16.2.2 卫生厕所施工

1. 粪尿分集式厕所

1)粪尿分集式厕所的特点

粪尿分集式厕所是指采用不混合的便器把粪和尿分别进行收集、处理和利用的厕所，如图 16.1 所示。

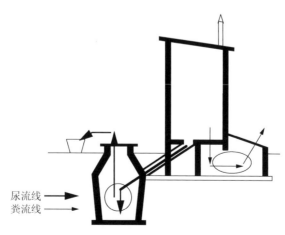

图 16.1 粪尿分集式厕所工艺流程示意图

该类型厕所将粪和尿分别导入储粪、储尿装置。对含有致病微生物和肠道寄生虫卵的人粪采用干燥脱水方法进行无害化处理，而收集的尿可直接作为肥料。粪尿分集式厕所由粪尿分级式便器、储粪结构、储尿结构和厕屋组成。粪尿分集式厕所能在厕坑内解决粪便无害化、防蝇蛆、无臭，不污染外环境，粪便经干燥处理后重量和体积减小，无害化程度高，节约用水，有利于生态农业建设，抗冻性较强。但使用和管理难度较大，成本较高，经济效益不强。

2) 粪尿分集式厕所的施工要点

(1) 依照地理环境、气候条件和农户的具体情况与要求进行选址。条件允许的农村，适宜将其建设在室内，尽可能增加日照时间。地下水位较高的地区适宜建造地上或者半地上式的储粪池。

(2) 农村尿收集口直径为 30～60 mm，粪便收集口内径为 160～180 mm。储粪池长 1 200 mm、宽 1 000 mm、高 800 mm。储粪池的容积不宜小于 0.8 m³。双储粪池的尺寸应为长 1 500 mm 以上、宽 1 000 mm、高 800 mm，单个储粪池的容积应为 0.5 m³ 左右。

(3) 寒冷地区粪尿分集式便器的排尿口内径大于 5 cm，用尿肥农户，可在厕所背阴面处、冻层以下建造容积为 0.5 m³ 的储尿池。排气管直径宜大于 10 cm，安装高度高于屋顶 500 mm。便器和储尿池的连接距离尽可能短，要直接相通并且不能有拐弯。出粪口朝向要便于清掏，应密闭严实，防止雨水渗入。

3) 粪尿分集式厕所的质量检验

(1) 检查储粪池是否存在渗漏情况。

(2) 检查烟气能否顺利从便器排粪口吸入，从排气管冒出。

(3) 检查吸热板安装是否严密无缝。

2. 水冲式厕所

1) 水冲式厕所的特点

水冲式厕所由厕屋、抽水装置、厕井以及与其配套的三格化粪池组成。水冲式厕所必须用于上、下水设施完备的地区。排出的粪便污水宜与通往污水处理厂的网管相连接，不得随意排放。没有污水排放系统的村庄，不宜建造水冲式厕所，否则会对环境造成严重的破坏。水冲式厕所建造要点在于配套的三格化粪池，主要适用于城镇化程度较高、居民居住集中、具有完整下水道系统地区的农村。

2) 水冲式厕所的施工要点

(1) 厕所位置设在室内外均可；气候寒冷的村户不宜设在室外，上下水管线应布设防冻措施。便器应用水封。

(2) 厕井圆心在距离后墙 900 mm 与侧墙 340 mm 的交点处，井坑直径可容下蓄水缸即可，厕井深度在 930 mm 左右。

(3) 厕井口尺寸为长 300 mm、宽 200 mm，角钢靠边使厕井口有 260 mm 长、200 mm 宽以上的空位。蓄水缸外径与井壁内径的间距不得小于 400 mm。抽水机上的过滤器与缸底间距 10 mm。

(4) 挖宽 450 mm 通向化粪池低端的斜坡，斜坡与水平面的夹角不小于 60°。使抽水机的铁管与抽水机的活塞杆平行。地面需要铺设釉面砖、马赛克或水泥地坪。

3)水冲式厕所的质量检验

(1)上水不正常时，可检查抽水机是否扭曲、是否需要更换橡皮条、抽水喷嘴有无堵塞情况、皮碗使用有无损坏，针对具体问题，进行查验，排除故障。

(2)检查储粪池是否密闭、是否渗漏，粪便处理是否符合无害化要求。

3. 三格化粪池厕所

1)三格化粪池厕所的特点

三格化粪池厕所是将粪便的收集、无害化处理在统一流程中进行的，见图 16.2。粪便经过三格化粪池的储存以及沉淀发酵之后，能较好、较为彻底地杀灭虫卵和有害细菌。三格化粪池式厕所主要构成有厕屋、蹲便器或坐便器、进粪管、过粪管、三格化粪池等。三格化粪池厕所构造简单、易于施工、价格适宜、卫生效果好，粪便能够达到无害化处理，但建造技术要求高，检查及验收难度较大。

2)三格化粪池厕所的施工要点

(1)在挖坑时，单侧应预留 150～300 mm用以砌砖，浇筑厚度为 100 mm、深度不小于 1 200 mm 的混凝土。粪池基础采用 C10 的混凝土，下层为素土夯实，如果遇到地下水，混凝土下可垫 100 mm 的厚碎石夯实。

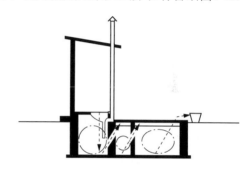

图 16.2　三格化粪池厕所

(2)砖砌化粪池，长方形池砌体用 MU7.5 烧结普通砖、M10 水泥砂浆砌筑，原浆勾缝。内外壁作 20 mm 厚的 1∶2 水泥砂浆抹面，砂浆掺 5%防水粉；圆形池与基础连接处的内壁用 5%的防水粉 1∶2 水泥砂浆抹面。第二池墙达到一定高度时，做好防渗处理后再继续砌筑墙。

(3)化粪池深度不应小于 1 200 mm。现浇化粪池，浇筑厚度为 50 mm 的混凝土，注意进粪管和过粪管的放置位置。进粪管和过粪管的安装位置必须错开一定的角度，以免新鲜粪便直接进入第二、三池内。便器安装时以便器下口中心为基础，距离后墙不少于 350 mm，边墙不少于 400 mm。

(4)过粪管上端应与便器下口相连接，并加以固定，下端通向第一池。过粪管安装与隔墙水平夹角呈 60°。其中第一池到第二池过粪管下端(即粪液进口)位置在第一池下 1/3处，上端在第二池距离池顶 100 mm 处；第二池到第三池过粪管下端(即粪液进口)位置在第二池的下 1/3 处或中部 1/2 处，上端在第三池距离池顶 100 mm 处。

3)三格化粪池厕所的质量检验

(1)检查所用建筑材料是否符合化粪池材料要求。

(2)检查化粪池的结构、容积、池深、过粪管道位置是否符合要求。

(3)化粪池建成以后应检验其渗漏情况，查验无误后方可投入使用。

(4)检查出粪口的上边缘是否高出地面 100 mm，防止雨水渗入。

(5)检查第一池的排气管安装是否高于厕屋 500 mm，防止臭气溢出。

4. 三连通沼气池式厕所

1) 三连通沼气池式厕所的特点

三连通沼气池式厕所的沼气池以水压式沼气池为基本结构，使厕所、禽猪圈和沼气池相连接，形成三连通沼气池式厕所，由厕屋、蹲便器或坐便器、畜圈、进粪管、进料口、发酵间、水压间等部分组成，具体参见图 16.3。

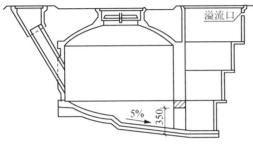

图 16.3　三连通沼气池式厕所

三连通沼气池式厕所设计合理，构造简单，施工方便，坚固耐用，造价低廉，控制粪便排放对环境的污染，利于环境保护，可产生清洁能源，达到新能源、卫生新标准和有机肥料的有机统一。但沼气的产生和利用需要一定技术，清除的残渣需要做无害化处理，在寒冷地区需做保暖防护，一次性投入资金较多。

2) 三连通沼气池式厕所施工要点

(1) 选址应与村户保持一定的距离，要求背风向阳，土质坚实，地下水位低和出渣方便，与灶具的距离不超过 30 mm。土方开挖尺寸略大于沼气池的实际尺寸。开挖时，保证上下垂直，不得有坡度。开挖顺序为先小后大。

(2) 池底进料间到出料间走向中心线，挖 30 cm 长、5 cm 宽的沟渠，池底呈两边向中央 5° 的坡度。池底清理后，浇筑 6 cm 厚的 C15 混凝土。池底四周 10 cm 处池边适当加厚。浇筑天窗口壁时，预留安装保险钢筋的小孔和输气管孔。

(3) 池墙上部浇筑 10 cm 宽、5 cm 厚的池盖圈梁，便于与池拱相连接。池拱木模厚度应根据材料的强度和宽度而定，木模材料与地面水平线夹角呈 30°。进料管应保证平直，以避免储气室容积变小或者造成入料时容易发生堆料情况。

5. 双瓮漏斗式厕所

1) 双瓮漏斗式厕所的特点

双瓮漏斗式厕所主要由漏斗形便器、前后两个瓷性储粪池、过粪管、后瓮盖、麻刷锥和厕屋等组成，结构简单、简单易行、造价低廉、经济适用、取材方便，很受欠发达地区农村村民欢迎。此外，该类型卫生厕所的卫生效果好、利于环境改善、蝇蛆密度下降、肠道传染病发病明显减少，适合于干旱少雨地区农村。

2) 双瓮漏斗式厕所施工要点

(1) 挖坑时需要在土坑内分别按照前后瓮体的最大外径，加扩 3～5 cm。沿土坑壁抹上厚度为 3～5 cm 的水泥砂浆。前后瓮应严格按照设计位次排列，不可反置。

(2) 漏斗形便器应安放在前瓮的上口，要求密闭，但不应与瓮体固定死。在安装前，前瓮的安装槽边内垫 1～3 层的塑料薄膜，使漏斗便器和前瓮口隔离，增加前瓮的密闭程度，同时掏取前瓮粪渣时取放方便。

(3) 室外的前后瓮盖都应密闭且高于地面 100～150 mm，防止雨水渗入。排气管应与双瓮漏斗式厕所的前瓮相同，并高于厕屋 500 mm 以上。过粪管在前瓮安装于距离瓮底部

550 mm 处，向后瓮上部距离后瓮底 110 mm 处斜插。过粪管长度应适中，在 55～75 cm，不可过长或过短，也不可反向倒置。

16.2.3 卫生厕所图例

卫生厕所图例如表 16.1 所示。

表 16.1 卫生厕所图例一览表

图名	图例	图名	图例
水冲式厕所方形化粪池平面图		水冲式圆形化粪池平面图	
三连通式沼气池式厕所平面图		三连通式沼气池式厕所立面图	
双瓮漏斗式厕所平面图		双瓮漏斗式厕所剖面图	

图名	图例	图名	图例
粪尿分集式厕所结构图		粪尿分集式厕所流程图	
三格化粪池平面图		三格化粪池厕所立面图	

第17章 生活用能工程

17.1 概　　述

农村能源，指农村地区的能源供应与消费，涉及农村地区工农业生产和农村生活多个方面。在农村范围内提供和消费的能源资源是发展农村各业生产、改善人民生活所必需的物质基础，主要包括畜力、生物质能、水能、矿物质能(煤炭、石油、天然气等)、太阳能、风能、地热能和潮汐能等。

17.1.1 西部农村生活用能作用

(1)优化农村产业结构，促进农村经济发展。

农村可再生能源开发和利用对农村经济的作用是恒久的。例如，使用粮食等生产酒精、柴油、沼气等，必增加对农作物籽实和秸秆需求量，刺激生产，扩大种植比例和规模，使其更具发展弹性；对农村能源作物进行深加工或能用转化，可以拉长农业产业链条，拓宽农村生产经营领域，带动农村第二、三产业发展壮大，加快农村产业结构的变化，加快农村产业结构优化升级。

(2)使农民增收节支，实现生活富裕的目标。

在农村生产和使用可再生能源，能够大大拓展种植、养殖、加工、销售、维护、修理等生产经营范围，拉长农村产业链条，提高农村劳动的边际生产率，从而增加农村就业渠道和就业机会，吸纳农村劳动力就业，减少农民支出。以沼气为例，建一个沼气池一次性投入2 000元左右，两年即可收回投资，使用期通常为20～30年。沼气池配套改建畜禽圈舍、厕所、厨房、浴池、排水管道等，使粪便、污水入池发酵，许多由粪便、污水、烟尘等引起和传播的疾病也可以得到有效控制，农村卫生健康状况会大为改善，农民看病就医方面的开支就会减少。

(3)方便和满足农村用能，缓解农村能源供应紧张的局面。

伴随着农村经济社会的发展，农民在生产和生活方面对能源的需求迅速增长，而在全国能源吃紧的大背景下，能源的问题越来越突出。长此以往，农村经济的发展和农民生活水平的提高必将受到严重制约。发展农村能源基础设施，开发清洁与可再生能源，既可就地取材，又能方便使用，更重要的是可直接地、大量地、稳定地增加对农村能源供应，从根本上解决农村能源紧缺问题。

(4)有助于保护和改善农村生态环境，实现农村的可持续发展。

大力开发和使用农村可再生能源，通过生物质能转化技术，可以变"废"为宝，由此降低污染，洁净环境，保持农村的生态平衡。农村可再生能源开发还会使化石燃料的消耗相对减少，从而减少有害气体的排放，减轻能源消费给环境造成的污染。农村可再生能源的科学、综合开发，还可以实现农村资源的循环使用、永续利用，为农村经济社会可持续发展提供保障。

17.1.2　西部农村生活用能特点

(1)高原地区适宜大范围推广风能。

在西部高原地区，属于风能较丰富区。青藏高原地势高亢开阔，冬季东南部盛行偏南风，东北部多为东北风，其他地区一般为偏西风，冬季大约以唐古拉山为界，以南盛行东南风，以北为东至东南风。在时间上，冬春季风大，降雨量少，夏季风小，降雨量大，与水电的枯水期和丰水期有较好的互补性。

(2)山地地区太阳能利用率不高。

西部山地地区面积较大，海拔较高，气温较低，位于太阳能资源分布一般区和贫乏区地带。老村落只有极少部分住户安装了太阳能设备，大部分居民家仍在使用传统的方式，以燃烧木材、秸秆作为生活用能。由于该地区太阳能资源分布地域不均衡，应采取分区开发利用策略，并制定相应的政策措施，在资源丰富的时段最大限度地利用太阳能，节约出的电、煤等能源供太阳能资源贫乏的时段使用，以弥补太阳能季节差异的不足，促进节能减排和可持续发展。

(3)平原地区适宜开发太阳能与风能。

西部平原地区太阳辐射量分布在资源一般区，该地区也较适宜开发太阳能发电、太阳能供热等新型可再生能源。此外西部平原地区属于风能可利用区，也较适宜开发和利用风力发电等可再生能源。因风力发电装置的开发造价较高，所有该地区对风能的利用还处在初级阶段。虽然风能属于清洁能源，但风能利用的区域主要在平原的收缩地带，发电的功率取决于风力的大小，存在很多偶然性因素。

(4)盆地地区适宜开发沼气。

沼气作为一种清洁能源，合理的开发和建设沼气池不仅能节约能源、改善和保护环境，还有节约化肥和农药、提高农作物的产量和质量、促进和带动饲养业的发展等诸多好处。但西部盆地地区沼气池存在许多技术上的问题有待改进，如沼气池的使用期限较短，供能不足；冬季沼气温度达不到要求，只能在夏季使用沼气。为了更好地解决这些问题，在建设沼气池的技术上还需要继续探索改进。

17.2　风　能　设　施

风能是地球表面大量空气流动所产生的动能。地面各处受太阳辐照后气温变化不同和空气中水蒸气的含量不同，因而引起各地气压的差异，在水平方向高压空气向低压地区流动，即形成风。风能资源决定于风能密度和可利用的风能年累计小时数。风能密度是单位迎风面积可获得的风的功率，与风速的三次方和空气密度成正比关系。

17.2.1　风能设施分类

风能是太阳能的一种转化形式，是一种不产生任何污染物排放的可再生的自然资源。风能储量巨大，理论上仅 1%的风能就能满足人类能源需要。风能利用主要是将大气运动所具有的动能转化为其他形式的能，其具体用途包括风力发电、风帆助航、风车提水等。风力发电是风能利用的最重要形式。

1. 并网型风力发电系统

并网型风力发电系统是指风电机组与电网相连，向电网输送有功功率，同时吸收或者发出无功功率的风力发电系统，典型如图 17.1 和图 17.2 所示，一般包括风电机组、线路、变压器等。

图 17.1　内蒙古辉腾锡勒风力发电厂　　　　　图 17.2　达坂城风力发电厂

2. 离网型风力发电系统

离网型风电系统必须借助储能装置来缓冲并消除系统电能的供需失配，以保证系统供电的连续稳定。目前常规离网型风电系统多采用单一蓄电池储能方式，如图 17.3 所示。蓄电池具有充放电效率高、负荷跟随动态特性好等优点，但其能量密度较低、自漏电率较高，不适合长期蓄能。随着电能的逐步实用化，偏远地区因远离发电厂，输电成本居高不下，离网型风力发电系统在偏远农村地区有很大发展前景。

图 17.3　小型离网型风力发电

17.2.2　风能设施施工

1. 并网型风电系统

风力发电机(简称风机)利用叶轮旋转,将风能转化为机械能,叶轮通过一个增速齿轮箱带动发电机旋转(直驱式风电系统无此环节),发电机再将机械能转化为电能,并入电网供用户使用。并网型风电系统风机一般为水平轴式,该风机在其桨叶正对风向时才旋转,由偏航系统根据风向控制风机迎风。变桨距机组还需要一套变桨距系统,主要有液压型与电气传动型两类,前者适合大中型机组,后者具有可靠性高和桨叶独立可调特点。在西部农村基础设施建设中,并网型风力发电系统使用面更广,故主要介绍并网型风力发电机组安装过程。

2. 并网型风力发电机组施工流程及要点

并网型风力发电机组施工流程图见图 17.4。并网型风力发电机组属于重型发电设备,整个设备高达百米以上,重量在数百吨,因此风力发电机组的装配不可能在生产厂全部完成。因为若在生产厂完全装配好,到风电场的运输问题目前根本无法解决,所以风力发电机组的装配是在生产厂进行部分装配,而未装配的部件留待在风电场安装时再进行现场装配。

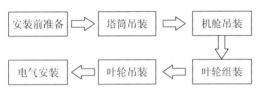

图 17.4　并网型风力发电机组施工流程图

17.2.3　风能设施图例

风能设施图例如表 17.1 所示。

表 17.1　风能设施图例一览表

图名	图例	图名	图例
风力发电机工作图(一)		风力发电机微机原理示意图	

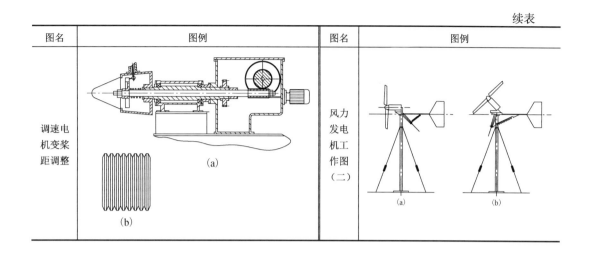

图名	图例	图名	图例
调速电机变桨距调整	(a) (b)	风力发电机工作图(二)	(a) (b)

17.3　太阳能设施

太阳能是一种新兴的可再生能源。我国是太阳能资源相当丰富的国家，西部地区具有发展太阳能利用事业得天独厚的优越条件，有着广阔的发展前景。

17.3.1　太阳能设施分类

(1) 光热利用。基本原理是将太阳辐射能收集起来，通过与物质的相互作用转换成热能加以利用。目前使用最多的是太阳能收集装置。

(2) 太阳能发电。利用太阳能发电的方式有多种，目前已使用的主要有光-热-电转换和光电转换两种。

(3) 光化利用。利用太阳能辐射能直接分解水制氢的光-化学转换方式。

(4) 光生物利用。通过植物的光合作用来实现太阳能转换成为生物质能的过程。目前主要有速生植物(如薪炭林)、油料作物和巨型海藻等。

在西部农村基础设施的建设中，目前使用率最高的是太阳能热水器，所以本书重点介绍太阳热水器的施工。

17.3.2　太阳能设施施工

1. 太阳能热水器安装流程

太阳能热水器是目前太阳能利用技术中最成熟的应用形式，从全周期经济性、安全性、环保性等方面，与传统的燃气热水器和电热水器进行比较，发现太阳能热水器均优于其他两种热水器。太阳能热水器的施工流程图如图 17.5 所示。

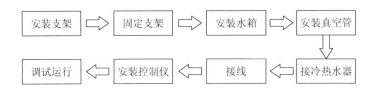

图 17.5　太阳能热水器的施工流程图

2. 太阳热水器的安装

太阳集热器最佳布置位置是朝向正南，偏差允许在±15°以内，集热器周围不应有遮挡；为了减少散热量，整个系统宜尽量放在避风口，设阁楼层将蓄水箱放在建筑内部，以减少热损失；连接管路应尽可能短，集热器、水箱直接放在浴室顶上或其他用热水的场所，尽量避免分得太散，对自然循环式这一点格外要求。

17.3.3　太阳能设施图例

太阳能设施图例如表 17.2 所示。

表 17.2　太阳能设施图例一览表

图名	图例	图名	图例
上嵌入式坡屋面集热器布置轴测图	集热器 瓦屋面	上嵌入式坡屋面集热器布置屋面立面示意图	集热器 瓦屋面
瓦屋面集热器安装详图	基底200×（200～300）或依据产品规格及安装要求确定 集热器 瓦屋面 暗藏基底 未标注者均为200×200	集热器安装轴测图	太阳能集热器 铜支架 混凝土基座 混凝土基座 1000～4000

续表

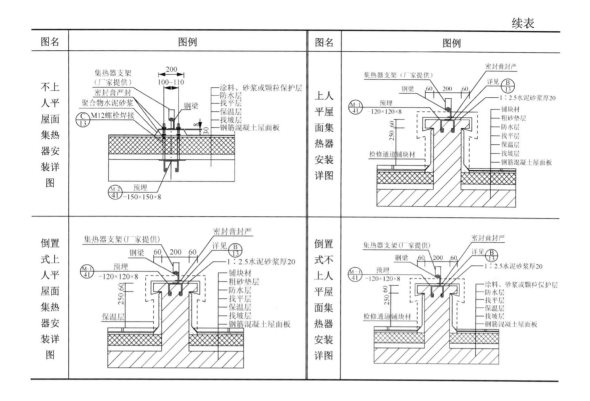

17.4　沼 气 设 施

　　沼气能是一种可燃气体能源，通常所说的沼气，并不是天然产生的，而是人工制取的，所以它属于二次能源。沼气的主要成分是甲烷，甲烷气体的热值较高，因而沼气的热值也较高，是一种优质的人工气体燃料。

　　沼气可以用来煮饭、照明，既方便，又干净，还可以节约大量柴草，生产饲料。沼气既可以直接作为煤气机的燃料，又可以作为以汽油机或柴油机改装而成的沼气机的燃料，用这些动力机械可完成碾米、磨面、抽水、发电等工作。有的地区还用沼气开动汽车和拖拉机，应用不断扩大。

17.4.1　沼气设施分类

1. 固定拱盖水压式沼气池

　　固定拱盖水压式沼气池有圆筒形、球形和椭球形三种池型。这种池型的池体上部气室完全封闭，随着沼气的不断产生，沼气压力相应提高。不断增高的气压，迫使沼气池内的一部分料液进到与池体相通的水压间内，使得水压间内的液面升高，产生水位差即"水压"。用气时，沼气开关打开，沼气在水压下排出；当沼气减少时，水压间的料液又返回池体内，使得水位差不断下降，导致沼气压力也随之降低。这种利用部分料液来回串动，引起水压反复变化来储存和排放沼气的池型，就称为水压式沼气池。

表17.3列出水压式沼气池型一些突出的优缺点。

表 17.3　水压式沼气池型的优缺点

水压式沼气池的优点	水压式沼气池的缺点
池体结构受力性能良好，而且充分利用土壤的承载能力，所以省工省料，成本比较低	由于气压反复变化，对池体强度和灯具、灶具燃烧效率稳定与提高都有不利的影响
适于装填多种发酵原料，特别是大量的作物秸秆，对农村积肥十分有利	由于没有搅拌装置，池内浮渣容易结壳，又难以破碎，所以发酵原料的利用率不高，池容产气率偏低
为便于经常进料，厕所、猪圈可以建在沼气池上面，粪便随时都能打扫进池	由于活动盖直径不能加大，对发酵原料以秸秆为主的沼气池来说，大出料工作比较困难，出料的时候最好采用出料机械
沼气池周围都与土壤接触，对池体保温有一定的作用	

2. 中心吊管式沼气池

中心吊管式沼气池将活动盖改为钢丝网水泥进、出料吊管，使其有一管三用的功能（代替进料管、出料管和活动盖），简化了结构，降低了建池成本，又因料液使沼气池拱盖经常处于潮湿状态，有利于其气密性能的提高。此外，出料方便，便于人工搅拌。但是，新鲜的原料常和发酵后的旧料液混在一起，原料的利用率有所下降。

3. 无活动盖底层沼气池

无活动盖底层出料水压式沼气池是一种水压式沼气池变型。该池型将水压式沼气池活动盖取消，把沼气池拱盖封死，只留导气管，并且加大水压间容积，这样可避免因沼气池活动盖密封不严带来的问题。无活动盖底层出料水压式沼气池为圆柱形，斜坡池底。它由发酵间、贮气间、进料口、出料口、水压间、导气管等组成，见图17.6。

图 17.6　建设中的沼气池

无活动盖底层沼气池各组成部分及作用见表 17.4。

表 17.4　无活动盖底层沼气池

无活动盖底层沼气池构造部分	各构造部分作用
进料口与进料管	进料口与进料管分别设在猪舍地面和地下。厕所、猪舍及收集的人畜粪便，由进料口通过进料管注入沼气池发酵间
出料口与水压间	出料口与水压间设在与池体相连的日光温室内。其目的是便于蔬菜生产施用沼气肥，同时出料口随时放出二氧化碳进入日光温室内促进蔬菜生长。水压间的下端通过出料通道与发酵间相通。出料口要设置盖板，以防人、畜误入池内
池底	池底呈锅底形状，在池底中心至水压间底部之间，建一 U 形槽，下返坡度 5%，便于底层出料

4. 太阳能沼气池

太阳能沼气池，包括发酵集料箱、复合凸透镜、防护罩、太阳能集热板、保温容器、电热转换器、温度传感器、保温控制器盒、快速发酵集料箱和支撑座，复合凸透镜由多个凸透镜以曲面为基面组成，复合凸透镜上的多个凸透镜所集聚光线的焦点都在太阳能集热板上，太阳能集热板位于保温容器的顶部，保温容器安装在快速发酵集料箱的上部，快速发酵集料箱上开设有与发酵集料箱连通的通气口，其通过支撑座安装在发酵集料箱内的上部。

17.4.2　沼气设施施工

1. 沼气设施施工工艺流程

沼气设施施工工艺流程图见图 17.7。

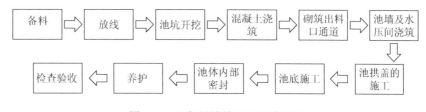

图 17.7　沼气设施施工工艺流程图

2. 沼气设施施工要点

1) 备料

建一个 8 m³ 的沼气池需要水泥 1 t、砂子 2 m³、碎石(规格 1～3 cm)0.6 m³、红砖 600 块、陶瓷管(直径 20～30 cm)1～2 根、钢筋(直径 14 mm)1.2 m。如果建 10 m³ 沼气池，其水泥、砖、砂再增加 10%，若建 6 m³ 沼气池，则水泥、砖、砂比 8 m³ 沼气池用量要减少 10%。

2) 放线

放线挖坑是保证质量第一关。放线要点：①划出总体平面。②划出温室、猪舍面积，猪舍在东侧或西侧。③划出"模式"宽度中心线。④以 O 为起点，在猪舍内侧找出池的中

心点 O，以 O 为圆心，以池的半径加 6 cm 为半径画圆，确定池的位置。⑤确定进料口、出料口位置。要在"模式"宽度中心线上确定为进料口中心点和位于日光温室内的出料口中心点，做好标记。

3）池坑开挖

在"模式"内建沼气池均采用地下埋式，沼气池土方工程采用大开挖的施工工艺。应确定好正负零的高度。沼气池的池顶与出料口保持在一个水平面上，并高出猪舍地面10 cm。进料口超高地面 2 cm，挖得过深使沼气池低于地平面，影响配套使用；挖得过浅使沼气池突出地面，给养猪和日光温室施肥造成困难。

4）利用混凝土浇筑

四位一体生态型大棚模式中的沼气池，一般采用组合式建池。池底、池墙、水压间下部采用混凝土整体现浇，池拱盖及水压间上部采用砖砌。在现浇拌制混凝土时，必须控制水灰比≤0.65，砂子中泥土含量≤3%，云母含量≤0.5%，碎石中最大粒径≤3 cm，泥土含量≤2%。

5）砌筑出料口通道

出料口通道用红砖及砂灰砌筑，水泥：砂子=1：2.5。为了便于施工及出料，其通道口宽 50 cm，高 70 cm，顶部起拱，但上口距池上拱角不得小于 35 cm，防止产气多时水面下返而跑气。

6）池墙及水压间浇筑

池墙及水压间下部浇筑可采用钢模、木模及砖模，上述模具为内模，以池壁为外模。若一个村里建多个沼气池，采用木模较方便，若只建一个，则采用砖模为宜。采用砖模的砌法如下：先把砖用水浸湿，防止拆模困难。每块砖横向砌筑，每层砖砖缝错开，不用带泥口或灰口，砌一层砖用混凝土浇筑一层，振捣密实后再砌第二层。混凝土配合重量比为水泥：砂子：碎石=1：3：3，池墙高 1 m，厚 0.05 m。

7）池拱盖的施工

沼气池拱盖一般采用用砖砌，沼气池一般采用直管进料，在砌筑池拱盖前要安装好进料管，一般利用直径 200 mm、长 600 mm 左右的陶瓷管，管内穿绳拴挂在地面的木桩上，进料管喇叭口朝上，上下垂直，紧贴池壁固定好。

8）池底施工

池底先铺一层碎石，用 1：4 的水泥砂浆将碎石缝隙灌满，然后用水泥、砂子、碎石以 1：3：3 的混凝土浇筑池底，厚度要达到 8～12 cm。

9）沼气池池体内部密封

由砖和混凝土组合建造的沼气池只靠结构层还不能满足防渗漏要求，必须对池体进行密封处理才能不漏气、不漏水。

17.4.3　沼气设施图例

沼气设施图例如表 17.5 所示。

表 17.5　沼气设施图例一览表

图名	图例
A 型曲流布料沼气池构造详图	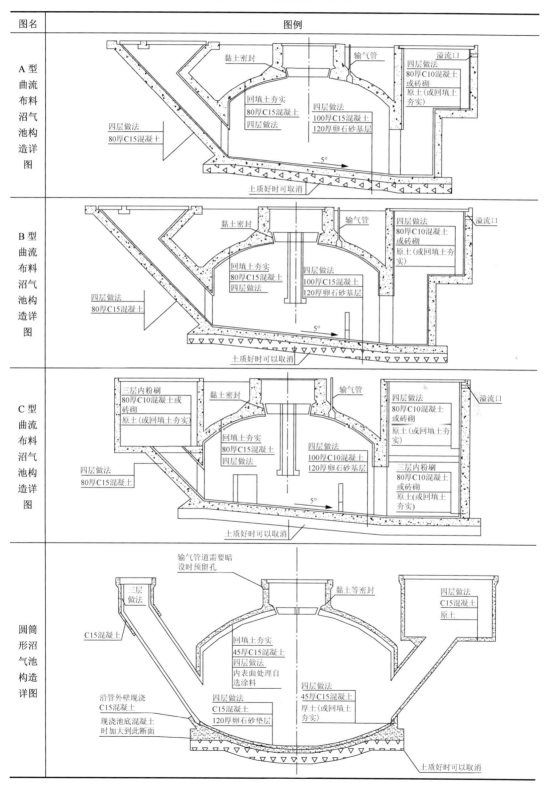
B 型曲流布料沼气池构造详图	
C 型曲流布料沼气池构造详图	
圆筒形沼气池构造详图	

图名	图例
椭球形沼气池构造详图	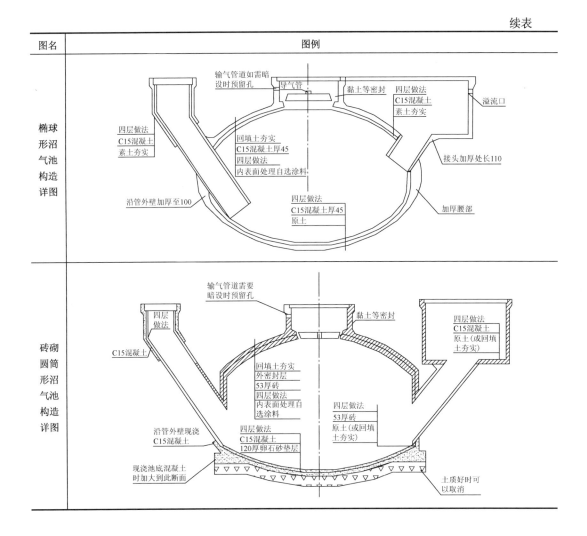
砖砌圆筒形沼气池构造详图	

第18章 电力工程

18.1 概　述

18.1.1　西部农村电力工程作用

(1)适应当前农村经济快速发展和农村居民收入快速增加从而对能源消费需求增加的情况,电力工程将提高农村能源的利用效率,加大新型能源的有效供给,满足农村居民生产和生活对能源的需求。

(2)农村工业化和农业现代化需要电力工程的支撑。实现农村工业化和农业现代化是在农村建设小康社会的两翼,而这首先需要快捷、方便、清洁的能源供给。电力工程不仅提高了农村电力能源的使用效率,而且整合各种新能源,很大程度上消解了能源供给瓶颈,成为农村工业化和农业现代化的有力支撑。

(3)充分对当地资源进行利用。西部地理资源丰富,电能可以充分利用地区性动力资源,解决西部地区农村的基础设施建设问题。例如,有的地区蕴藏着非常丰富的水力、地热、潮汐、风力、天然气和煤炭等一次能源,有的地区日照长,太阳能丰富的地区(西部高原地区)也可以利用太阳能。这些地区性资源通过一定的设备转换成电能后,统一配送到农村偏远地区,使农民的基础用能得到保证,同时也促进了经济发展,提高了人民的生活水平。

18.1.2　西部农村电力工程特点

(1)高原地区电气设备绝缘性差,易损坏。

高原地区气压较低,低气压时的低空气密度使空气介电强度、空气冷却效应以及弧隙空气介质强度降低,因而引起电工产品和电气设备空气绝缘耐压降低,高原地区的昼夜气温变化较大,引起电气设备的密封困难,且会发生电气设备中的机械结构变形或开裂的现象。要注意输电线路和电气设备的保温处理。太阳辐射强度较大引起户外用电工产品和电气设备的温度增高,在氧气和水存在的条件下,还使有机绝缘材料和涂料等加速老化,缩短使用寿命,导致在空气中灭弧困难,出现漏电现象,在高原地区一定要安装灭弧装置并检测其性能,以免发生事故。

(2)山地地区场地对电力工程限制较大。

山地地区一般地理位置都比较偏僻,交通十分不便,同时自然条件恶劣,场地地形复杂,施工物资及人员进出很不便利,电力工程面临的问题有"建设规模小、施工现场面积广、场地地形复杂、建设工期短、地点偏僻、信息传递困难、易发生质量事故"等。此外,山地地区往往需要进行土石方爆破,而山地地区的地基以风化花岗片麻岩为主,麻岩坚硬密实,这些因素大大增加了施工的难度,见图18.1。

图 18.1　山地地区电力工程

(3) 平原地区电力工程施工季节性强。

在电力工程施工过程中设备与管道集中，工程量大，工期短，施工难度大。电力工程实施过程中经常不同专业交叉，不同专业之间沟通管理较为复杂。对不同专业特殊工种的要求高。山地地区季节变化特点明显，常常需要针对季节作特殊安排，冬季需要做好砼保温工作、装修工程中砂浆的温度控制，可添加防冻剂。雨季施工需要控制好基坑边坡防护工作，防止发生滑坡，严格注意用电安全。

(4) 盆地地区雨期施工较为普遍。

施工现场在有限的场地集中大量的工人、建筑材料、机械设备等进行施工，露天及高处作业多，使用大型施工机械和设备较多，手工劳动及繁重体力劳动多，生产工艺和方法多样，施工现场的施工状况及危害和风险也随着变化，尤其我国西部盆地夏季高温多雨，呈四周高中间低的形态，空气不易内外流动，水蒸气不易扩散，导致空气湿度大，云雾密布，多夜雨。由于雨期较长，所以该地的电力工程施工中要对雨期施工有充分准备，注意避免降雨导致的各类事故。

18.2　输电工程设施

输电是用变压器将发电机发出的电能升压后，再经断路器等控制设备接入输电线路来实现的。按结构形式，输电线路分为架空输电线路和电缆线路。架空输电线路由线路杆塔、导线、绝缘子、线路金具、拉线、杆塔基础、接地装置等构成，架设在地面之上，见图 18.2。

图 18.2　输电塔外观图

18.2.1 输电工程分类

按照输送电流的性质，输电分为交流输电和直流输电。19 世纪 80 年代首先成功地实现了直流输电。但由于直流输电的电压在当时技术条件下难以继续提高，以致输电能力和效益受到限制。19 世纪末，直流输电逐步被交流输电所代替。交流输电的成功，迎来了20 世纪电气化社会的新时代。电能的输送和分配主要通过高、低压交流电力网来实现。近30 年来，高压直流输电技术进步很快，并在一些输电领域得到了越来越广泛的应用。

18.2.2 输电工程施工

输电工程施工的过程包括施工准备、基础工程、杆塔工程、架线工程四个方面。输电施工的一般工艺流程图如图 18.3 所示。

（1）施工准备到杆塔工程的结束。

首先要准备好施工过程中需要使用到的人力和物力。然后进行输电线路的选址工作，并进行线路分坑和定位，最后进行基坑的开挖，实际工程中基础形式多为开挖回填类基础、掏挖扩底类原状土基础、钻孔灌注桩类基础。其中西部农村现存杆塔按材料可分为混凝土杆、铁塔、钢管杆和木杆，基础施工见图 18.4。

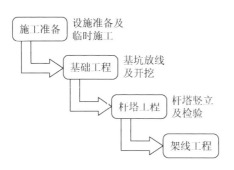

图 18.3 输电工程施工的工艺流程图   图 18.4 基础施工

施工完毕后要对该工程进行检验，确保工程质量。首先要确保施工过程中基坑的深度达到设计要求，其次杆塔基础要承担杆塔的重量及线路受力，要确保杆塔的牢靠性，使杆塔牢靠而稳定地直立于基础上，不倾覆、不下沉、抗上拔。杆塔的类型见图 18.5～图 18.7。

图 18.5 混凝土杆塔   图 18.6 木质杆塔   图 18.7 铁塔

(2)架线工程。

导线是实现相邻杆塔之间的线路连接，用来输送电能，要求具有良好的导电性能，有足够的输送容量、机械强度和较好的抗震、耐腐蚀性能、密度小的特点。施工中首先是施工段的确定。架线完毕后要进行紧线施工，调整导线的松紧程度，使导线张力达到设计的要求。在施工过程中要防止导线相互缠绕。放线行走速度要均衡，放线过程全线安排专人观测导线缺陷并做记号待处理，如图18.8所示。

电缆输电导线为一根或多根导线包覆绝缘层和外护层的绝缘电缆，西部农村电缆输电多将绝缘电缆置于地下或电缆沟中。电缆沟开挖深度、宽度应符合施工规范要求。电缆沟、隧道和电缆保护管应清理，埋设前应检查电缆有无机械损伤，电缆盘是否完好。完毕后应进行耐压或遥测试验与隐蔽工程验收，如图18.9所示。

图18.8 输电导线

图18.9 输电电缆

18.2.3 输电工程图例

输电工程图例如表18.1所示。

表18.1 输电工程图例一览表

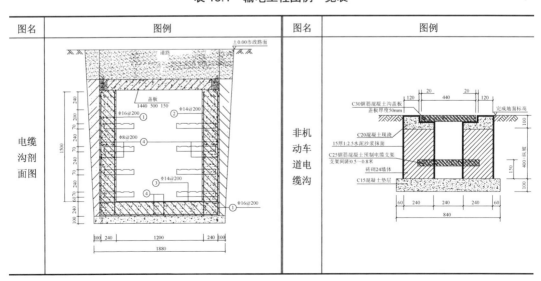

续表

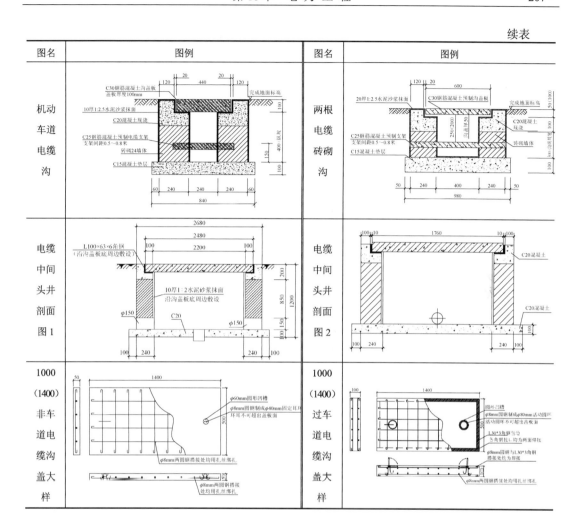

18.3　变配电工程设施

18.3.1　变配电工程分类

　　变电所按照作用分为升压变电所、降压变电所或枢纽变电所、终端变电所等。按管理形式分为有人值班的变电所、无人值班的变电所。按照结构形式室内外分为户外变电所、户内变电所。按照地理条件分为地上变电所、地下变电所。

　　配电方式有放射式、树干式及混合式等。其中放射式是各个负荷独立受电，故障范围一般仅限于本回路，线路发生故障需要检修时，切断本回路中电动机启动所引起的电压波动，对其他回路影响也较小。其缺点是所需开关设备和有色金属消耗量较多，因此，放射式配电一般多用于对供电可靠性要求高的负荷或大容量设备。树干式配电的特点正好与放射式相反。一般情况下，树干式采用的开关设备较少，有色金属消耗量也较少，但干线发生故障时，影响范围大，因此供电可靠性较低。树干式配电在机加工车间、高层建筑中使用较多，可采用封闭式母线，灵活方便，也比较安全。很多情况下往往采用放射式和树干式相结合的配电方式，也称混合式配电，如图 18.10 所示。

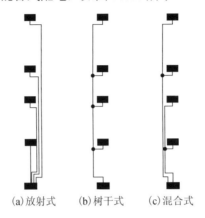

(a)放射式　　(b)树干式　　(c)混合式

图 18.10　配电方式分类

18.3.2　变配电工程施工

变配电工程施工过程主要有高、低压柜基础槽钢安装，室内变压器安装，台架变压器安装，箱式变电缆分接箱安装等。

1. 高、低压柜基础槽钢安装

其一般的施工工艺流程图如图 18.11 所示。

图 18.11　变配电工程施工工艺流程图

1)施工准备及施工

首先进行材料的准备，挑选出合适的钢材和型号，并按图纸要求制作加工基础槽钢，并做好防腐处理。施工过程中要按照施工图纸所标位置，将制作好的基础槽钢放在预留铁件上，找平、找正后将基础槽钢与预埋铁件、垫片用电焊焊牢。基础槽钢安装完毕后，将接地线与槽钢的两端焊牢，与配电柜连接，做好防腐处理。

2)施工质量检验

高、低压柜基础槽钢安装施工完毕之后，表面应平整密实，最终基础槽钢顶部宜高出抹平地面 10 mm。检查地线和槽钢两端焊接是否牢固，配电柜和基础槽钢的防腐处理是否到位，具体见图 18.12 和图 18.13。

图 18.12 基础槽钢安装

图 18.13 基础槽钢接地

2. 室内变压器安装

1) 变压器接地

变压器箱体保护接地、变压器中性点接地线分别与电房主接地网独立连接，接地线两端必须用接线端子压接或焊接，接地应可靠，紧固件及防松零件齐全，与主接地网的连接应满足设计及规范要求。接地体的焊接面圆钢为单双面焊接、扁钢为四面焊接，焊口可靠、满焊。裸露接地线的地上部分应涂黄绿相间油漆进行明示，接地漆间隔宽度统一为 50 mm 或 100 mm，见图 18.14。

变压器外壳接地

图 18.14 变压器接地

2) 变压器进出线

变压器进出线中双电缆进出线接线端子必须分别在设备接线端子两侧搭接。进出线应整齐排列在电缆支架上，电缆固定严禁用导磁金属绑扎。变压器高低压接线应用镀锌螺栓连接，所用螺栓应有平垫圈和弹簧垫片，螺栓宜露出 2～3 扣。高腐蚀地区，宜采用热镀锌螺栓，高低压进出线应相位对应、相色标识正确清晰。

3) 施工检验

接地体焊接采用搭接时，搭接长度要求为圆钢双面焊接为直径的 6 倍、圆钢单面焊接为直径的 12 倍，扁钢为宽度的 2 倍，检查是否符合该标准。变压器进出线时检查电缆固定，严禁用导磁金属绑扎，变压器高低压接线应用镀锌螺栓连接，检查螺栓是否牢固，如图 18.15 所示。

图 18.15　变压器进出线

3. 安装完毕后设备调试

在调试阶段主要检查电气设备和单元件的调试、进行耐压试验、操作电源试验、高压开关柜等系统联动操作试验、变压器试压、低压柜试验调整，最后进行变配电的模拟。其中电压互感器调试包括测量绕组的绝缘电阻、测量一次绕组及二次绕组的直流电阻、检查互感器的三相接线组别和单相互感器的引出线的极性、测量绕组的励磁特性、检查互感器变比、绕组对外壳的工频耐压试验。电流互感器调试包括测量绕组的绝缘电阻、测量电流互感器的励磁特性曲线、检查互感器的三相接线组别和单相互感器的引出线的极性、检查互感器变比、绕组连同套管对外壳的工频耐压试验，如图 18.16 所示。

图 18.16　变配电工作室及调试

18.3.3　变配电工程图例

变配电工程图例如表 18.2 所示。

表 18.2　变配电工程图例一览表

图名	图例	图名	图例
干式变压器正立面图	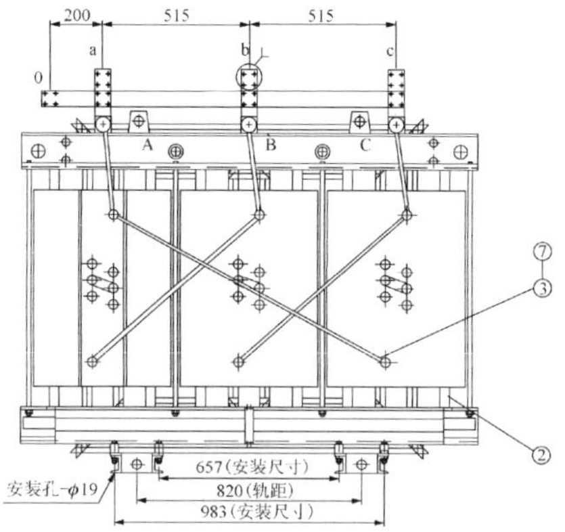	干式变压器侧立面图	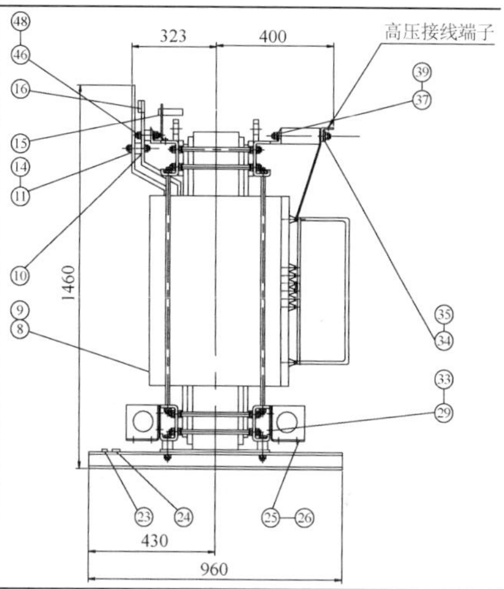
干式变压器平面图	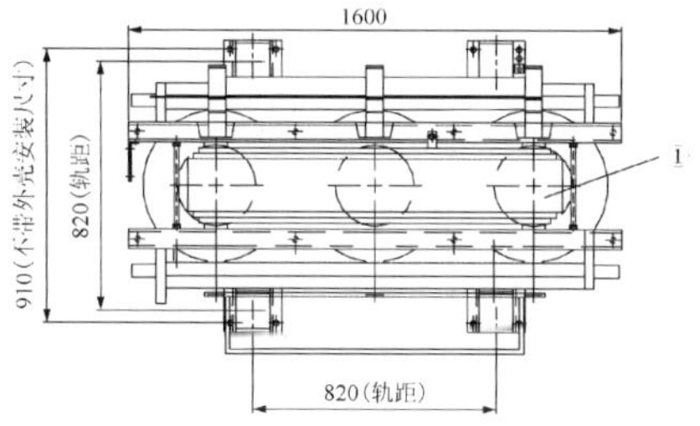	10kV 变压器安装平面图	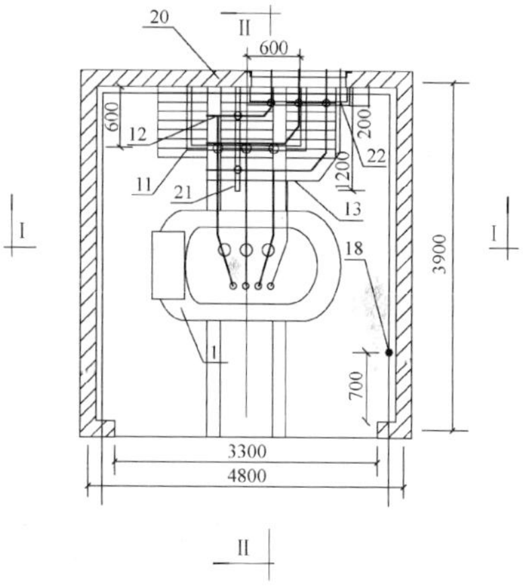
10kV 变压器安装剖面图 1	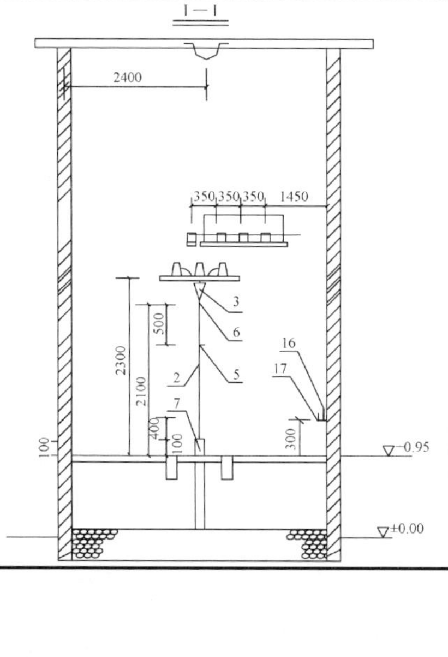	10kV 变压器安装剖面图 2	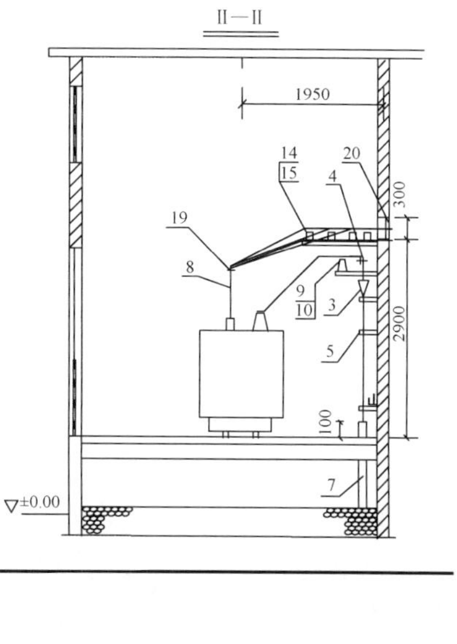

18.4　电力附属设施

18.4.1　电力附属设施分类

电力附属设施可分为道路照明和景观照明。

道路照明是指在道路上设置照明灯具为在夜间给车辆和行人提供必要的能见度。道路照明可以改善交通条件，减轻驾驶员疲劳，并有利于提高道路通行能力和保证交通安全，此外，还可以美化周边环境。农村道路照明见图18.17。

图18.17　农村太阳能路灯

景观照明是指既有照明功能，又兼有艺术装饰和美化环境功能的户外照明工程。景观照明通常涵盖范围广、门类多，需要整体规划性思考，同时兼顾其中关键节点，如小景、建筑等个体的重点照明，因此，照明手法多样，照明器的选择也复杂，对照明设计师的整体能力要求较高。景观照明包括道路景观照明、园林广场景观照明、建筑景观照明。灯具可分为杆灯、庭院灯、草坪灯、地埋灯、壁灯、投光灯，如图18.18和图18.19所示。

图18.18　草坪灯　　　　　　　　　　　　　图18.19　地埋灯

18.4.2　电力附属设施施工

1. 道路照明施工

1) 施工准备

在工程开工前，需要与道路施工队伍密切配合，在道路施工队伍施工道路时，在其中预埋过路管，内穿铁丝。为方便穿线时找管头，两端向上稍做弯制。灯杆基坑开挖前，对基坑开挖位置测量放线，并请监理工程师现场核准。

2）灯杆架设

灯杆定位由专业测量人员进行，保证杆位放线准确，杆坑开挖，顺线路方向移位不应超过设计档距的 5%，垂直线路，不超过 50 mm。基坑开挖深度偏差不超过+100 mm、-50 mm，施工中如果出现基坑超挖，要按工程师的指示进行回填和夯实。灯杆底座采用现场砼浇筑，接地极角钢打入设计深度与预埋的地脚螺栓焊接相连，组成接地系统，焊接长度不小于 100 mm。在浇筑灯杆基础前，预制地脚螺栓并按设计尺寸焊接成架子置于钢筋架上；将电缆进线管按图纸要求弯制，用细铁丝固定于地脚螺栓架上，堵好管口。基础配筋经监理工程师认可后进行基础浇筑，混凝土标号按设计要求，浇筑时用振动器振捣密实，并按要求做好砼试块。在灯杆基础施工完毕后达到设计强度时，进行灯杆迁移和吊装，并设专人指挥，确保吊装及人员安全，如图 18.20 所示。

图 18.20　架设灯杆

3）搭设电线

在灯杆组立的同时，进行电缆沟槽开挖。沟槽开挖前由测量人员放线定位。沟槽开挖，沟底清平，上敷电缆，回填土夯实，进行回填并夯实前经监理工程师隐蔽验收合格。敷设电缆时，禁止在两个灯杆之间有任何接头。按控制原理图接线，注意相线和回路线的接法，符合路灯控制及三相平衡供电的要求。管道施工完毕经检查合格后即进行沟槽回填。回填土采用蛙式打夯机分层夯实。每分段填土层间预留 0.3 m 以上的搭接平台。

4）施工检测

组成接地系统后要在监理工程师监督下对每根灯杆所需接地极数量进行试验。测量接地电阻值，不应大于 10 W。若大于 10 W，则增加接地极，直到符合设计要求。然后还需要再进行一次复测，发现不满足的需要继续增加接地极。

2. 景观照明工程施工

景观照明工程施工流程工艺图见图 18.21。

图 18.21　景观照明工程施工流程工艺图

1）施工准备

施工前针对工程的特点，精心编制施工组织设计，详细制定各阶段的专项技术方案和质量保证措施，严密组织，严格管理，级级落实，层层把关，并严把材料使用关和工序质量关。完善原材料的进场验收、检验和调拨使用制度，杜绝不合格材料在工程上使用。工程施工进行各类检验检测全部合格。坚持每道工序进行质量技术和安全交底，并严格执行"三检"制度。

2）施工过程

（1）电缆敷设首先根据设计图纸进行电缆沟的开挖，沟槽挖好后及时埋管，待监理工程师验收合格后及时回填。土方回填前将填土部位的垃圾及杂物清理干净，回填土分层铺摊，每层铺土厚度控制在 180 mm 内，采用人工夯实，一夯压半夯，夯夯相连，行行相连，纵横交叉，并加强对边缘部位的夯实。然后进行绝缘导管敷设。

（2）设备安装。

配电箱、盘安装，安装配电箱（盘）面时，抹灰、喷浆及油漆应全部完成。

配电箱（盘）安装要求：配电箱（盘）应安装在安全、干燥、易操作的场所，配电箱安装时底口距地一般为 1.5 m，落地式配电箱应安装在砼制或钢构基础上。铁制配电箱（盘）均需先刷一遍防锈漆，再刷灰油漆二道，预埋的各种铁件均应刷防锈漆，并做好可靠的接地。配电箱安装后，采取保护措施，避免碰坏、弄脏电气仪表。安装箱盘面板时，应注意保持墙面整洁。

低压电器的安装，应按已批准的设计图纸进行施工。低压电器的固定，应符合下列要求：紧固件应采用镀锌制品，螺栓规格应选配适当，电器的固定应牢固、平稳。低压电器的试验，应符合现行国家标准《电气装置安装工程　电气设备交接试验标准》的有关规定。

（3）灯具安装。

灯具安装的工艺流程图见图 18.22。

图 18.22　灯具安装的工艺流程图

根据灯具的安装场所检查灯具是否符合要求，建筑物顶部灯具采用有防水性能的专用灯具，灯罩要拧紧。首先进行灯具配线的检查，灯具连接导线在分支连接处不得承受额外压力和磨损，多股软线的端头需要盘圈、涮锡。接着进行灯具的安装，首先进行灯具支架制作安装：灯具支架制作完成后需要刷防锈底漆，再刷与环境颜色接近的油漆。支架固定采用不锈钢或镀锌膨胀螺栓。灯具支架强度应符合抗台风防腐蚀要求。灯具支架的位置和角度力求隐蔽并避免眩光。接着进行投光灯灯具安装、LED 埋地灯安装、LED 线条灯安装、壁灯安装。

3）设备检测及调试

外观检查：绝缘导管及配件不碎裂、表面有阻燃标记和制造厂标；按制造标准现场抽样检测导管的管径、壁厚及均匀度。对绝缘导管及配件的阻燃性能有异议时，按批抽样送有资质的实验室检测。灯具、配电箱（盘）安装完毕，且各支路的绝缘电阻摇测合格后，方可允许通电试运行。通电后，应仔细检查和巡视，检查灯具的控制是否灵活、准确，开关与灯具控制顺序相对应，如果发现问题，必须先断电，然后查找原因，进行修复。

18.4.3　电力附属设施图例

电力附属设施图例如表 18.3 所示。

表 18.3　电力附属设施图例一览表

图名	图例	图名	图例
道路照明布灯方式 1	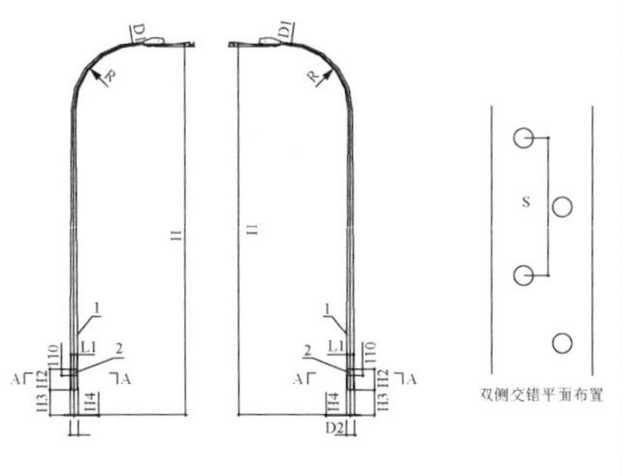	道路照明布灯方式 2	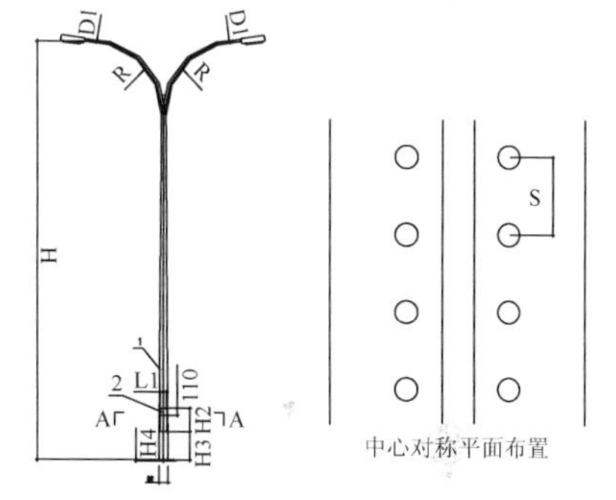
路灯基础剖面图	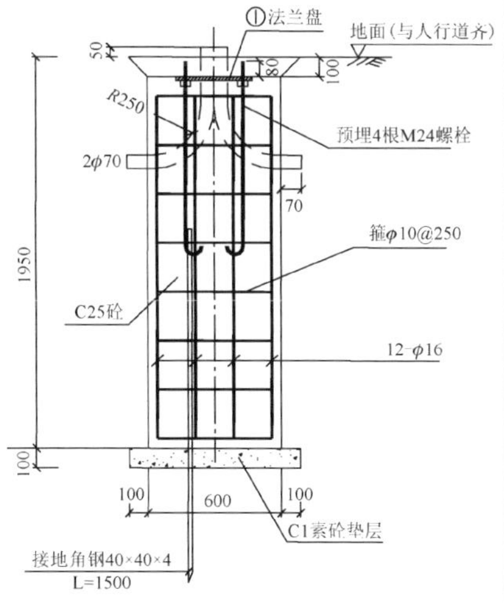	有分支的灯具内部接线图	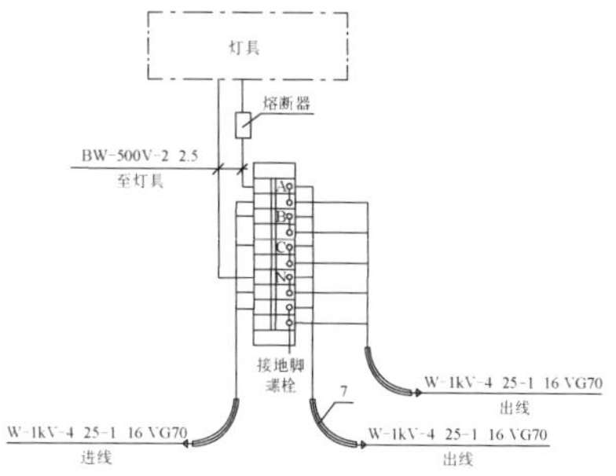

续表

图名	图例	图名	图例
路灯杆型图 1	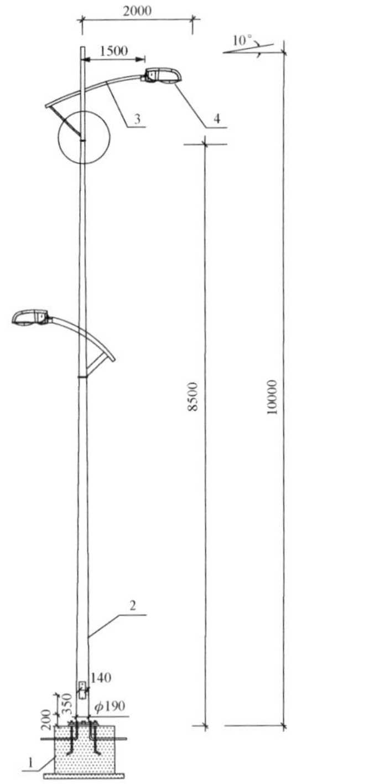	路灯杆型图 2	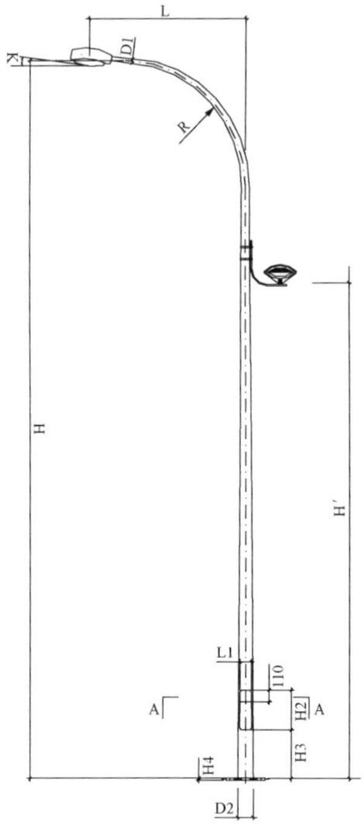
接线井俯视图	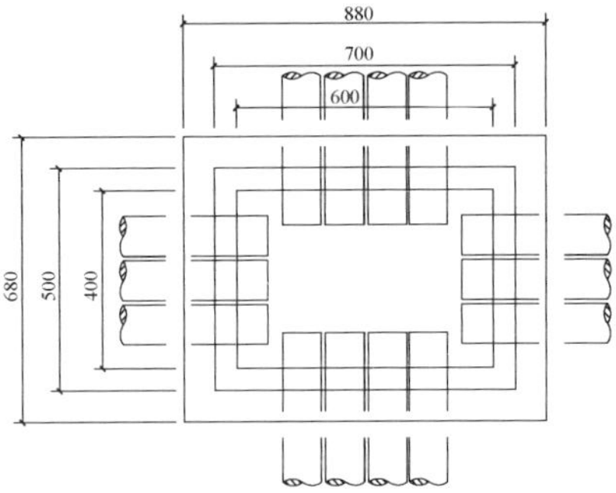	接线井侧视图	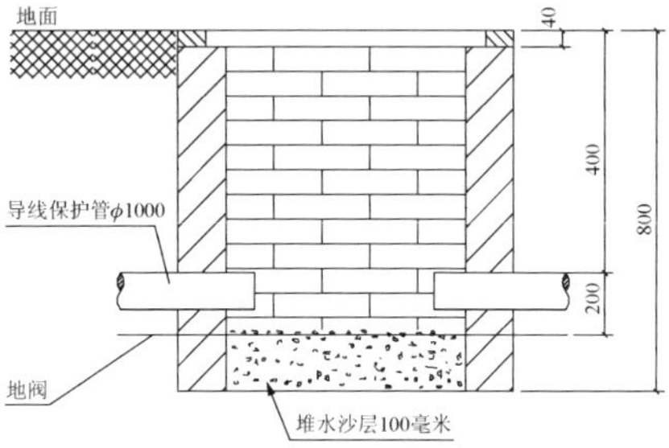

第19章 通 信 工 程

19.1 概 述

19.1.1 西部农村通信作用

(1)解决了农村地区的通信问题。

建设社会主义新农村的目的在于全方位推进农村的物质文明、精神文明、政治文明和生态文明建设，从根本上解决"三农"问题。通信工程解决了许多农村地区"通信基本靠吼"的现状，使许多西部农村人民听到了外界的声音，方便了老百姓的日常信息沟通，加强了老百姓和其他地区的信息交流，为社会主义新农村建设提供了重要的信息支持。农村电话网与互联网双双发展、相得益彰，构成了农村信息服务的基础平台和主要渠道，带来了农村通信面貌的显著改变，也极大推动了农村信息化建设的步伐。

(2)转变了农民的生产方式。

随着农村经济的发展，科学技术的应用，农业信息逐步被农民利用，传统的农业生产方式逐步向科学化的生产方式转变。农民更加贴近市场和围绕市场需求调整生产结构。在市场经济条件下，农业面临着自然和市场的双重风险，随着通信工程的改善，有了信息沟通、交流的手段，通过发展农村信息服务业，既可以使农民贴近市场，了解第一手的市场信息，又可以利用市场信息适时调整种植、养殖结构，发展特色产业。

(3)改善农民就业问题。

农业生产的专业化使农村中出现了大量剩余劳动力，出现了"民工潮"，这些外出打工的农民，对外需要劳动市场的信息，对内需要与家庭通信联系，无疑也增加了对通信的需求。西部农村通信工程的实施和运用，能够改善农民就业问题，同时也为用工企业提供了便捷的招工平台。

(4)增加农民经济收入。

依托遍布乡村的农村服务支局点，高效整合与新农村建设有关的科技、教育、市场等信息资源，以语音、短信息、宽带网络等方式，搭建促农致富的科技金桥。随着我国西部农村地区通信设施的建设和完善，我国部分西部农村地区通过推进信息化和利用互联网等手段，为本地农产品找到了销路，有的还进入国际市场，大幅度增加了农民收入。

(5)提高农民生活质量。

发展农村信息服务业将促进改变目前农村社会生活的状况、方式与观念，在农村社会的信息沟通、科技和教育的普及与发展、生活条件的改善等方面开创了一个崭新局面。农村信息的服务的活跃，为广大农民脱贫致富、改善生产生活条件、防灾减灾和教育医疗起到了极大的作用。

19.1.2　西部通信工程特点

(1)高原地区农村通信工程建设难度大。

随着国家对西部高原地区基础设施建设的重视和加大投入力度，通信设施的建设和投入使用，使得西部高原地区的农村通信工程有了较快的发展，但就整体而言，其发展仍处于初级阶段，还存在很多问题，与其他地区差距还很明显。由于西部高原地区农村偏远落后，地势复杂，地质地貌情况复杂，环境恶劣，通信工程的实施难度与其他地方相比较大。各种各样的技术难题，需要一步一步解决和攻克，需要根据其特殊情况特殊处理，需要制定不同的方案，采用特殊的技术，这就使得建设比较缓慢。因此农村通信工程的服务水平和使用条件还比较低，在一定程度上制约了农民群众与外界进行信息传递和交流。

(2)山地地区农村通信工程设施单一，使用周期短。

西部地区通信设施建设是为了改善农村信息闭塞等问题，更好地服务农民生活，但由于前期规划不科学以及建设难度大等因素，农村通信设施的建设过于单一，没有相应配套设施，与城市相比还有非常大的差距，在使用中只能稍微改善通信问题，不能满足农民的通信需求。加上早期规划建设的不合理、不科学，修筑标准的制约，跟不上科技产品更新换代的需求，而且各地的农村对通信设施的管理养护体制缺失，管理目标不能落实到位，造成农村通信设施受到的破坏严重，通信设施使用周期缩减。

(3)平原地区农村通信工程建设分散。

西部地区农村通信设施的建设和完善，改善了过去农村"通信基本靠吼"的状况，但由于农村地区偏远落后，难以像城市那样有配套的一系列更新机制，造成了通信设施建成之后"无人管，无人问"的局面，设施的更新非常缓慢，给农民的使用带来了极大的不便。很多农村的通信设施的建设和布置过于分散，缺少相应一系列的配套设施，或者是设施难以配套使用，在以后的使用中带来诸多不便，使得通信设施不能满足村民的需求。

(4)盆地地区农村通信工程建设及运营成本高。

西部地区地域辽阔，自然环境恶劣，同时城市化水平低，农村地区多，且人口居住分散，地势特殊，建设施工难度大，这就要求交换局需要覆盖的面积变大，一般的覆盖半径超过几十千米，但覆盖的用户数量却很少，用户业务量也少，这就造成了西部通信建设运营成本高、难度大、周期长的问题。

19.2　固定通信设施

19.2.1　固定通信设施分类

1. 通信电缆

通线电缆是传输电话、电报、传真文件、电视和广播节目、数据和其他电信号的电缆。它由一对以上相互绝缘的导线绞合而成，用于近距音频通信和远距的高频载波和数字通信及信号传输。

按照线缆的形式，通信电缆分类如图 19.1 所示。

(1)单导线：它是指最原始的通信电缆，单导线回路，以大地作为回归线。

(2)对称电缆：它由两根在理想条件下完全相同的导线组成回路。

(3)同轴电缆：它是将在同一轴线上的内、外两根导体组成回路，外导体包围着内导体，同时两者绝缘。

　(a)单导线　　　　　　　　(b)对称线缆　　　　　　　　(c)同轴线缆

图 19.1 常见通信电缆图

2. 宽带

宽带并没有很严格的定义。它是能够满足人们感官所能感受到的各种媒体在网络上传输所需要的带宽。宽带网主要有光纤接入、铜线接入、混合光纤等。

目前，宽带主要有以下两种。

(1)光纤宽带：它是把要传送的数据由电信号转换为光信号进行通信的。在光纤的两端分别都装有"光猫"进行信号转换。它是宽带网络多种传输媒介中最理想的一种，它的特点是传输容量大、传输质量好、损耗小、中继距离长等，如图 19.2(a)所示。

(2)ADSL：它是一种新的数据传输方式，通过电信号传播。它因为上行和下行带宽不对称，所以称为非对称数字用户线环路。ADSL 技术的主要特点是可以充分利用现有的铜缆网络(电话线网络)，在线路两端加装 ADSL 设备即可提供高宽带服务。还可以与普通电话共存于一条电话线上，在一条普通电话线上接听、拨打电话的同时进行 ADSL 传输而又互不影响，如图 19.2(b)所示。

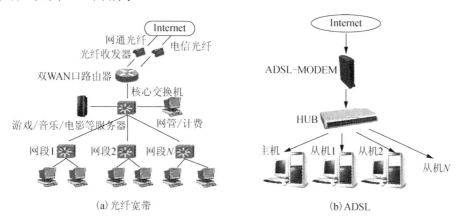

　　　　　　(a)光纤宽带　　　　　　　　　　　(b)ADSL

图 19.2 常见宽带图

19.2.2　固定通信设施施工

1. 固定通信设施施工特点

1）施工难度较大

在搭建农村电话线和宽带时一般采用地下埋设或地上空中搭设等方式，由于西部农村与市区乡镇相距较远，并且各个村落之间距离远，涉及的施工方法难度会加大，同时由于施工常需要将各种复杂多变的地质、地形条件考虑在内，施工技术的选择受到较多因素的影响，会出现很多难题。

2）工作量较大

在西部农村地区，由于施工难度较大，在施工中问题较多，不但需要在施工中注意各个施工指标的检测及控制，需要采用特殊的技术，必要时还需要采取特殊的处理方案。与此同时，在施工现场需要施工人员、技术人员、监理人员等多个工种以及相关部门和单位的协调配合，常常导致工作量大大增加。

3）施工质量要求高

通信设施的质量关系着整体通信工程的使用质量以及使用寿命，并且通信工程质量问题在解决时牵涉很多地区与部门。因此需要在施工建设前期就保证高标准、高要求、高质量地进行各项任务，通过采取各种措施，运用各种手段去保证施工的质量，进而保证设施的质量。

2. 固定通信设施施工流程及施工要点

1）固定通信设施施工的一般工艺流程

固定通信设施施工的工艺流程图见图 19.3。

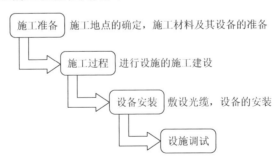

图 19.3　固定通信设施施工的工艺流程图

2）固定通信设施施工要点

（1）进行施工环境检查。

施工环境不仅是工程现场技术交底内容之一，它还是制订工程施工计划的依据条件。通信工程施工环境检查关键点包括现场环境是否同设计图纸上标注的尺寸匹配，机房结构承重是否符合设备安装要求，通信设备安装配套设施如工程现场装潢、电力、传输、安全等是否符合施工要求，设备安装位置、设计是否符合安全、可行及美观等要求。

（2）合理选择施工时期。

为保证接续质量，全介质自承式（ADSS）光缆系统工程的施工期应尽量挑选在冬季少雨的时期，通常来说，光缆的熔接应在每盘布线完成后当天完成，若当天做不了熔接，也应盘好余缆固定至耐张塔上。在光缆接续前，应将光缆的头部剪去 2～3 m，由有经验技能人员执行接续，严禁在多尘及潮湿的环境中露天操作。在雨天或潮湿环境下进行光缆接头熔接作业时，在工作区域内和终端耐张连接金具之间的光缆均应接地，其目的是防止泄漏电流和瞬间电流对人体的伤害。

（3）光电缆敷设要符合要求。

① 光电缆沟深符合设计和施工规范标准，光电缆沟与其他建筑物的距离符合施工规范要求，光电缆沟底平直。

② 光电缆装车时，最好使用吊车装卸，不得损伤光电缆和光电缆盘，装载后光电缆固定牢固，严禁将光电缆盘平放在车上；人工抬放光电缆时，人员间隔不宜过大，严禁压、折、摔、拖、扭曲，不得用机械或人工在地上拖拉；光电缆穿过防护管时，在管口安放防护环或喇叭口，涂抹润滑油，避免损伤光电缆外护套；发现光电缆塑料护套损伤，及时用沥青热涂再缠绕热缩带处理。

③ 在敷缆前清除沟内杂物，回填时填满压实，沟内不得掺入杂草、树叶等杂质或填入石块；回填后清理因开挖光电缆沟对道床石碴或周围环境所造成的污染；电缆的接续无绝缘障碍，无混线、断线、端别和组别错误。

④ 严格执行光电缆"三测试"制度，敷设前进行单盘测试，光电缆敷设接续后进行电气性能测试，光电缆敷设完毕后进行全程性能测试，保证隐蔽后，电气性能良好；电缆的芯线编把、分线及绑扎线扣均匀、整齐、紧密，线扣连接整齐、顺直，电缆芯线的端子上线整齐、顺直，焊头光滑均匀，无假焊或脱焊现象。

19.2.3　固定通信设施图例

固定通信设施图例如表 19.1 所示。

表 19.1　固定通信设施图例一览表

图名	图例
0.9 m 深手孔主体剖面图	

图名	图例
0.9 m 深手孔主体 剖面图	
0.9 m 深手孔主体 剖面图	
0.9 m 深手孔主体 剖面图	

19.3 移动通信设施

19.3.1 移动通信设施分类

在西部农村地区，移动通信设施主要为基站和信号塔。

1. 基站

基站即公用移动通信基站，是无线电台站的一种形式，是指在一定的无线电覆盖区中，通过移动通信交换中心，与移动电话终端之间进行信息传递的无线电收发信电台。移动通信基站的建设是我国移动通信运营商投资的重要部分，移动通信基站的建设一般都围绕覆盖面、通话质量、投资效益、建设难易、维护方便等要素进行。随着移动通信网络业务向数据化、分组化方向发展，移动通信基站的发展趋势也必然是宽带化、大覆盖面建设及 IP 化。

目前，基站主要有以下三种类型，如图 19.4 所示。

(1) 宏基站：是较大基站，一般有专用机架，可以提供大容量，覆盖能力强，但设备价格较贵，需要机房，安装施工较麻烦，不易搬迁，灵活性差。

(2) 微基站：是微型化的基站，将所有的设备浓缩在一个比较小的机箱内，可以方便安装，体积小，不需要机房，安装方便，但容量较小并且维护不太方便。

(3) 分布式基站：它是新一代用于完成网络覆盖的现代化产品。其特点主要是将射频处理单元和传统宏基站基带处理单元分离的同时又通过光纤连接。

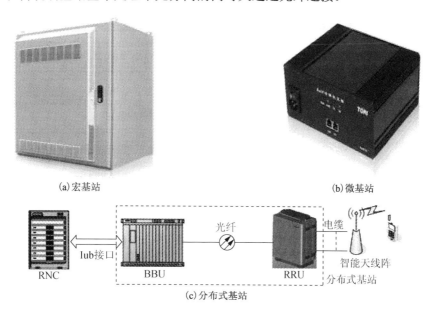

(a) 宏基站　　　　　　　　　　　　　　(b) 微基站

(c) 分布式基站

图 19.4　常见基站图

图 19.5　常见信号塔图

2. 信号塔

信号塔，是中国移动、中国联通、中国电信等网络运营商所建立的一种无线信号发射装置，外形像塔，所以称为信号塔，又是一种公用的无线电台站的一种形式，是指在一定的无线电覆盖区中，通过通信交换中心，与移动电话终端之间进行信息传递的无线电收发信电台。无线城市普及以来，信号塔又作为城市 WiFi 的信号发射基点，如图 19.5 所示。

19.3.2　移动通信设施施工

1. 移动通信设施施工特点

1)施工难度较大

与普通工程相比，实施通信工程时的作业条件与外界制约因素都是十分艰苦的，又由于西部农村与市区乡镇相距较远，并且各个村落之间距离远，以及存在各种复杂多变的地质、地形条件，这在很大程度上都会对工程的质量与进度产生影响，使得施工难度加大。

2)流动性较强

由于通信工程自身的特殊性，施工队要在完成一个站点的工程任务后转移到另一个工程站点上实施新工程，并且施工队在转移时，其自身也会产生很多的不可预计的变动与流动，在西部地区，有些农村之间相距较远，使得通信工程实施的流动性较大。

3)施工复杂性强

通信工程牵涉的专业多、涉及的范围广，且实际施工中涉及的工种种类繁多，需要很多部门单位和各工种操作人员的相互配合，因此在施工过程中要协调好这些复杂的关系，否则就会严重制约工程的质量与进度。

2. 移动通信设施施工流程及施工要点

1)移动通信设施施工的一般工艺流程

移动通信设施施工的工艺流程图见图 19.6。

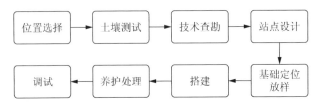

图 19.6　移动通信设施施工的工艺流程图

2)移动通信设施施工要点

（1）站址选择。

由于西部农村地形及地面建筑物的不规则性而造成信号强度覆盖图形的不均匀性，以及为了要避免干扰，要为基站天线选择一个最佳安装位置，即进行站址选择。那么，在选择基站天线的位置时，既要考虑覆盖要求，也考虑与其他干扰，同时考虑许多基站站址的可行性。基站站址选择要满足以下要求。

① 避免将基站选择在丘陵等高处，这样可以避免与其他基站发生干扰，也可以避免在本覆盖区内出现弱信号区。将站址选择在一些相对低处，用增加天线高度来满足覆盖要求。从干扰观点看，选择较高的站址往往是一个不好的方案。

② 由于选择的站址预测的等场强曲线应有大致相同的交叠部分，新建基站的站址应避免选在大功率无线电发射台、雷达站或其他干扰源附近。干扰场强不应超过基站设备对无用辐射的屏蔽指标。

③ 新建基站宜设在交通方便、市电可靠及少占粮田的地点。选址工作应在选择基站设计参数、覆盖区预测及研究同频干扰工作时进行。首先在 1/50 000 地图上作业，选在几个方案后进行现场查勘、场强干扰测试，最后确定站址及覆盖区方案，编写站址选择报告。

(2) 基站塔高及塔身坡度的确定。

① 铁塔高度的确定：一般移动通信天线的安装高度均比微波天线的安装高度高出一段距离。虽然每个平台上需要安装 4~6 副移动通信天线，但由于该天线重量轻，受风面积小，在设计风速的作用下对塔身产生的水平剪力及扭力均很小，塔身断面很容易满足。

② 塔身坡度的确定：指塔身主材轴线与铅垂线的夹角的正切值，它与每个坡度段内上下截面尺寸有关。最佳的坡度值的确定比较复杂，它往往受到材料规格变化不均匀、杆件轴向受压稳定系数变化以及铁塔使用上的要求的影响。在注意控制最佳塔身坡度的同时，还必须考虑整个工程的塔材通用性及建筑造型。

(3) 塔工艺的要求。

① 塔体应考虑变形要求。在当地抗震设防烈度标准下以及气候环境下，应使铁塔不产生影响通信的永久性变形。

② 塔体应考虑防雷措施，保护范围包括天线及通信机房。在塔顶和基站天线安装处应设有施工及维护人员操作平台，平台应设 1.2 m 高栏杆；从塔底至天线平台应有爬梯及相应的保护措施。

(4) 移动通信基站一定要接地。

为防止移动通信基站遭受雷击的灾害，确保基站内设备的安全和正常工作，确保建筑物、站内工作人员的安全，确保移动通信网络的自由通畅，对移动通信基站的接地十分有必要。事实证明：在移动通信基站设备遭雷击损坏的事故中，有相当部分是因工程设计或施工中接地不当所致。若对基站电源进行了正确的接地，这些事故原本是可以避免的。

(5) 基站内部设备摆放标准要求。

基站馈线窗位置原则上应固定于房屋墙上，下沿距离地面不低于 2 m；馈线洞尺寸适中；走线架位置为馈线窗正下方；电池组平行排列，蓄电池后沿距离墙面 10 cm；蓄电池，正负极集中两组中间下层；地排、监控箱、交流配电箱、防雷箱固定于馈线窗所在的墙面上，位置适中；空调室内机安装于机房的靠墙处，并考虑方便排水管的出口。

(6) 安全性要求高。

施工环境不仅是工程现场技术交底内容之一，它还是制订工程施工计划的依据条件。通信工程施工环境检查关键点包括现场环境是否同设计图纸上标注的尺寸匹配，机房结构承重是否符合设备安装要求，通信设备安装配套设施如工程现场装潢、电力、传输、安全等是否符合施工要求，设备安装位置、设计是否符合安全、可行及美观等要求。

19.3.3 移动通信设施图例

移动通信设施图例如表 19.2 所示。

表 19.2　移动通信设施一览表

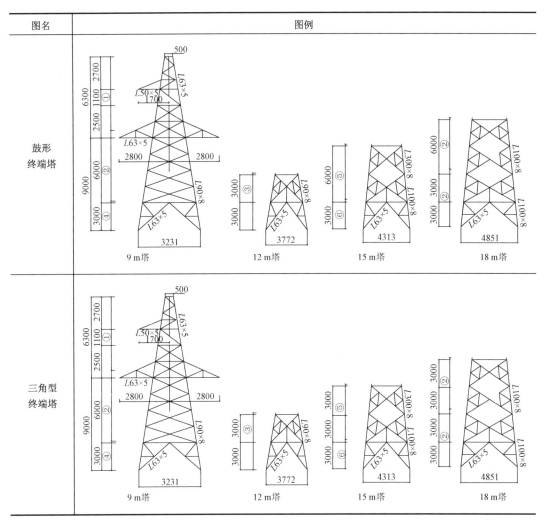

第20章 景观工程

20.1 概 述

20.1.1 景观工程的组成要素

农村景观主要分为自然景观和人文景观两部分。其中自然景观包括当地的气候、地质、水文、农作物、植被及其特色；人文景观包括建筑特征、道路规划、宗教风俗、历史文化等。自然气候条件是乡村景观建设的重要影响因素，如日照、降水、温度等因素直接影响当地的植被和建筑风格。人文、历史等因素对当地景观工程的发展也起到了举足轻重的作用，其组成要素见图20.1。

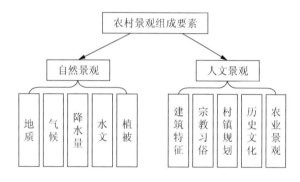

图 20.1 农村景观组成要素

20.1.2 景观工程作用

(1)改善农村的生态环境。

合理的景观工程设计是基于当地的自然环境，改造可以利用的，摒弃不利的生态环境，从而使得整个村庄的生态环境得到改善。良好的生态环境可以：①净化空气，减少空气中的粉尘含量，降低村民患肺部疾病的可能性；②防风固沙，西部地区多干旱少雨，植被稀松，春季沙尘暴频发，密集的绿化带可以有效地降低风速，减少风沙；③提高空气湿度，因为树木具有吸热、遮阴、增加空气湿度的作用。

(2)促进农村的第三产业发展。

在建设社会主义新农村以前，村内环境较差，农民以务农为主，随着基础设施的建设，村内的生态环境得到了改善，一些村庄办起了农家乐，从以劳动输出为主的第一产业转向了以服务为主的第三产业，从而调整了农村的产业结构，增加了农民的收入。

(3)增加农村的生活气息。

以往提到农村就会想到脏乱差,小桥流水人家的画面已经荡然无存。如今随着乡村景观工程的实施,农村也变得很有生活气息,远看乡村房屋错落有致,走进乡村鸟语花香。在改善农村村容村貌的同时丰富了农民的业余生活,陶冶了情操。让农民真真切切地感受到了小康时代的到来。

20.1.3　乡村景观分类

乡村景观分类的方法有很多,本书采用将景观工程分为聚落景观、生产性景观和自然生态景观的方法分类。乡村是一个集生产生活为一体的组织形式,这样分类概括了农村生活的方方面面,十分适合农村景观分类,具体见图20.2~图20.4。

图20.2　聚落景观

图20.3　生产性景观

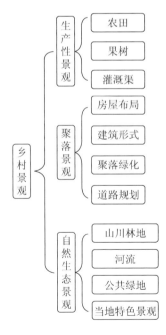

图20.4　乡村景观分类

聚落是指人类聚居和生活的场所，聚落景观是指人类居住生活的场所组成的景观。

生产性景观来源于生活和生产劳动，它融入了生产劳动和劳动成果，包含人对自然的生产改造(如农业生产)和对自然资源的再加工(工业生产)，是一种有生命、有文化、能长期继承、有明显物质产出的景观。

自然生态景观是指当地的自然形成的山川、河流、植被等。

20.1.4　西部农村景观工程特点

(1)高原地区景观工程绿化面积较小。

高原年均降雨量较少，土地缺少植被保护，形成沟壑纵横的独特地形，耕地集中在沟谷或者小型盆地内形成农田斑块。自然景观以山川为主，河流较少。村庄内绿化面积较小且绿化植物的种类较少，除了松柏常青植物，其余植物的绿期较短。蔷薇科、杨柳科、菊科、豆科类的植物，因长势较好，且易于管理，是青海大部分地区的首选绿化植物。青海乡村庭院绿化配置模式有园林型、果树型、林木型、盆栽花卉型、菜园型和阳关晒场型，如图 20.5 和图 20.6 所示。

图 20.5　果树型庭院　　　　　　　　图 20.6　盆栽花卉型庭院

(2)山地地区景观垂直带分布明显，且景观种类多样。

山体的海拔较高，从山脚到山顶的降雨量和温度不同，且山分为阳坡和阴坡，这样就导致聚落景观不同，即随着海拔的增高，村落就变得疏松；自然景观也有所不同，如山脚下的植被多为阔叶落叶林，而山顶的植被多为针叶等抗旱植物；生产性景观也有很大变化，山顶的农田斑块较山脚的农田斑块更为不规则且规模更小。因为受到山体坡度限制，且土质、降雨量、温度分布不均，山地不能像平原农村那样拥有整齐的农田规划，其农田斑块更加不规则，且边缘破碎程度高。山地的农田多为梯田，如图 20.7 所示。

(3)平原地区景观工程种类较少。

平原地区地势平坦，气候、日照、温度变化不大，所以植被类型单一，多以阔叶落叶林为主。汉中平原降水量少，村内很少有河流经过，因此自然景观种类较少。聚落景观拥有几千年的历史积淀，厚重的文化气息再加上平坦的地势让这里的聚落景观较为庄严、整齐。生产性景观规划成熟，平坦的地势，充足的日照，规划合理的灌溉渠让农作物生长有了充分保证，各斑块规划整齐，相映成趣，构成了一幅美丽的乡村和谐画面。

图 20.7　梯田

(4) 盆地地区景观自然稳定性较高。

盆地交通不便，因此盆地自然景观较少受到人为破坏，所以盆地的自然景观都是经过自然选择后最适应该地区的植物。所以该系统内的自然环境十分稳定。值得注意的是，在乡村城镇化的同时，必然导致自然的有序化程度增加，降低自然环境的稳定性，所以在城镇化的时候应该选择最合适的方式和强度来改造自然，达到人与自然的和谐相处。

20.2　入 口 工 程

20.2.1　入口分类

"入口"是一个过渡空间，是场所，是位置，而并非只指一个设施、一个门或者门洞。入口不仅是交通要道，而且是领域的标志。村庄的大门是联系村内与村外的交通枢纽和关节，是由一空间过渡到村庄空间的转折和强调，它体现了村庄的性质、特点、规模大小，并具有一定的文化色彩。

1. 阙式

阙是中国古代建筑群入口的建筑物，在现代则演化成目前广为使用的柱墩式。一般对称布置 2～4 个柱墩，分出大、小出入口，在柱墩外缘连接门卫室或院墙。若柱墩体量较大，可利用其内部空间作为门卫室。

2. 牌坊式

牌坊式大门包括牌坊门和牌楼门。根据牌坊的间柱跟明楼之间的高度关系可以分为"冲天式"和"不出头式"。排放时一般多为单柱结构，规模较大的牌坊为了稳定性也可采用双柱列结构。中国古典的牌坊或牌楼设在大门之前，作为序列空间的序幕表征。现代农村则可将牌坊直接作为入口。

3. 墙垣式

墙垣式是我国住宅和聚落中常用的大门形式之一。墙垣门通常是在院落围墙或隔墙上开门，灵活简洁。这种大门由于与院墙相连，通常能够增加村庄的安全性能，使得村庄内的管理更为方便。

20.2.2　入口施工

西部农村入口工程是指处在村庄入口处具有交通、集散功能，标志、文化表征功能的大门建筑，是融自然景观和人文景观为一体的特定场所，对处于其中的大门建筑有特殊的要求。在施工时通常按照如图 20.8 所示的顺序进行。

图 20.8　农村入口工程施工流程图

入口工程的施工主要可以分为以下两部分。

(1)地下工程施工。

① 土方开挖采用小型挖掘机开挖，基础底面各留 30 cm 作为工作面，基槽开挖后清底钎探及基础处理等同时进行。

② 基础垫层采用 C10 砼，现场搅拌，基槽验收合格后，即可在其上进行垫层施工，垫层厚 100 mm，侧模板采用 50 mm×100 mm 方钢，采用平板振捣器拖平振实。

③ 基础砌砖体用标准页岩烧结砖，采用满丁满条砌筑，砌筑砂浆 M5。

④ 地梁工程：预埋铁件安装要根据图纸设计要求准确定位，侧模采用 15 mm 厚多层板，在地梁底面下一皮砖处，每隔 1 m 留一顶砖孔洞，穿 50～100 mm 木枋做扁担，竖立两侧模板，用夹条及斜撑支牢。

(2)地上工程施工。

① 砖柱施工：砖柱截面尺寸 370 mm×370 mm，高 2.1 m，柱间距 4.2 m，砌砖体用标准页岩烧结砖，砌筑砂浆 M5。砌筑砖柱时要保证预埋铁件位置准确并安装牢固，脚手架采用移动式脚手架。

② 组砌方法：砌体一般采用一顺一丁(满丁、满条)、梅花丁或三顺一丁砌法。砖柱不得采用先砌四周后填心的包心砌法。

③ 铁艺装饰工程：切割和安装一般应先竖立直线段两端的立柱，检查就位正确和校正垂直度，然后用拉通线方法逐个安装中间立柱，顺序焊接其他杆件，施工时要注意管材间的焊接要饱满，不能仅点焊几点，以免磨平后露出管材间的缝隙，完成后要将焊疤敲除，并磨平。

④ 大理石装饰工程:在基层湿润的情况下，先刷 108 胶素水泥浆一道(内掺水重 10%的 108 胶)，随刷随打底；底灰采用 1∶3 水泥砂浆，厚度约 12 mm，分两遍操作，第一遍

约 5 mm，第二遍约 7 mm，待底灰压实刮平后，钭底子灰表面划毛。

⑤ 待底子灰凝固后便可进行分块弹线，随即将已湿润的块材抹上厚度为 2～3mm 的素水泥浆进行镶贴，用木锤轻敲，用靠尺找平找直。勾缝镶贴完成后用白水泥将缝隙逐一勾填密实，在勾缝过程中应把缝隙仔细摸严，不得出现勾缝不均匀现象。

20.2.3 入口图例

入口图例如表 20.1 所示。

表 20.1 入口图例一览表

图名	图例
轨道 安装 详图	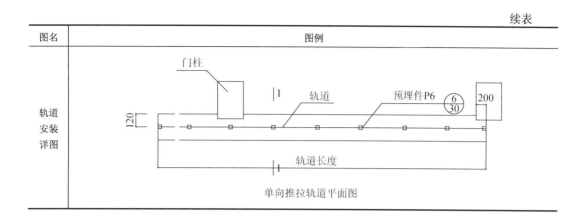 单向推拉轨道平面图

20.3　广　场　工　程

广场是指面积广阔的场地，特指某一地区中的广阔场地。它可以作为道路枢纽，也可以作为人们进行政治、经济、文化等社会活动或交通活动的空间，通常是大量人流、车流集散的场所。农村广场，顾名思义，主要是指在农村室外进行的各种文化艺术活动，包括广场秧歌、腰鼓、舞龙、音乐、舞蹈、绘画、书法等所需要的场地。

20.3.1　广场分类

1. 文化广场

文化广场，是以含有较多文化内涵为主要建筑特色的较大型的场地，为村民提供休闲娱乐的公共空间与文化活动的场所，如图 20.9 所示。

图 20.9　常见文化广场图

2. 健身广场

健身广场，是农民进行身体锻炼、进行休闲放松的场地，如图 20.10 所示。

图 20.10　常见健身广场图

20.3.2　广场施工

1. 广场施工特点

1）施工过程简单

由于农村地区相对于城市地区人流量较少，对广场的需求相对较弱，农村的广场样式相对比较少，使得广场工程相对简单，主要为一块场地，上边有一些建构筑物，而且这些建构筑物一般较为简单，所以在施工中施工工艺相对简单，不会有过多复杂的程序，主要包括广场路面的硬化和构筑物的建设。

2）施工质量低

农村广场工程的质量关系着整体使用质量以及使用寿命，因此需要在施工建设前期就保证高标准、高要求、高质量地进行各项任务，需要在前期通过采取各种措施手段保证施工质量。但由于农村地区缺乏专业的施工人员，人们又缺乏科学的施工管理方法，最终施工质量无法保证。

3）施工周期长

由于西部农地地区偏远落后，农村地区人员聚集不密集，并且农村的业余生活相对较简单，对农村广场工程的建设不太重视，没有相应的指导文件和政策，使得在施工前期决策到投入施工过程周期较长，施工过程时间耗费过长，这样使得施工周期长，进而影响之后的使用。

2. 广场施工流程

1）广场施工的一般工艺流程

广场施工的工艺流程图见图 20.11。

2）广场施工要点

（1）进行施工环境检查。

施工环境不仅是工程现场技术交底内容之一，它还是制订工程施工计划的依据条件。通信工程施

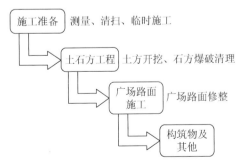

图 20.11　广场施工的工艺流程图

工环境检查关键点包括现场环境是否同设计图纸上标注的尺寸匹配，机房结构承重是否符合设备安装要求，通信设备安装配套设施如工程现场装潢、电力、传输、安全等是否符合施工要求，设备安装位置、设计是否符合安全、可行及美观等要求。

（2）水泥混凝土路面的铺设。

水泥混凝土路面是指无筋混凝土或素混凝土路面，除路面接缝区和局部范围外不配钢筋。在西部农村的广场，大多采用此类路面，它有强度高、稳定性好、耐久性好的优点，但缺点是水泥用量大、接缝多、开放交通迟和修复困难。

（3）建构筑物施工。

施工工程首先是施工前的准备工作，包括场地清理、测量放线、材料准备等工作；接着是土石方工程，即沟槽、基坑开挖、地基处理等；然后是主体施工工程，主体施工按其水池类型分为砌筑工程，钢筋工程、模板工程，预制梁、柱、壁板的吊装校正；最后是抹灰、防水处理等工作。

（4）安装工程施工。

安装工程施工主要包括给水、排水，电气配管、穿线、灯具、配电箱等部分。其中给排水施工顺序如下：技术交底→材料发放→材料加工制作→排水管道安装→给水、给水器具→排水器具安装→试压、调试→交工；电气的施工顺序如下：施工前准备→配合土建预埋电气管道→电气敷盒→电缆敷设、校线→送线灯具安装→受电→送电→完工竣收。

20.3.3　广场图例

广场图例如表 20.2 所示。

表 20.2　广场图例一览表

图名	图例	图名	图例
铺装样式石板	 石板 水泥砖	铺装样式花砖	 花砖 小料石

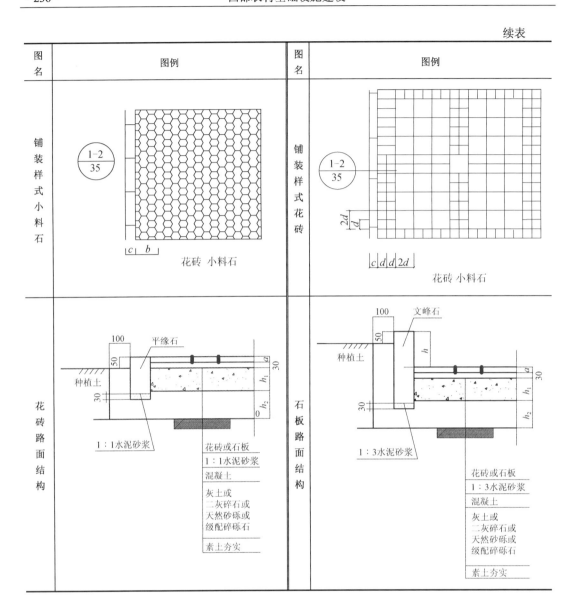

20.4　绿　地　工　程

20.4.1　绿地分类

　　绿地工程主要指为了美化环境、生态防护，为人们提供一个休憩娱乐的场所而进行的绿化建设。绿地对生态环境的改善有很大的作用，它能保护生态多样性、美化净化人居环境、降低居住环境的噪声、调节气温、防震减灾等。按现行《城市绿地分类标准》，将城市绿地分为公园绿地、生产绿地、防护绿地、附属绿地和其他绿地五大类，如表 20.3 所示。

表 20.3 绿地分类

绿地类型	定义	分类
公园绿地	是城市中向公众开放的、以游憩为主要功能,有一定的游憩设施和服务设施,同时兼有健全生态、美化景观、防灾减灾等综合作用的绿化用地	综合公园、专类公园、社区公园、带状公园、街旁绿地
生产绿地	指为城市提供苗木、花草、种子的苗圃、花圃等地	
防护绿地	指具有卫生、隔离和安全防护功能的绿地	卫生隔离带、道路防护绿地、防风林等
附属绿地	城市建设用地中绿地之外各类用地中的附属绿化用地	居住用地、公共设施用地、对外交通用地、道路广场用地
其他绿地	对生态环境质量、居民休闲生活、城市景观和生物多样性保护有直接影响的绿地	风景名胜区、自然保护区、湿地、水源保护区、绿化隔离带

1. 道路绿地

道路绿地指道路广场用地内绿地,包括行道树绿带、分车绿带、交通岛绿带、交通广场和停车场绿地等,具有滞尘、净化空气、美化环境、调节气温、缓解司机视觉疲劳等作用。常见道路绿地如图 20.12 所示。

(a)分车绿带

(b)行道树绿带

(c)交通岛绿带

(d)停车场绿地

图 20.12 道路绿地图

2. 居住绿地

居住绿地主要指居住用地内的绿地,包括组团绿地、宅旁绿地、配套公建绿地、小区道路绿地等。居住绿地具有给居民提供休憩游玩的场所、美化环境、吸收噪声、净化空气等作用。常见居住绿地如图 20.13 所示。

(a)宅旁绿地　　　　　　　　(b)配套公建绿地　　　　　　　(c)道路绿地

图 20.13　居住绿地

20.4.2　绿地施工

1. 绿地工程施工特点

1)绿地施工具有季节性

绿地工程中最重要的施工过程就是花草树木的移植、栽种，这使得绿地工程具有季节性这一特性。因此绿地工程施工时为了保障工程的进度和工作的连续性要选择合理的施工季节。不同花草树木的移植、栽种具有不同的时间要求，不同地区在栽种时间上也有差异。多数植物以春季为最佳栽种时间，若反季节进行绿化施工，会大大增加施工难度，植物没有合适的生长环境，缺乏合适的温度、湿度、光照中任何一个条件都可能导致植物的死亡。

2)绿地施工质量要求高

绿地工程施工需要根据当地的环境、气候等制订相应的施工计划，选择合适的栽种植物，既要保证植物的存活率，又要考虑长远规划，而且施工过程中还要根据实际情况作出适当的调整。因此绿地工程施工具有较高的质量要求。植物栽种时要对土壤进行检验，若不适合植物的生长应采取相应的措施改善土壤条件或换土。进行树木栽种时要严格控制树木间的间距，要为其留出生长空间。

3)绿地施工对工作人员素质要求高

绿地工程是一个制造美、制造艺术品的工作，在施工过程中应力求达到最好的环境艺术效果。这对施工人员的综合素质具有极高要求，对于其他建筑工程，只要严格按照图纸施工便可，但绿化施工工程是又一次创作过程，需要施工人员结合自己的理解，将设计思想、设计理念充分表达出来。建造一个美丽、有意境、有底蕴的适合人们审美标准的绿地。

2. 绿地施工流程

主要介绍居住绿地和道旁绿地的施工工程，即行道树的栽种、花坛的施工、草坪的种植。

1)材料要求

居所花坛栽植的花卉，应选取花期较长、易于移植的品种，植株直立不易倒伏，各个品种的生长速度差别不大。不同品种的花卉的颜色应搭配合理。选取花苗时要生长状况良好、根系完整、无腐烂变质、花苗高度一致的植株。行道树的选取应适合当地的气候、环境，一般以乡土树种为主，或生命力强的树种。同时还要具有观赏性、易于栽培管理等特点。草坪的种子要求纯度达到 90% 以上，发芽率在 70% 以上。植生带厚度不宜超过 1 mm。种植应分布均匀。

2）施工准备

施工前应详细了解设计方案、施工要求等，对施工现场进行勘察，了解水源、土质等基本状况，以确定是否要进行换土，以及对土的需求量。还应了解工程所在地地下管线的情况，以免施工时造成事故。落实苗木的来源，以及施工过程中所需的工具、材料、机械、运输等。

3）绿地施工要点

（1）行道树施工要点。

①定点放线。

农村地区道路绿地施工主要指行道树的栽种，行道树的定点一般以道路边线为定点放线的基准，用皮尺等测量工具，按设计施工图纸中设计的树木位置、间距等确定出每一棵树的位置，并用铁锹挖出一个小坑，用来标记树木的栽种位置。定点放线时如果遇到电线杆、管道等应适当调整栽种位置，为生长提供足够空间。

②挖种植穴。

挖种植穴前，应向有关部门了解地下管线和隐蔽物的埋设情况，挖种植穴时要避开地下设施，并留出安全距离。具体操作是以上一步定点的位置为中心，以规定的坑径为半径画出一个圈，作为挖坑的范围，挖坑时应把表土与底土分别置于坑四周，并将坑中石块、砖头等杂物清除。挖坑时坑壁要直上直下，不得形成底小口大的锅状坑或底大口小的瓶状坑，否则会造成窝根或填土不实。坑的深度也应按相应标准执行，具体标准如表 20.4 所示。

表 20.4　常见乔木类种植穴规格

常见乔木类种植穴规格/cm			
树高	土球直径	种植穴深度	种植穴直径
150	40～50	50～60	80～90
150～250	70～80	80～90	100～110
250～400	80～100	90～110	120～130
≥400	≥140	≥120	≥180

③假植。

树木运到施工现场后，若不能及时栽种，应对树木进行假植。假植时在排水良好、湿度适宜、被风的地方开一条沟。宽度 1.5 m 左右，深度为苗高的 1/3 左右，将苗木逐棵单行挨紧斜排在沟边，倾斜角度为 30° 左右，树梢向南倾斜，放一层苗木放一层土，将根部埋严。如果假植时间过长，还应适当浇水。若为带土球苗，应尽量将树苗放稳，并使其直立，假植时间过长时要少量多次浇水。

④ 栽植。

苗木栽植前应对种植穴土壤进行检测,若该土不适宜种植树木,应给土壤施加肥料、掺加其他土壤改善土壤状态,或直接换成合适的土壤。苗木栽植前还应对其树冠及根部进行必要的修剪,以平衡树势。将过长的根、劈裂根,以及病虫根等截短。苗木的树枝过多时,应对其修剪,使树冠内部的枝条分布均匀。修剪的剪口,一般离芽口 1 cm 左右,剪口应稍斜成马耳形。

修剪完成后,将苗木置于种植穴中,检测坑穴的大小、深浅是否合适。深度以原根颈处于与地面相平或略深 3~5 cm 为好。巢穴太深太浅都不利于树木的生长。太深会妨碍根系的呼吸作用,太浅会影响树木的稳固和成活。因此若发现深度不合适,要重新调整,加土或挖深,直至满足深度要求。

栽植裸根树苗,将树苗放入坑内,使树干直立,根系舒展,不得窝根。调整好栽种位置后,由一人扶住树干,保持树苗的直立状态,另一人将挖出的表土或换的新土填入坑内,填到坑的 1/2 处时将树干轻提几下,使坑内土与根系密接,随后再填入挖出的底土,并一边填一边不断压实,做到三填两踩一提苗。

栽植带土球的树木。栽种时将整个土球连着包土球的草绳一并放入坑内,然后调整到合适的位置,固定好后,如果只是少量易腐烂的稻草绳可不用解除,如是不易腐烂或数量较多则应剪除,以免日后腐烂发热,影响树木根部生长。弄好后将挖出的土分层回填,踏实。踏实时,要注意尽量不要踩土坨外围,以免将土坨踩散。若栽植的是较高大的树,应在树周围支设 1~3 个木支柱,以防倒伏。支撑方式如图 20.14 所示。

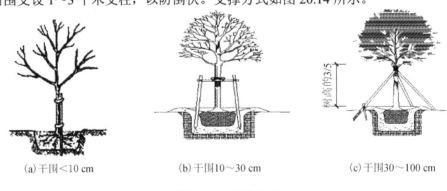

(a) 干围<10 cm　　　　　　(b) 干围10~30 cm　　　　　　(c) 干围30~100 cm

图 20.14　支撑方式

⑤ 养护。

树木栽种好后,应填土使其形成四周高中间低状态,有利于浇水。栽种好后要及时浇水,使土壤充分吸收水分,让土壤与树根紧密结合,以利于根的生长。浇水时要缓慢浇注,防止水冲出根部。第一遍浇水时若出现跑水、漏水等情况,要及时填土踏实。一般浇第一遍水后隔 2~3 d 再浇第二遍水,过 5~10 d 浇第三遍水。待第三遍水渗下之后 2~3 d 内应及时中耕,加土填平。中耕时要将土块打碎,不可锄得过深碰伤树根。

(2)花坛施工要点。

① 花坛施工。

根据设计图和地面坐标,用测量仪器定出花坛的各边线,然后砌筑花坛边缘石。首先根据花坛边线开挖边缘石基槽,基槽宽度应比基础宽 10 cm 左右,深度在 15~20 cm。槽底应夯实平整，然后做一个垫层，作基础施工找平用。边缘石一般是砖砌的矮墙，高 15～45 cm。矮墙砌筑好后，对基础进行回填，夯实。再用 1：2.5 的水泥砂浆对边缘石表面抹面。最后按设计要求用相应的材料，如釉面地砖、彩色水磨石、花岗岩石片等对矮墙进行装饰。

② 花坛种植床的整理。

边缘石施工完成后，在花坛内部进行翻土作业。翻土时要将土中的垃圾、石块等清理干净，若土质不好，应施肥改善土质或直接换土。边缘石内部的土不足时应进行填土，填土时一般中部较高，边缘地带较低，形成弧形面或锥面，边缘部分一般填至边缘石顶面以下 3 cm 左右。若为单面观赏的花坛，应前面填土较低，后面填土较高，形成 5%～10% 的坡面，以便观赏。填土达到要求后，要把表面的土整细、耙平，以备栽种植物。

③ 花坛的栽植。

首先按设计图纸将花坛图案放大到花坛土面上，然后种植花苗。先将花圃浇水浸湿，以防起苗时根土松散，然后轻缓地起苗，尽量避免损坏花苗根部。选取花苗时，同种花苗应大小、高矮一致，过于高大或弱小的都不要选用。花苗运到后应及时栽种，栽种时一般从花坛中部开始栽，若为单面观赏花坛则应从后面开始栽种。栽种的花苗若高矮参差不齐应以矮株为准，而较高的植株则应栽植深一些，以保持顶面平整。

④ 花坛的管理。

花苗栽种完成后，要注意经常浇水，保持土壤湿润，并应注意剔除杂草、黄叶、残花等。还应对其经常整形修剪，保持完整的图案，若出现花苗缺株应及时填补，还应注意病虫害的防治。

(3) 草坪施工要点。

① 土地的平整翻耕。

首先将土地表面的杂草、杂物等清理干净，避免多年生杂草与草坪争夺养料、水分，影响草坪的生长。若瓦砾、石块等过多，应用 10 mm×10 mm 的网筛过一遍，确保杂物清除干净。然后进行翻耕，并洒施基肥，使土壤疏松，通气良好，有利于植物的根系发育，以及草的栽植。若一些地方土质较差，应换土。翻土完成后应滚压两遍，使坚实不同的地方显露出高低，最终将整个场地的土整理平整。

② 排灌系统。

在场地最后整平前，将喷灌管网埋设好。为了便于排水，草坪建成中部高、四周低的缓坡状，一般坡度在 0.3%～0.5%，同时在一定面积内修一条缓坡的沟渠，在沟渠最低端设置排水口接收排出的地面水，并经排水管道排走。对于地形过于平坦的草坪以及聚水过多的草坪，应设置暗管或明沟排水。

③ 草坪栽种。

草坪的种植方式很多，如播种、草皮移植、栽植、喷播等，下面主要介绍植生带铺栽法。首先将种子和肥料均匀洒在有一定韧性和弹性的无纺布上，培植出植生带，然后在平整好的地上满铺草坪植生带，并将植生带压实，使其与土壤紧密结合。最后覆盖 0.5～1 cm 筛过的生土，并将覆土压实。

④ 养护管理。

草坪栽种好后应及时浇水养护。除雨季外，应 2～3 d 浇一次水，并以水渗入地下 10～15 cm 为宜。若处在较寒冷的地区，应每年土地解冻后至发芽前灌一次返青水，晚秋草叶枯黄后，灌一次防冻水。草坪一般应在春季和秋季施肥，促进草坪的生长。

20.4.3　绿地图例

绿地图例如表 20.5 所示。

表 20.5　绿地图例一览表

续表

图名	图例	图名	图例
树池1平面图	A 370 10 300 10 300 10 300 10 300 180 1800 1800 180 180 φ80～200本色鹅卵石自然铺设 A	树池1剖面图	 (250) 70 100 120 20 180 花岗岩(自然表面粗凿) 20厚1：3水泥砂浆 100厚级配碎石垫层 素土夯实 180 50 50
树池2平面图	 750 750 40 40 40 170 160 200 100 450 400 1500 450 100 15 1500 1500 100 铸铁树池护板内植草	树池2剖面图	 140×300×750青石 70厚C10素混凝土垫层 素土夯实 100 40 20厚铸铁树池护板内植草 300 种植土 25 140 25

第21章　西部宜居乡村基础设施建设现状

随着西部的发展，西部农村也在发生着日新月异的变化，以下是西部部分地区宜居乡村的发展现状。

21.1　高原地区案例——三岔湾村

1. 村子简介

三岔湾村位于陕西省榆林市榆阳镇，总面积 28 860 m²，村内共有 3 986 人，主要经济来源为务工、从事第三产业、租赁、种植业，人均年收入 8 200 元。村委会见图21.1。

2. 基础设施情况

1) 道路工程

该村通过国家拨款25万元结合在村民集资9万元于2009年对村内主干道实施了硬化。目前，村内主干道为4 m宽水泥混凝土路面，道旁还进行了绿化，绿化以道旁树为主。此外为方便村民夜间出行，村内还在道旁加设路灯进行照明。村内其余道路于 2011 年之后结合政府补贴与村民集资陆续进行了硬化，主要类型为混凝土路面。次要道路一般不绿化，如果是生产路线，则在其两侧栽种杨树。图21.2 为村内道路。

图21.1　村委会　　　　　　　　　　　　　图21.2　村内道路

2) 给水工程

为解决村民用水问题，三岔湾村委会自筹资金 35 万元于村内打一眼深井，并配套建设了高位水窖与基础的水处理设施，通过抽取地下水，存入高位水窖，再连通给水管道，将用水输送到各个村民家中，村民用水较为方便安全。此外，还有部分村民在家中备有水缸储存日常用水。图21.3 为给水设施。

3) 排水工程

三岔湾村委会自筹 60 余万元在村内铺设了排水设施，由于资金所限加上村民居住比较分散，目前排水设施只能覆盖 90%左右村内住户。村内的排水方式为暗渠排水，其中主排水管径为 80 cm，次要排水管道为 60 cm，并且按照带、点布置有水泥浇筑的排水检查井，一旦出现排水不畅即可及时进行处理。污水经由各户支路汇集到主管道之后直接排放到附近的河沟中。图 21.4 为排水设施。

图 21.3　高位水窖　　　　　　　　　　　图 21.4　排水口

4) 垃圾处理

村内的垃圾处理设施分为两部分，一部分是村内自筹资金建立起的砖砌垃圾池，另一部分为市政拨款在村内各处布置的垃圾箱。目前村内垃圾处理的措施为村民自家生活垃圾由各户倾倒于垃圾池与垃圾箱，村内公共领域由专人负责打扫，垃圾置于垃圾箱中，由专门的垃圾车每日负责将垃圾箱、垃圾池中垃圾清空运至垃圾处理厂。垃圾处理设施见图 21.5。

5) 粪便处理

目前政府扶持在村内新建厕 400 座。

由于该地区冬季气温较低，户外水厕无法使用，故该村粪便处理露天以旱厕为主，楼房室内以水厕为主。此外村内还建有公共厕所。在处理粪便时水厕的污水直接连通排水管道进行统一排放，旱厕则采用了堆肥的形式将粪便通过高温灭菌之后进行了再利用。总体而言该村的粪便处理方式较为符合当地需求且保障了卫生条件。粪便处理设施见图 21.6。

图 21.5　垃圾箱　　　　　　　　　　　图 21.6　公共厕所

6) 生活用能

该村生活用能主要有煤、电力、太阳能和天然气等形式。目前村内架设有空中电缆，并设有变电箱，用电十分方便。市政也帮助村内铺设了天然气管道。在严寒的冬季，村民主要通过天然气壁挂炉，部分条件较差的村民则采取无烟煤烧暖气的方式进行取暖。在日常生活中大部分村民主要采取天然气和煤炉结合的方式进行加热。生活用能设施见图21.7。

7) 通信与景观工程

该村目前已经覆盖固定电话、移动信号与网络光纤,并建有基站,通信畅通。此外村内还修建了 3 处广场,居民集中区设置有两处广场并配有相应的体育器材,村委会所在地设置有一处广场并进行了绿化。但由于规划缺失,村内绿化工程发展较为滞后,仅在广场周边环绕进行了部分绿化,村内部分群众在自家门前院落内自发种植绿植。村内广场如图 21.8 所示。

图 21.7　天然气管道

图 21.8　健身广场

21.2　山地地区案例——高堡村

1. 村子简介

陕西省西安市蓝田县汤峪镇高堡村是西安市一个自然村,与巨二村、代寨村、汤三村同乡,村内总人口 3 600 人,年人均收入 8 000 元,村民主要经济来源为外出务工及个体经济。村子入口见图 21.9。

2. 基础设施情况

1) 道路工程

高堡村主干道是宽 8 m、长约 8 km 的水泥路面,是政府斥资 150 万元为村里修通的,为适应越来越高的运输压力,村里还在不断对主干道进行改建,主干道旁还有部分绿化并且缺乏维护。此外村内还下辖 12 个小组,从 2006 年开始每个小组都在对自己组范围内的支干道修筑水泥路面。目前村内已经实现道路照明,全村共有 200 余个路灯,在各路段每隔 50 m 即设立一处。但由于修筑时间较长,目前有许多旧有道路需要进一步扩宽,如图 21.10 所示。

2) 给水工程

高堡村接近汤峪,地下水源较浅,很方便村民采用地下水。该村目前主要采用分散供水的方式,每户出资 3 000～5 000 元在自家院中打井,供日常用水所需。但是在村民日常用水的过程中并不对水箱中的水进行处理,存在较大的健康隐患,此外还有部分村民发现地下水有受到污染的情况,井水无法使用。为了解决这一问题,目前市政已经开始向汤峪镇修筑供水管道。水井见图 21.11。

图 21.9　高堡村

图 21.10　村内道路

3) 排水工程

高堡村由村内集资 100 万元为村内修筑了排水系统，目前排水设施已经能覆盖村内 90% 的住户。村内的排水系统主要由 90% 的排水管道和 10% 的排水明渠组成。排水管道主要是水泥与竖波纹管两种材质，埋深在 1 m 左右，最后汇集到主管网与市政管网相接。为了保障排水畅通，村内主要排水管道直径为 80 cm，次要排水管道直径为 50～30 cm。但由于部分排水管道修筑时间较早、直径较小，村内在雨季仍然会出现积水等问题。排水设施见图 21.12。

图 21.11　水井

图 21.12　排水明渠

4) 垃圾处理

目前村内公共领域设有 24 个 0.6 m³ 的垃圾桶，由保洁员定期对其进行清理，但垃圾桶容量较小，目前村内已陆续将其换为 3 m³ 的垃圾箱。住户生活垃圾则放置于自家门前，每日由垃圾车定时收集。垃圾车装满之后则将垃圾统一运往汤峪镇镇政府设立的垃圾填埋场进行填埋。垃圾处理设施见图 21.13。

5) 粪便处理

该村粪便处理的方式比较先进，目前已经全部使用水厕。对于粪便的处理部分村民将其直接连通市政管网排放，还有一部分村民在自家水厕后加设沉淀池，将粪便沉淀之后作为农肥。除此之外，村内还斥资 20 余万元修建了 2 处能够容纳 8 人的公共厕所，但仍旧无法满足集会时游客的需求，目前村委会正在计划加设 2 处公共厕所。公共厕所见图 21.14。

图 21.13　村内垃圾箱

图 21.14　公共厕所

6）生活用能

该村生活用能主要有电力、煤气、太阳能等形式。有 2 户村民用沼气作为燃料。目前村内电缆全部为空中架设，且有 4 个变电箱。由于日照丰富，村民大多利用太阳能提供热水。450 户人家里有 400 户人家使用太阳能热水器。冬季村民主要使用空调、小太阳配以传统煤炉取暖。此外在烹饪食物时村民大多使用电磁炉与煤气，但还有少数村民仍旧在使用木柴。图 21.15 为灶台。

7）通信与景观工程

该村目前已经覆盖固定电话、移动信号与网络光纤，并建有 3 处基站，通信十分畅通。此外村内还斥资 20 万元修建了村口大门工程与 5 000 m² 的村内广场。由于规划的缺陷，村内绿化工程发展不十分理想，目前村内有 40 户居民在门前修筑了花池。其余场所绿化工程全凭村民自发组织。村内广场如图 21.16 所示。

图 21.15　灶台

图 21.16　广场

21.3　平原地区案例——上王村

1. 村子简介

上王村坐落于秦岭北麓终南山脚下，占地 2 000 000 m²，南靠青华山，北邻 107 省道环山旅游观光路，西接 210 国道西沣路，全村现有 232 户，960 人，全村的主要经济来源为旅游服务类，村内没有耕地，2014 年人均年收入 3.5 万元。村内入口见图 21.17。

2. 基础设施情况

1)道路桥梁工程

上王村内主要有 9 条道路,全部完成路面硬化,且均为水泥混凝土道路。其中始建于 2005 年的两条主干道宽 8 m,环村而建且在道路两边设有电线杆,每隔 20 m 设有一处路灯,部分道旁还设有观光明渠。次干道宽 6 m,始建于 2000 年,现在道路均已建设完工投入使用。目前村内所有道路两边均设有绿化带。村内干道情况见图 21.18 和图 21.19。

图 21.17　上王村村口

图 21.18　村内主干道

2)给水工程

村中给水系统为村级独立给水系统,村内集资打一眼深井,其后修筑了 200 m³ 蓄水池,并设有专门消毒仪器保障水质,目前村内每隔半年对仪器进行修整,并于 2007 年建成标准变频无塔供水系统,由蓄水池送水到户。村内各家各户还自发打井,由于部分井深不足,井水遭污染,目前村民只将其用于日常洗涤。供水设施见图 21.20。

图 21.19　村内次干道

图 21.20　供水管道

3)排水工程

该村的排水设施基本完善,本村生活污水治理采用集中处理的方式,铺设了近 700 m 地下水主管道和 2400 m 支管道,排水管道采用混凝土材料,其中主管道直径 800 mm,支管道直径 300 mm,每隔 30 m 设有一处检查口。此外本村建设有一个处理能力达到 600 m³ 的生物处理式污水处理厂。每家通过排水管道将污水排入排水沟中,采用雨污合流的排水方式，雨水、污水通过自流的方式流入渠道，再通过排水管道将各户的污废水汇集到本村建设的污水处理厂，经处理后最终排放到村外的河流中。排水设施见图21.21～图21.23。

图21.21　住户排水管道

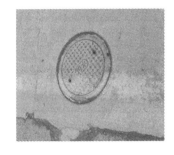
图21.22　污水井

图21.23　污水处理

4）垃圾处理

上王村以旅游业与服务业(农家乐)为主要经济来源，日常生活中产生大量的生活垃圾。上王村对于垃圾采取一日一处理，公共区域由保洁员进行清扫，村民将垃圾置于门前的垃圾桶内，每天早上有垃圾车将其运往蓝田垃圾处理厂。此外村内还在路边设立垃圾桶，并设有多处垃圾集中堆放点。总体来说该村垃圾处理较为完善，但还缺乏分类意识。垃圾处理设施见图21.24和图21.25。

图21.24　路旁垃圾箱

图21.25　垃圾集中堆放区

5）粪便处理

该村已经全面使用水冲式厕所，厕所产生的污水经过自家的排污管道进入村内的排污主管道，经本村的污水处理厂处理后流入村外的河流。由于旅游业的发展，村内还设有 3 处公厕，公厕派有专人进行管理维护，保障使用卫生方便。该村的粪便处理设施比较完善，卫生情况良好。粪便处理设施见图21.26。

6）生活用能

该村的主要能源供应来源为煤气与电力供应，大多数农户均建有太阳能热水器用于集热洗浴，村内设有 4 处变电箱，并集中将电缆于空中架设转为地埋，保障了电缆使用的安全可靠。由于栾镇的天然气门站离该村较近，近年来该村有将天然气接入村内的计划。但目前村民日常还是使用煤气，为方便村民生活，村内还设有专门的煤气站。设施见图21.27。

7）通信与景观工程

该村目前已经覆盖固定电话、移动信号与网络光纤，并建有 3 处发射塔，只在局部角落有信号较弱的问题。此外村内修建了 $2\,000\ \mathrm{m}^2$ 的村内广场、一处可容纳 200 辆车的停车场和一处可容纳 150 辆车的停车场。村内已实现了全面绿化。每户居民门前都设有花池，栽种有树木，环境十分宜人。村内广场如图 21.28 所示。

图 21.26　农户水冲式厕所

图 21.27　农户太阳能热水器

图 21.28　农村内绿化

21.4　盆地地区案例——太平村

1. 村子简介

太平村坐落于汉阴县城西 1 km，占地 146 000 m^2，下辖 13 个组，全村现有 3 648 人，村内主要经济来源为外出务工与务农，2015 年人均年收入 1.1 万元。村委会见图 21.29。

图 21.29　太平村村委会

2. 基础设施情况

1)道路桥梁工程

太平村内主干道为水泥混凝土道路。于 2006 年由政府拨款 300 万元投资修建了宽 6 m 的主干道，道路环村而建且在道路两边设有道旁树进行绿化，并且为了方便村民夜间出行，道路两旁还设立了路灯。次干道是由政府拨款 50 万元加上村民集资于 2009 年进行修建的，道路宽约 4 m。村内干道情况见图 21.30 和图 21.31。

图 21.30　村内主干道

图 21.31　村内次干道

2）给水工程

村中给水系统是由政府拨款结合村民自筹修建的村级独立给水系统，由村民在流经河上修筑水坝进行蓄水，通过重力将水引入供水系统，其后根据水质情况对水进行简单消毒，统一加压至管道送水到户。至此全村已全部实现管道供水，供水设施见图 21.32 和图 21.33。

图 21.32　水坝上游

图 21.33　水坝下游

3）排水工程

该村的排水设施基本完善，本村生活污水治理采用集中处理的方式，由政府拨款 50 万元在村内铺设了排水明渠及管道，排水管道主要采用混凝土材料，其中主管道直径 800 mm，支管道直径不等。排水的方式为雨污合流。此外本村建设有一个污水处理厂。每家通过铺设的管道将水排入污水渠，经过汇总流入本村建设的污水处理厂，经处理后最终排放到村外的河流中。排水设施见图 21.34。

4）垃圾处理

太平村以农业为主要经济来源，日常生活中产生大量的农业与生活垃圾。目前村内的垃圾处理基础设施是由政府拨款 5 万元加上村内自筹建设起来的。村内公共区域由村内的保洁员进行清扫，并于道路两旁设立垃圾桶，村民自家的生活垃圾则由村内统一收集，并雇佣垃圾车将其运往垃圾处理厂进行统一处理。农业垃圾则往往直接填埋入农田进行降解。该村垃圾处理方式比较合理。垃圾处理设施见图 21.35。

5）粪便处理

太平村目前已经在全村推广使用水冲式厕所，农户将厕所连通铺设的污水管道进行排污，粪便由污水处理厂进行消毒处理后排入村外的河流。但是由于村内住户比较分散，排污管道无法覆盖所有住户，目前村委会正在规划并进一步完善村内的粪便处理设施。村民自家粪便处理设施见图 21.36。

图 21.34　排水明渠

图 21.35　路旁垃圾箱

图 21.36　水冲式厕所

6）生活用能

该村的主要能源供应来源为煤炭、电、煤气、太阳能。目前村内多数农户已购置太阳能热水器用于日常，村内也设有完备的电力设施。由于地形的限制，村内暂时无法铺设天然气，目前村民日常生活烹饪主要使用煤气。在冬季大多数村民使用电暖炉等取暖，但也有部分村民使用煤炭。能源设施见图 21.37。

7）通信与景观工程

目前固定电话、移动信号与网络光纤等基础设施已在该村铺设完毕，并在村内设有信号发射塔。村内固话畅通且移动信号较强，网速也较快。村委会还在村内公共区域设有绿地，并派专人对道旁树以及绿地进行管理。许多村民还自发在门前进行绿化与栽种花卉，如图 21.38 所示。

图 21.37　农户家中煤气灶

图 21.38　农村内绿化

参 考 文 献

1. 书籍

李慧民. 2014. 农村基础设施建设技术与管理教程[M]. 北京: 中国建筑工业出版社.

中国建筑标准设计研究院. 2006. 埋地塑料排水管道施工标准图集[M]. 北京: 中国计划出版社.

中国建筑标准设计研究院. 2007. 环境景观室外工程细部构造图集[M]. 北京: 中国计划出版社.

中国建筑标准设计研究院. 2008. 建筑排水设备附件选用安装图集[M]. 北京: 中国计划出版社.

中国建筑标准设计研究院. 2011. 桥梁栏杆图集[M]. 北京: 中国计划出版社.

中国建筑标准设计研究院. 2012. 混凝土模块式排水检查井[M]. 北京: 中国计划出版社.

中国建筑标准设计研究院. 2013. 建筑标准设计图集[M]. 北京: 中国计划出版社.

中华人民共和国交通部. 2008. 公路桥涵标准图集(钢筋混凝土盖板涵)[M]. 北京: 人民交通出版社.

2. 标准

陕西省建设厅. 2008. 陕西省农村基础设施建设技术导则[S].

陕西省建设厅. 2013. 农村基础设施技术规范[S].

3. 学术论文

胡云香, 李慧民, 赛云秀, 等. 2012. 农村基础设施最优投资比例研究[J]. 西安建筑科技大学学报(自然科学版), 44(6): 865-869.

晋芳, 李慧民. 2012. 新农村建设中基于基础设施联动作用的评价研究[J]. 建筑技术开发, 39(7): 69-72.

李慧民, 卢秋萍, 薛建华, 等. 2013. DEA法在农村基础设施适用建筑材料选择中的应用[J]. 西安建筑科技大学学报(自然科学版), 45(5): 647-651.

李慧民, 王敖君, 尹升星, 等. 2014. 农村住宅建筑节能评价指标体系的研究[J]. 建筑技术开发, 41(5): 63-65.

卢秋萍, 李慧民, 马昕. 2012. 基于VE的农村基础设施建设适用材料选择分析[J]. 建筑技术开发, 39(4): 28-31.

马昕, 李慧民, 李潘武, 等. 2011. 农村基础设施可持续建设评价研究[J]. 西安建筑科技大学学报(自然科学版), 43(2): 277-280.

马昕, 李慧民, 张玉玲, 等. 2009. 基于CO_2排放量的农村基础设施建设适用材料选择的研究[C]//2009年全国土木工程博士生学术会议论文集. 长沙: 中南大学出版社.

马昕, 李慧民, 张玉玲, 等. 2009. 基于协调发展度的农村基础设施绿色施工评价体系的研究[C]//2009年全国土木工

马昕, 李潘武, 焦崎炜, 等. 2011. 农村基础设施可持续建设评价指标的选取[J]. 价值工程, 30(36): 264-265.

沙萌, 李慧民, 王敖君, 等. 2014. 再生水利用项目的经济评价研究——以西安某住宅小区为例[J]. 建筑技术开发, 41(3): 64-66.

谭啸, 李慧民, 樊胜军, 等. 2010. 农村基础设施现状评价研究[J]. 陕西建筑, (5): 1-4.

田颖, 李慧民, 胡云香. 2013. 农村基础设施建设满意度与优先序的实证分析——基于陕西地区村庄的实地调研[J]. 建筑技术开发, 40(2): 65-69.

尹升星, 李慧民, 王敖君. 2014. 灰色-层次分析法在陕西农村基础设施建设评价中的应用[J]. 建筑技术开发, 41(5): 71-73.

张玉玲, 李慧民, 马昕. 2010. 代建制在农村基础设施建设中的应用研究[J]. 建筑技术开发, 37(1): 46-47.

Hu Y X, Li H M, Sai Y X, et al. 2011. Study of the rural infrastructure project evaluation index system based on sustainable development[J]. Advanced Material Research, 368-373: 3088-3092.

Hu Y X, Sai Y X. 2012. Study on rural infrastructure optimal portfolio[J]. Applied Mechanics and Materials, 209-211: 1694-1699.

Li H M, Wang A J, Yin S X, et al. 2014. A study on the energy-saving evaluation index system of rural residential buildings[J]. Applied Mechanics and Materials, 507: 469-474.

4. 博士论文

付涛. 2012. 陕西省新农村基础设施建设标准体系研究[D]. 西安: 西安建筑科技大学.

胡云香. 2013. 农村基础设施可持续发展潜力研究[D]. 西安: 西安建筑科技大学.

马昕. 2011. 陕西省农村基础设施建设适用技术研究[D]. 西安: 西安建筑科技大学.

5. 硕士论文

高欣冉. 2015. 陕西农村粪便处理设施建造适用技术评价研究[D]. 西安：西安建筑科技大学.

晋芳. 2013. 陕西省农村垃圾处理设施选择评价研究[D]. 西安：西安建筑科技大学.

卢秋萍. 2013. 陕西省农村基础设施建设建筑材料的择优研究[D]. 西安：西安建筑科技大学.

沙萌. 2014. 中水回用技术在陕北地区农村给排水建设中的应用研究[D]. 西安：西安建筑科技大学.

谭啸. 2010. 陕西省农村基础设施投资效果评价体系研究[D]. 西安：西安建筑科技大学.

田颖. 2013. 陕西省农村道路基础设施项目使用后评价研究[D]. 西安：西安建筑科技大学.

王敩君. 2014. 陕北地区农村住宅节能技术分析与评价研究[D]. 西安：西安建筑科技大学.

王文欢. 2009. 农村公路建设技术及其造价控制[D]. 西安：西安建筑科技大学.

尹升星. 2014. 可拓物元法在陕北农村基础设施评价中的应用与研究[D]. 西安：西安建筑科技大学.

张玉玲. 2009. 陕西省农村绿色基础设施评价指标体系的构建[D]. 西安：西安建筑科技大学.